경인학술총서 제6권

변화의 시대
초등교육을 논하다

경인학술총서 6
변화의 시대 초등교육을 논하다

초판 1쇄 발행 2023년 2월 28일

지은이 경인교육대학교 교육연구원
펴낸이 장길수
펴낸곳 지식과감성#
출판등록 제2012-000081호

교정 한장희
디자인 정슬기
편집 정슬기
검수 정은솔, 이현
마케팅 정연우

주소 서울시 금천구 벚꽃로298 대륭포스트타워6차 1212호
전화 070-4651-3730~4
팩스 070-4325-7006
이메일 ksbookup@naver.com
홈페이지 www.knsbookup.com

ISBN 979-11-392-0954-9(93370)
값 15,000원

- 이 책의 판권은 지은이에게 있습니다.
- 이 책 내용의 전부 또는 일부를 재사용하려면 반드시 지은이의 서면 동의를 받아야 합니다.
- 잘못된 책은 구입하신 곳에서 바꾸어 드립니다.

지식과감성#
홈페이지 바로가기

경인학술총서 제6권

변화의 시대
초등교육을 논하다

경인교육대학교 교육연구원

《변화의 시대, 초등교육을 논하다》 발간에 부쳐

디지털혁명으로 일컬어지는 현대 사회는 그야말로 이전과는 다른 많은 변화를 가져왔습니다. 기술의 혁신으로 촉발된 변화로 사회 전반은 물론 교육에서도 많은 변화가 있었습니다. 특히, 코로나19로 인하여 미래 교육에 관한 예측들이 훨씬 더 앞당겨 현실화된 것을 여러 곳에서 쉽게 느낄 수 있습니다. 디지털, 인공지능이 중요할 것이라는 예측은 이제 예측을 넘어 이번에 고시된 2022 개정 교육과정의 핵심적 화두가 되었습니다. 앞으로의 사회는 더 빨리 변화될 것이고, 유발 하라리가 말한 것처럼 우리가 미래에 대해 확실하게 말할 수 있는 것은 '변화만이 유일한 상수'인 시대가 되었습니다. 급속한 변화의 시대, 다가올 사회가 어떻게 될 것이고 무엇을 해야 한다고 누구도 정확하게 예견할 수 없는 변화만이 상수인 미래 사회에서 우리 교육은 이 변화에 유연하게 대처할 수 있는 사람을 길러 내는 것을 목표로 해야 할 것입니다.

이러한 인식을 바탕으로 경인교육대학교 교육연구원은 2022년 경인학술포럼을 통해 '변화의 시대, 초등교육을 논하다'라는 주제로 교육학 일반과 여러 교과교육의 관점을 발표하고 논의하는 자리를 가졌습니다. 그리고 그 내용을 엮어 '경인학술총서' 제6권을 발간하게 되었습니다. 누구보다 학교 교육, 특히 초등교육 분야에 각별한 애정과 전문적인 식견을 가지고 계시는 경인교육대학교 교수님들의 교육적 안목과 통찰이 경인학술총서를 통해 많은 분과 공유되었으면 합니다.

이번 경인학술총서는 총 10분 저자의 글로 구성되어 있습니다. '제1부. 교육의 방향을 논하다'에서는 변화하는 시대의 교육 전반에 대한 담론을 담았고, '제2부. 교과교육과 교사교육을 논하다'에서는 변화하는 시대에서 각 교과교육에서 이슈가 되는 주제들에 대한 담론을 담았습니다.

제1부는 교육 전반에 관한 4개의 담론으로 구성되어 있습니다. 1장

'학이시습과 오래된 미래: 변화의 시대, 학습의 전통적 의미와 지속가능한 교육을 위하여'(고대혁 교수)에서는 교육의 뉴노멀과 미래 교육의 방향을 살펴보고, 교육에 관한 전통적 사유인 학이시습과 온고이지신의 의미 고찰을 통해 지속가능한 교육의 의미를 논하였습니다. 2장 '2022 개정 교육과정에 따른 학교 교육의 과제 탐색'(온정덕 교수)에서는 더 나은 미래, 모두를 위한 교육을 지향하는 2022 개정 교육과정의 주요 개념과 주도성의 의미를 살펴보았습니다. 3장 '창의적인 협력지능을 이끄는 수업'(한선관 교수)에서는 인공지능, 디지털 대전환 시대에서 학교 현장에서 인공지능과 협력하여 창의적으로 문제를 해결할 수 있는 교수학습 모델과 그 효과를 제시함으로써 미래 교육의 비전을 논의하였습니다. 4장 '코로나19 시기 초등돌봄정책에 대한 비판적 담론 분석'(이혜정 교수)에서는 최근 많은 관심이 주목되고 있는 초등학교의 돌봄 역할에 대해 고찰하고 초등학생의 돌봄에서 초등학교의 의미와 위상에 대해 살펴보았습니다.

제2부는 교과교육 및 교사교육에 대한 6개의 담론으로 구성되어 있습니다. 1장 '초등학교 체육시간의 사회-정서 학습역량'(유생열 교수)에서는 변화된 사회에서 그 중요성이 더 커지고 있는 학생들의 사회-정서 학습역량을 초등 체육 교과를 중심으로 논하였습니다. 2장 '유튜브 역사 콘텐츠 스토리텔링의 특징: 초등학생용 역사 콘텐츠로부터 알고리즘이 안내하는 역사 콘텐츠까지'(강선주 교수)에서는 유튜브를 비롯한 디지털 뉴미디어가 학생들의 학습에 미치는 영향이 커지고 있는 상황에서 초등학생용 유튜브 역사 콘텐츠 및 이로부터 알고리즘이 연결하는 역사 콘텐츠까지의 스토리텔링을 분석하여 학교 역사교육에서의 시사점을 논의하였습니다. 3장 '학교 과학에 대한 담론'(신명경 교수)에서는 과학을 학교에서 배우는 이유에 대한 본질적인 질문을 통해 미래 사회에서는 더

욱 중요하게 될 학교 교육과 학교 밖 교육의 협업에 대해 논의하였습니다. 4장 '초등학생의 식생활 교육을 위한 푸드 가이드의 국제 비교'(이영민 교수)에서는 현대 사회 아동기 건강 문제의 중요성에 대한 인식을 토대로 각 국가별로 학교 교육과정에서 활용되는 푸드 가이드를 비교하여 아동기 건강 교육에 대한 문제를 고찰하였습니다. 5장 '체육교과 지도의 사명감 증진을 위한 예비초등교사교육의 방향'(이희수 교수)에서는 다변화하는 현대 사회에서 신체적, 정신적으로 건강한 삶을 지속하기 위한 체육교과의 중요성과 이를 위해 예비교사교육에서 강조할 내용에 대해 논의하였습니다. 6장 '다문화 시대의 초등영어교육: 외국인 학생은 제3언어 영어를 어떻게 습득할까?'(조규희 교수)에서는 다문화 사회로 변모해 가는 우리나라에서 다문화 학생에게는 제3의 언어인 영어교육이 초등학교에서 어떻게 이루어져야 하는가에 대해 논의하였습니다.

기술과 사회의 변화는 교육에서도 많은 변화를 가져오고 있습니다. 디지털, 인공지능, 에듀테크, 뉴미디어, 다문화, 정서와 여가 활용, 학교와 지역사회의 연결 등은 오랫동안 미래 교육의 키워드로 제시되었고, 이제는 현재 교육의 키워드가 되었습니다. 최소한 몇 년 동안은 이 키워드들이 학교 교육의 주요한 이슈들이 될 것임은 분명합니다. 이번 경인학술총서에서는 이러한 변화하는 시대의 교육에 대한 경인교육대학교 교수님들의 식견과 지혜를 나눠 보았습니다. 기존의 총서들을 포함하여 이번 경인학술총서 6권에서의 논의들은 변화하는 시대의 교육을 고민하는 교사, 학생, 그리고 모든 사회 구성원들에게 많은 메시지를 줄 것으로 기대합니다.

경인학술포럼이 경인교육대학교 교수님들의 적극적인 참여와 상호작용을 통해 꾸준히 성장할 수 있도록 포럼을 주관해 주신 임희준 교육연구원장님과 교육연구원의 김찬용 팀장님, 한수진 선생님, 그리고 소중한 담론들을 발표하시고 옥고를 제출해 주신 교수님들께 마음 깊이 존경과 감사의 말씀을 드립니다. 또한, 포럼에 참여해 생산적인 논의를 함께해 주신 경인교육대학교의 모든 교수님께도 감사드립니다. 이 논의가 우리나라의 희망찬 미래 교육을 위한 밑거름이 되기 바랍니다.

2023.2.28.
경인교육대학교 총장 김창원

서문 - 《변화의 시대, 초등교육을 논하다》 발간에 부쳐 ——————————— 4

1부 교육의 방향을 논하다

1. 학이시습과 오래된 미래:
변화의 시대, 학습의 전통적 의미와 지속가능한 교육을 위하여 - 고대혁 ——————— 13

2. 2022 개정 교육과정에 따른 학교 교육의 과제 탐색 - 온정덕 ——————— 39

3. 창의적인 협력지능을 이끄는 수업 - 한선관 ——————— 59

4. 코로나19 시기 초등돌봄정책에 대한 비판적 담론 분석 - 이혜정 ——————— 79

2부 교과교육과 교사교육을 논하다

1. 초등학교 체육 시간의 사회-정서 학습역량 - 유생열 ——————— 107

2. 유튜브 역사 콘텐츠 스토리텔링의 특징:
초등학생용 역사 콘텐츠로부터 알고리즘이 안내하는 역사 콘텐츠까지 - 강선주 ——————— 129

3. 학교 과학에 대한 담론 - 신명경 ——————— 159

4. 초등학생의 식생활 교육을 위한 푸드 가이드의 국제 비교 - 이영민 ——————— 181

5. 체육교과 지도의 사명감 증진을 위한 예비초등교사교육의 방향 - 이희수 ——————— 201

6. 다문화 시대의 초등영어교육:
외국인 학생은 제3언어 영어를 어떻게 습득할까? - 조규희 ——————— 219

1부

교육의 방향을 논하다

1. 학이시습과 오래된 미래:
   변화의 시대, 학습의 전통적 의미와 지속가능한 교육을 위하여 - 고대혁

2. 2022 개정 교육과정에 따른 학교 교육의 과제 탐색 - 온정덕

3. 창의적인 협력지능을 이끄는 수업 - 한선관

4. 코로나19 시기 초등돌봄정책에 대한 비판적 담론 분석 - 이혜정

학이시습과 오래된 미래:
변화의 시대, 학습의 전통적 의미와 지속가능한 교육을 위하여

고대혁

Ⅰ. 교육의 뉴노멀과 미래교육의 방향

사람이 태어나서(birth) 죽음(death)에 이르기까지 그 사이를 삶이라 한다면 인생이란 탄생의 'B'와 죽음의 'D'사이에 놓여 있는 'C'라고 사람들이 이야기한다. 만약 이 'C'가 생명 탄생에서 죽음에 이르기까지 우리의 삶을 상징하는 알파벳이라면 이것은 변화(change)와 도전(challenge), 소통(communication)과 연결(connection), 그리고 선택(choice)이 될 수 있다. 더 나아가 인생은 이들을 포함한 끊임없는 변화와 도전, 소통·연결 및 선택을 통한 쉼 없는 성장과 성숙의 여정이다.

1. 변화와 도전: 4차 산업혁명이 우리에게 요구하는 것들

인간 사회에는 늘 변화의 물결이 밀려오고 있다. 문명이 시작된 이래 1차(증기기관), 2차(전기기관), 3차(정보통신) 산업혁명의 시대를 지나 이제 인류는 디지털 중심의 4차 산업혁명의 시대에 진입했다(김태완, 2018, 김대호, 2016). 디지털 기술이 기반이 된 미래사회는 초연결(hyper connectivity), 인간과 기술의 공존, 탈표준화 시대를 특징으로 하며, 이로 인한 삶의 불확실성이 이전보다 크게 증가하는 시대가 될 것이다(교육부 미래교육위원회, 2021). 이 새로운 문명은 빅 데이터(big data), 사물 인터넷(IoT)과 인공지능(AI), 가상현실(VR)과 증강현실(AR), 3D 프린팅과 융·복합, 생명공학과 바이오 등 핵심적인 과학기술을 근간으로 새로운 세계관과 다양한 존재들 간의 관계망을 구축하고 있다.

4차 산업혁명의 담론을 통하여 어떤 사람들은 4차 산업혁명의 도래가 근본적으로 인간 존재의 정체성 위기를 야기하게 될 것으로 전망하기도 한다. 또 어떤 이들은 종래 인간이 중심이 되었던 일터를 기계와 인공지능이 대체할 것이

이 글은 제 49회 학습자중심교육학회 춘계학술대회(2022.6.18.)의 기조강연 원고를 주제에 맞게 수정 보완한 글이다.

라고 예측한다(국제미래학회, 2017). 이러한 예측은 사람들에게 다가올 미래에 대한 희망과 기대보다는 공포와 불안이 가득한 위기의식을 불러일으키기 쉽다.

그럼에도 불구하고 교육자로서 우리는 문명의 성과가 인간 사회와 생태계를 파괴할 위험을 방지하고, 사람들이 애써 이룩한 발전이 인간을 궁지로 내모는 폭력이 되지 않도록 지혜를 모아야 할 것이다(한국포스트휴먼학회 외, 2016). 무엇보다 우리는 4차 산업혁명을 통하여 인간이 창출한 과학기술 일반이 인간의 품격을 고양하는 데 쓰일 수 있도록 고민해야 하며, 과학기술의 성과가 인간성을 지속적으로 고양시킬 수 있는 교육적 노력에 집중해야 할 것이다. 4차 산업혁명시대 일자리와 생계 수단에 대한 불안한 미래상에서도 이 불안감과 공포심을 극복하기 위한 올바른 길이 '미래세대의 교육'에 있다는 점을 대부분의 교육자들은 인식하고 있다. 다가올 미래문명은 교육자들에게 학교와 교육·학습에 대한 새로운 인식전환을 요구하고 있다.

2. COVID-19: 비대면 수업과 학교의 존재 이유

COVID-19가 2020년 1월 이후 전 세계에 유행하게 되었다. COVID-19가 확산하게 되자 대부분 국가가 취한 조치는 사람들의 '이동제한'과 '봉쇄'였다(한국공학한림원, 2021). 학교와 교육도 팬데믹(pandemic)으로부터 예외는 아니었다. 오히려 코로나로 인한 이동제한과 봉쇄 때문에 학교라는 공교육 제도가 유례없는 반성과 성찰의 대상이 되었다. 무엇보다 비대면 수업은 교육 현장에 에듀테크(edutech) 열풍을 불러왔다. 오프라인으로 진행되던 수업 방식이 일시에 온라인 공간으로 옮겨지게 되자, 대학은 물론 초·중등학교와 교육 현장에서 교육의 디지털 전환에 가속도가 붙게 되었다. 코로나 상황 아래 대부분 학교에서 교육은 일부 제한된 프로젝트만 오프라인에서 진행하고, 수업의 대부분은 온라인 플랫폼을 기반으로 하는 스마트 디바이스(device)를 활용하여 진행되는 교육이 주류를 이루었다. 이 시기 교육 분야의 테크놀로지 활용은 대면 교육이 불가능한 상황에서 효과적인 대안으로 활용되었으며, 교수-학습을 위한 교육 공학과 스마트 교육 기기에 대한 요구와 필요성이 다른 어떤 때보다도 학교교육과 일상 학습에서 긍정적이고 필수적인 대안으로 간주되었다.

이에 더하여 종래 공교육(schooling)이나 오프라인 교육의 문제에 대해 실망을 느끼고 있던 사람들은 온라인 비대면 수업의 가능성을 보고 기존 학교 교육의 문제를 크게 개선할 것으로 기대하였다. 학교교육에서 가상현실과 증강현실, 사물 인터넷 등을 활용함으로써 시간과 공간을 벗어나는 교육, 인공지능 학습 도우미와 멘토가 아동 학생들의 학습을 지원하고, 학생들의 자기 주도적 학습력을 키워 줄 수 있다는 에듀테크 기반 교육이 학교와 교육의 미래일 것으로 예측하였다(박남기, 2020). 지난 2년여 동안 초·중등 교육을 비롯한 대학교육이 비대면 온라인 수업을 거치면서 교사와 교육 관련 다양한 제안들이 다음과 같이 제기되고 있다.

> "감염병 일상화가 예견되므로 모든 학생에게 디지털 매체를 지급하고, 교사들은 에듀테크 역량을 길러야 한다는 주장, 비대면 학습에 활용할 프로그램 개발을 서두르고, 모든 교실에 와이파이를 깔고 클라우드 서비스를 구축해야 한다는 주장, 교실에서 항상 사회적 거리두기가 가능하도록 학급당 학생 수를 획기적으로 줄여야 한다는 주장, 향후에는 감염병이 발발하기 전이라도 대면 수업과 비대면 수업을 혼합하여 운영해야 한다는 제안이 이루어지기도 한다."[1]

COVID-19 상황에서 학교교육의 정상화를 위한 위와 같은 제안들은 일면 타당하고 일리 있는 주장이기도 하지만 미래세대를 위한 학습 공간으로서 사람 사이의 교류와 소통의 장으로서 학교의 존재 이유와 미성숙한 인간의 절차탁마(切磋琢磨) 과정으로서 교육의 본질적인 의미를 간과하고 이러한 주장에만 너무 지나치게 매몰되면 우리는 이로 인한 또 다른 부작용과 조우하게 된다. 반다나 시바(Vandana Shiva, 2020)는 COVID-19를 전후한 오늘날과 같은 상황은 비접촉 시대라는 구호가 소비를 촉진하는 마케팅 분야뿐 아니라 교육, 기업, 경

---

[1] 김용, 곽덕주, 김민성, 이승은(2021), 『코로나 이후의 교육을 말하다』, (사)한국방송통신대학교출판문화원, 32-33쪽

영, 심지어 여행에서도 나오고 있으며, 3D 영상이나 가상현실 기술들이 각광을 받고 있다면서 이들 주장의 위험성을 아래와 같이 경고하고 있다.

> "선생님이 없는 교육을 원하나요? 그렇다면 스크린이 우리를 가르칠 겁니다. 인간에 가장 중요한 유대감은 학교 운동장에서 키워집니다. 코로나 19 위기 속에서 나오는 산업의 메시지가 있어요. '어린이들은 이제 친구를 사귈 수 없을 것입니다. 홀로 자랄 것이며 유일한 친구는 눈과 마음을 망가뜨리는 스크린일 것입니다.' 디지털에 과도하게 중독된 상태는 알코올 의존증과 니코틴 중독에 상응하는 결과를 초래한다는 연구가 있습니다. … 우리 아이들을 감옥에 가둘 건가요? 오늘날 감옥은 예전과 달라요. 보이지 않는 수갑을 찹니다. 쇠가 아닌 디지털 족쇄이지요. 눈에 보이진 않지만 자유를 빼앗기는 구속 상태입니다."[2]

지난 2년여 동안 COVID-19에 대응하기 위한 다양한 비대면 수업을 통하여 우리는 종래 학교와 교사들의 존재 이유와 역할을 새롭게 깨달아 가고 있다. 박남기(2020) 역시 COVID-19 사태가 끝나면 학교가 예전의 모습으로 돌아가지는 않겠지만 이번 팬데믹으로 인하여 우리는 학교의 의미를 새롭게 발견하고, 다른 한편으로 온라인 교육의 가능성과 한계도 깨닫게 됨에 따라 추후 학교교육은 이 양자를 조화시키는 방향으로 나아가게 될 것이라고 전망한다. 특히 그는 최근 팬데믹이 불러올 사회 변화를 말하면서 '대부분의 업무는 과거와 같은 방식으로 돌아갈 수 없겠지만, 교육은 대면이 필요하다. 친구 사귀기, 어울려 놀기 등 학교에서 물리적으로 행해지는 사회 활동은 절대 온라인으로 대체될 수 없는 영역'이라고 빌 게이츠(Bill Gates)의 말을 빌려 강조하고 있다. 더 나아가 그는 학교가 멈추니 공기처럼 당연하게 여겼던 학교의 역할이 비로소 보이기 시작했다는 언론 기사(김미리, 조선일보, 2020.4.18.)를 공유하면서 많은 학부모들, 역시 팬데믹을 거치면서 학교가 공부만 가르치는 곳이 아니라 공동체 생활을 통해 아이들을 건강한 사회 구성원으로 길러 주는 곳임을 피부로 느끼고 있다는 점을 이야기하고 있다.

---
[2] 안희경(2020), 『오늘부터의 세계 - 세계석학 7인에게 코로나 이후 인류의 미래를 묻다』, 메디치미디어, 205쪽

김용(2021)은 먼저 학교가 문을 닫고 등교가 연기되면서 학부모들은 학교가 단순히 학생들이 가르침을 받고 학습하는 공간으로서 뿐만 아니라 아동 학생들을 일정 시간 동안 보호하고 양육, 훈육하는 돌봄의 공간이었음을 새삼 깨닫게 되었다고 한다. 아이들이 학교에서 시간을 보내는 것은 단순히 무엇인가를 배우기 이전에 그들이 외부 환경으로부터 안전하게 보호받고 있다는 사실이 부각되었다. 학교의 갑작스런 등교 연기나 온라인 수업 대체는 많은 학부모, 특히 맞벌이 부부나 아이를 종일토록 돌보지 못하는 가정에 큰 혼란을 야기하였다. 학교에서 방과 후 운영하는 돌봄 교실을 논외로 하더라도 아동들이 학교에 등교할 수 있다는 사실은 학부모들에게 자신들이 생업에 종사하는 시간 동안 학교가 아동의 보호와 안전을 주관하는 기관이었음을 새삼 깨닫게 하였다. 또 하나, 학교 수업이 전면 비대면 온라인으로 이루어지자 아동의 학력 격차가 더욱 더 확대되었다. 어린 아동들에게 강제로 시행된 비대면 수업은 학생들의 학력 격차를 심화하고, 양극화한다는 많은 조사 결과를 인용하면서 개학 연기나 비대면 수업으로 인한 학력 격차 확대와 양극화는 초·중등 교육일수록 더욱 심각하다고 보았다.

김민성(2021)은 교육은 교사의 가르침만으로도, 학생의 학습만으로도 완결될 수 없는 상호의존적이고 상호호혜적인 관계적 양상의 총체(조용환, 2001)임을 밝히면서, 교사와 학생이 서로 성장할 수 있도록 이끄는 '교육적 관계'는 학교가 제공해야 할 바람직한 교육의 모습이라고 주장한다. 더 나아가 학교는 학생의 개인적·사회적·경제적 배경과 무관하게 평등한 상태에서 배움을 경험하도록 공공재로서의 지식, 기술, 기회와 자원을 제공하는 역할을 해야 하는 공적 기관이다. 따라서 학교에서 교사와 학생, 학생과 학생 간의 '교육적 관계'는 모든 학생이 누려야 할 공공재의 지위를 가져야 하며, 이러한 교육적 관계는 아동 학생이 경험하는 교육의 질을 결정하는 핵심적인 요소가 된다는 점을 강조하고 있다.

3. 교육의 뉴노멀(New Normal): 미래교육의 방향

COVID-19 팬데믹 이후 뉴노멀(new normal)에 대한 논의들이 각 분야에서 활발히 진행되고 있다. 뉴노멀이란 과거에는 비정상적이었던 일이나 현상이 점차 정상이 되어 가는 것을 뜻한다. 교육 분야에서 뉴노멀은 토마스 쿤(T. Kuhn)의 패러다임 쉬프트(paradigm shift)처럼 현행 교육의 위기를 극복하고, 미래사회의 교육을 정상화할 수 있는 토대를 마련해 줄 것이다. 팬데믹 이후의 학교와 교육의 뉴노멀, 곧 미래교육은 사실 전혀 새로운 것만은 아니다. 무엇보다 종래 교육자들이 학교교육(schooling)에서 무게 중심을 두었던 것들이 도전받고 있으며, 그 우선순위의 변화와 중심축의 이동을 가져오게 된다. 그렇다면 뉴노멀의 시대, 학교와 교육의 방향은 무엇일까?

첫째, 고도 과학기술이 기반이 되는 초연결 사회, 인간의 평균수명이 연장되는 초고령화 사회로 접어들게 되는 미래사회는 무엇보다 인간의 교육과 학습 기간을 전 생애로 확장해 나갈 것이다. 학교교육 중심에서 평생학습사회로 전환은 고도 과학기술에 기반하고 있는 교육 관련 테크놀로지들의 활용과 함께 개인의 자기 주도적 학습역량을 함양하는 일이 무엇보다 중요할 것이다. 둘째, 학교의 교육과정 구성의 기본 방향은 교사가 교과 지식이나 정보를 전달하는 교수-학습보다는 학생이 중심이 되어 수행하는 탐구 과정과 활동이 중시되는 학습 중심으로 무게 중심이 옮겨 갈 것이다. 더 나아가 인공지능이나 머신러닝, 학습 분석 등과 같은 4차 산업혁명의 주요 기술들이 교육에 활용되며, 개별 학생의 수업 내용에 대한 이해도에 따라 개인 맞춤형 학습이 더욱 확대될 것이다(류태호, 2020). 셋째, 교수학습 방법은 교사 중심보다 학생 중심 교수학습 방법에 관한 논의와 교육 현장 적용이 확대되어 갈 것이며, 교육의 주도자로서 교사의 역할은 점차 지식 전달에서 지식의 공유 및 재창출로 바뀌고, 티칭(teaching)보다는 코칭(coaching)의 중요성이 강조되는 뉴노멀이 진행될 것이다. 넷째, 4차 산업혁명의 테크놀로지들이 적용된 스마트 교육 플랫폼이나 디바이스들이 학교교육에서 학습자 중심 교육을 강화해 나갈 것이다. 미래

사회는 학교교육 분야에서 스마트 교육과 대면교육을 결합한 "스마로그(스마트+아날로그)형 교육", 온라인과 오프라인 교육이 혼합된 "혼합형 학습(blended learning)"이 일상화되고(박남기, 2020, 이문영, 2020), 이로 인해 학교 수업에서 학생의 역할은 수동적 객체에서 능동적 주체로 변화될 것으로 예상된다. 다섯 번째, 근대 이후 학교교육이 맡아 왔던 표준화된 생산과정에 투입될 숙련 노동자를 길러 내던 일은 직업 훈련원이나 기업의 사내 연수원과 같은 사회적 기관이 대행할 것이다. 따라서 학교교육의 주된 관심사는 과학기술 문명의 이해와 공동체 속에서 건전한 시민이 가져야 할 기본 역량(Competencies[3]) 함양이 중심이 될 것이다.

미래사회의 교육 담론은 특정 학령기를 중심으로 논의되는 학교교육을 넘어서 인간의 교육과 학습이 '요람에서 무덤'까지, 전 생애로 확대될 것이며, 교사 중심의 교육보다는 학습자 중심 교육과 관련된 다양한 논의로 무게 중심이 옮겨 갈 것이다.

II. 학이시습과 온고이지신

미래는 아직 오지 않은 현재이기에 누구도 정확하게 미래를 예언할 수 없다. 선현들은 역발상으로 과거를 공부하고, 연구(溫故)하여 새롭게 오는 미래를 알고자(知新) 하였다. 이제 "온고이지신(溫故而知新)"의 정신, 곧 교육에 관한 전

---

[3] 역량이란 "특정한 상황이나 맥락에서 발생하는 복잡한 요구들을 개인의 심리적 사회적 특성들을 동원하여 성공적으로 해결하는 능력"으로 이해되며, "특정한 상황이나 맥락에서 업무를 성공적으로 수행할 수 있는 지식, 기능, 태도의 총체"이기 때문에 기존의 직업 훈련 분야에서 사용되었던 기능 중심의 역량 개념을 넘어선다. 이 역량은 지식, 행동, 가치 및 태도를 포괄하는 전인적 능력으로서 성격을 지니고 있다(교육부 미래교육위원회, 2021, 『2030 대한민국 미래교육 보고서』, 서울: ㈜ 피와이메이트, 21쪽, 139쪽). 이 역량과 관련하여 많은 교육전문가들은 학교의 교육내용을 '4C', 즉 비판적 사고(critical thinking), 의사소통(communication), 협력(collaboration), 창의성(creativity)으로 전환해야 한다고 주장한다. 보다 포괄적으로 말하면, 학교는 기술적 기량의 교육 비중을 낮추고 종합적인 목적의 삶의 기술을 강조해야 한다. 무엇보다 중요한 것은 변화에 대처하고, 새로운 것을 학습하며, 낯선 상황에서 정신적 균형을 유지하는 능력이다(Yuval N. Harari(전병근 역), 2020), 『21세기를 위한 21가지 제언』, 서울: 김영사, 393쪽).

통적 사유를 통하여 미래를 알아보기 위해 우리는 다음 몇 가지 질문을 제기해 볼 수 있다. 우리의 사상적 전통에서 "배움(學)의 의미와 가치는 무엇인가?", "삶에서 배움이 주는 기쁨과 즐거움의 경지는 어떻게 설명이 가능할까?" 그리고 "교육을 통하여 성취하고자 하는 인간상과 교육과 학습에서 교사의 역할과 조건은 무엇인가?" 이들 질문을 중심으로 전통사상에서 교육, 또는 학습을 이해하는 방식을 고찰하는 것이 II장의 주된 관심사이다.

1. 학이시습(學而時習): 학습의 의미와 교육적 이상

예나 지금이나 우리는 '교육은 백년대계'라는 말을 자주 인용하곤 하는데, 이 표현은 현재 우리사회의 교육 경향이나 정부의 교육정책을 비판할 때 자주 인용되는 말이다. 동양사회에서 교육과 학습은 사람의 종신지계(終身之計[4]), 곧 전 생애에 걸쳐 실천해야 할 인생 계획이고 과업이다. 유가(儒家) 경전에서 교육과 관련된 자료를 찾아보면, 교육이라는 용어는 맹자(孟子: B.C.372-B.C.289)가 "인생삼락(人生三樂[5])"을 설명할 때 등장하고, 그 밖에 대부분은 "교육(教育)"이란 용어보다 오히려 "학(學)"이나 "위학(爲學)", "교학(教學)"이라는 말을 개념어로 사용하고 있다.

"옛 문헌 특히 유가의 경전이나 성리서(性理書)에서 우리가 가장 먼저 그리고 가장 빈번하게 접하는 말은 '가르침'에 관련된 '교(教). 교육(教育). 교인(教人). 회인(誨人). 사(師)' 등이라기보다는 '공부'와 관련된 '학(學). 위학(爲學). 수신(修身). 학자(學者)' 등과 같은 말이다. 『논어(論語)』 제1권의 첫 구절이 '학이

---

[4] 기원전 7세기 제나라 정치가인 관중(管仲, B.C.725-B.C.645)은 사람을 가르치는 일의 중요성을 다음과 같이 주장하고 있다: "일 년의 계획은 곡식을 심는 것보다 중요한 것이 없고, 십 년의 계획은 나무를 심는 것보다 중요한 것이 없으며, 일생의 계획은 사람을 키우는 것보다 중요한 것이 없다. 한 번 심어서 한 번 거두는 것은 곡식이고, 한 번 심어서 열 배를 얻는 것은 나무이며, 한 번 키워서 백배를 얻는 것은 사람이다."(『管子』 제3편 權修: 一年之計 莫如樹穀 十年之計 莫如樹木 終身之計 莫如樹人 一樹一獲者 穀也 一樹十獲者 木也 一樹百獲者 人也.)

[5] 『孟子』 卷 13, 「盡心」 上: 孟子曰 君子有三樂 而王天下不與存焉.父母俱存 兄弟無故 一樂也. 仰不愧於天 俯不怍於人 二樂也. 得天下英才而教育之 三樂也. 君子有三樂 而王天下不與存焉.

시습지 불역열호(學而時習之 不亦說乎)'로 시작한다는 것은 잘 알려진 사실이다. 『대학(大學)』, 『소학(小學)』 등의 책명이 그렇고 초학자들을 위한 성리학 입문서로 편찬된 『근사록(近思錄)』도 제2권에 '위학류(爲學類)', 제11권에 '교학류(敎學類)'를 싣는 구성 방식을 택하고 있으며, 『성리대전(性理大全)』도 '학(學)'이란 항목은 14권이나 차지하는 반면, '교인(敎人)'이란 항목에는 단지 그 중의 한 권을 할애하고 있을 뿐이다.[6]"

우리가 교육사적인 관심을 갖고 옛 문헌들을 읽다 보면, 근대 이전의 동양인들은 가르치는 사람의 입장에서보다는 먼저 공부한 사람의 입장, 또는 같이 공부한 사람의 입장에서 '교육'을 생각하고 논했다는 점이다. 따라서 전통사회에서 교육의 의미를 이해하기 위해서는 '배우는 입장'에서 그 사람이 '가르치는 일'과 '배우는 일'을 어떻게 구체화하고 있는지 살펴보아야 한다. 『논어』의 첫머리, 제1권 「학이(學而)」, 첫 장은 배우는 일, 곧 학습의 의미와 성취감, 그리고 이 일을 통하여 성취하고자 하는 인간상을 중심으로 유학사상이 지향하고자 하는 교육의 성격과 방향을 함축하고 있다.

① 배우고 날마다 익히면 또한 <u>기쁘지</u> 아니한가?
"學而時習之 不亦說乎"
② 멀리서 벗이 오니 또한 <u>즐겁지</u> 아니한가?
"有朋自遠方來 不亦樂乎"
③ 다른 사람이 알아주지 않는다 하더라도 노여워하지[7] 않으면 또한 <u>군자</u>가 아닌가?
"人不知而不慍 不亦君子乎"

여기서 우리가 먼저 살펴야 할 부분은 "학이시습(學而時習)"에서 유추되는 학

---

6) 박연호(1994), 『朝鮮前期 士大夫 敎養에 관한 硏究』, 한국학대학원 박사학위논문, 7쪽
7) 원문의 "慍"을 주자(朱子)는 '含怒意'로 풀고 있다.(『論語』「學而」제1장 註) "慍"이 노여움을 드러내는(성내는) 상태가 아니라, 노여움을 마음속에 품고 있는(섭섭해하거나, 서운해하는) 상태를 말하는 것이다. 이 주석은 '남이 알아주지 않는다 하더라도 서운해하는 행동을 하지 말아야 한다는 의미인 동시에, 그러한 마음조차 갖지 말아야 하는 것'으로 이해 가능하다.

습(學習)의 의미이다. "학(學)"이란 태어나서 미지(未知)·미능(未能)의 세계에서 출발하는 어린이가 자라면서 먼저 깨달은 주변의 지자(知者)와 능자(能者)를 본받는(效) 행위를 뜻한다.[8] 사람이 널리 배우고(博學), 자세히 질문하고(審問), 깊이 생각하고(愼思), 명확하게 판단하고(明辨), 돈독하게 실천(篤行)하는 행위가 모두 배움(學)의 일이다.[9] "습(習)"이란 마치 알을 갓 깨고 나온 어린 새(幼鳥)가 자라면서 하늘을 날기 위해 어미 새(成鳥)의 나는 모습을 본받아, 스스로 날갯짓을 반복하여 익힘으로써 자신에게 내재된 "날기"의 힘과 능력을 키워서 마침내 창공을 향해 힘차게 비상하는 것을 뜻한다.[10] 선현들은 사람이 학습하는 행위를 어린 새가 하늘을 나는 연습을 하는 일에 비유하곤 한다.[11] 사람이 태어나서 주변의 선각자들을 본받아 자신에 내재된 힘과 능력을 발견하고, 이를 반복하여 연습함으로써 날기의 역량을 키워 자신의 꿈과 이상을 향해 비상하는 실천적 행위가 곧 학습이고, 교육인 것이다.

우리가 유념해야 할 또 하나는 "학이시습(學而時習)"에서 "시(時)"의 해석 방식이다. 많은 사람들이 이 구절을 '때때로 익힘'으로 잘못 해석하는데, '시(時)'란 "때때로(occasionally)"의 뜻 보다는 '때에 맞추어(timely)'의 의미로 보아야 한다. 주자(朱子)는 이를 '줄곧 계속하여(無時而不習; 時時習)'로 풀이하고, 황간(皇侃)은 이 시(時)를 세 가지 의미, ① 신중시(身中時), ② 년중시(年中時), ③ 일중시(日中時)로 해석한다. '신중시'는 오늘날 사람의 성장과 발달 단계, 곧 유아기, 소년기, 청년기, 장년기, 노년기에 따라 그 단계에 필요한 공부와 학습을 한다는 의미이고, '년중시'는 봄, 여름, 가을, 겨울, 곧 사계절에 공부하기 적절한 교육내용을 학습하는 것이며, '일중시'는 아침, 점심, 저녁에 따라 학습하

---

8) 『論語』卷1「學而」〈朱子 註〉: 學之爲言 效也. 人性皆善而覺有先後 後覺者 必效先覺之所爲
9) 『論語』卷1「學而」〈朱子 細註〉: 博學審問愼思明辨篤行 皆學之事, 『中庸』 20장: 博學之 審問之 愼思之 明辨之 篤行之, 〈朱子 註〉: 程子曰 五者廢其一 非學也
10) 『論語』卷1「學而」〈朱子 細註〉: 朱子曰 說文 習字 從羽從白 月令所謂鷹乃學習是也
11) 『論語』卷1「學而」〈朱子 註〉: 習鳥數飛也 學之不已 如鳥數飛也

는 것이 달라져야 한다는 뜻이다.[12]

세 번째로 살펴야 할 것은 첫 장의 ①과 ②의 구절은 공부의 기쁨과 즐거움과 관련된 학습의 성취감이다. 주자는 ①의 '기쁨(說=悅)'은 사람이 배우고 익히는 과정에서 얻는 마음의 흡족한 상태, 곧 사람들이 아주 맛있는 요리를 먹었을 때 느끼는 감칠맛[鮮味, savory taste, umami]보다 더 깊은 맛을 주는[13] 자신의 실존적 내면에서 우러나오는 맛깔스러움으로 그 성취감을 설명한다. ②의 '즐거움(樂)'은 사람이 배움을 통하여 얻은 지식과 경험을 동료[朋友]와 함께 소통하고 교류하여 서로 학이시습을 통하여 얻은 깨달음과 기쁨을 사회적 의미로 확대하는 과정에서 얻는 마음의 상태이다. 주자는 이것을 마치 음률과 가락이 아름답게 조화를 이루어 연주되는 음악보다 훨씬 더 유쾌하고 즐거운 일로 보았다.[14] 선현들은 삶 속에서 본받고 실천하면서 뜻이 통하는 벗[朋友]들과 함께하는 행위, 곧 배우고 익히며, 소통하고 교류하면서 함께하는 일을 세상의 어떠한 기쁨, 즐거움과 견줄 수 없는 성취감과 흔쾌함을 주는 일로 보았다. 학이시습을 통해서 느끼는 이 성취감을 바르트(Barthes Roland, 1999)의 표현을 빌린다면 이러한 기쁨은 쁠레시적(plaisir)이라기보다는 쥐쌍스적(jouissance)인 상태라고 할 수 있다.[15]

마지막으로 ③은 앞의 ①, ② 두 구절이 지향하는 인간의 교육적 이상과 관련된다. 특히 이 부분은 공부와 학습의 목적과 기능, 곧 공자(孔子: B.C.551-B.C.479)가 제시하는 '위기지학(爲己之學)'과 '위인지학(爲人之學)'의 의미와 연결된다.[16] 자기를 위하는 학습(learning for the sake of one's self)으로서 위기지학은 학습과 공부를 통하여 도(道)를 밝히고, 덕(德)을 함양함으로써 인

---

12) 『論語注疏』「學而 第一」: 凡學有三時 一身中時 …二年中時…三日中時… , 김용옥(2010), 『논어한글역주 1』, (서울: 통나무, 251-252쪽), 임헌규(2020), 『3대 주석서와 함께 읽는 논어Ⅲ』, (서울: 도서출판 모시는 사람들, 20-21쪽) 참고.

13) 『論語或問』卷1「學而」: 雖芻豢之甘於口 亦不足以喻其美矣

14) 『論語或問』卷1「學而」: 雖宮商相宣 律呂諧和 亦不足以方其樂矣

15) 롤랑 바르트(김희영 옮김;1999), 『텍스트의 즐거움』, 서울: 동문선, 194-195쪽. 바르트의 이 용어를 학습과 관련한 성취감의 설명으로는 한준상(2012)의 『學習學』(서울: 학지사, 25-29쪽)과 한준상(2002)의 『호모 에루디티오』(서울: 학지사, 385-390쪽)를 참고할 것

16) 『論語』卷14「憲問」: 子曰古之學者爲己 今之學者爲人

간이 자기를 완성[君子]하는 방식이다. 반면에 타인을 위한 학습(learning to please others)으로서 위인지학은 남에게 보이기 위한 공부(예; 과거합격, 입시합격 등), 곧 사람들이 어떠한 세속적인 가치, 곧 명성(功名)이나 경제적 이득[利祿], 사회적 지위[爵]를 획득하기 위한 도구나 수단으로써 교육을 바라보는 방식이다. 현대적인 표현을 빌린다면 ③은 교육의 두 기능, 내재적 기능(본질적 기능; 자기완성)과 외재적 기능(수단적 기능; 상급학교 진학과 취업 등)을 나타내는 것으로 해석할 수 있다.

조선의 선비들은 교육을 통하여 인간의 자기완성의 표상인 "군자(君子)"가 될 수 있다는 믿음을 그들의 일상 속에서 실천하고자 하였다. 사실 이러한 실천은 공자 이후 정통 유학자들의 삶의 이상이었다.[17] 『논어』에서 교육적 인간상으로 제시하고 있는 군자(君子)는 공자에게 초월적 인간, 신비한 능력을 지닌 영적(靈的) 인간이 아니다. 군자는 배우기를 좋아하는(好學) 인간이고, 예(禮)를 존중하는 정신적 고결함을 갖춘 사람이며, 객관적이고 주체적으로 판단하여 자신의 문제를 해결할 수 있는 역량을 갖춘 사람이다. 이러한 군자는 '위기지학'을 통하여 보통 인간[凡人]에서 성인(聖人)의 경지에 입문[超凡入聖[18]]할 수 있는 것이다.

교육이란 그 내재적 기능이 중심이 되어야 하지만, 그렇다고 도구적이고 수단적 기능 또한 간단히 무시할 수 없는 일이다.[19] 문제는 예나 지금이나 교육의 본질적 기능을 소홀히 하면서 도구적이고 수단적인 기능을 오로지 교육과 학습의 성공, 혹은 교육이 추구하는 전부라고 생각하는 경향이다. 교육을 단지 도구적 기능, 곧 생계수단이나 상급학교 진학만을 위한 일로 국한한다면 우리는 공부와 학습의 참된 의미를 상실할 뿐만 아니라 학습의 과정에서 공부하는 기쁨과 즐거움의 경지를 맛볼 수 없을 것이다. 『논어』 첫 장 마지막 구절은 "인간이 왜 공부해야 하는가?", "어떤 공부를 해야 하는가?"에 대한 공자의 답변이라 할 수 있다.

---

17) 『孟子』 卷11, 「告子」: 聖人與我同類者 人皆可以爲堯舜. 『河南程氏文集』 卷 第八, 「顔子所好何學論」: 學以至聖人之道也
18) 『朱子語類』 「學 二」 "總論爲學之方": 爲學 須思所以超凡入聖
19) 『擊蒙要訣』 第10, 「處世章」: 先賢曰不患妨功 惟患奪志. 若能爲其事而不喪其守 則科業理學 可以幷行不悖矣. 今人 名爲做擧業而實不著功 名爲做理學而實不下手

2. 호학(好學)과 온고이지신(溫故而知新): 스승의 조건

『논어』를 살펴보면 교육자로서 공자가 학생을 가르치는 태도는 개방성(평등)과 개별화(차별화) 두 가지 원칙으로 요약할 수 있다. 먼저, 그는 배움의 기회를 모든 사람에게 평등하게 열어 주고 있다. 무엇보다 그는 배우려는 사람을 그 사람의 사회적 신분의 귀천(貴賤)이나, 빈부(貧富), 재능(才能)의 있고 없음으로 차별하지 않는다.[20] 공자는 자포자기(自暴自棄)하지 않고 배움의 공동체에 기꺼이 입문하려는 의욕과 마음가짐을 지닌 사람이라면 누구든지 자신의 제자로 받아들였다. 둘째, 그는 제자들이 인격을 함양하고 자신의 재능을 최대한 개발할 수 있도록 철저하게 그들을 개별화하여 가르치고 있다. 이 개인 맞춤형 전략은 흔히 '개인차에 따라 가르치는 방법(因材施敎[21])'으로 불린다.

공자는 이 두 원칙을 통하여 제자들로 하여금 그들 자신의 문제를 합리적으로 해결하려는 태도, 현실적이고 실용적인 안목, 기본 원칙의 존중, 학습자 스스로 객관성과 주체적 판단 능력을 함양하도록 인도하고 있으며, 제자들이 이러한 삶의 태도를 지켜 나가기를 강조하고 있다.[22] 특히 교육과 학습에 개인차를 중시하는 방식은 주어진 문제에 대하여 다양하게 사고하고, 실천적 대안을 찾아보도록 학생을 이끌어 가고 있으며, 그들에게 획일적인 정답을 강요하지 않았다. 훌륭한 스승, 위대한 교육자로 추앙받는 공자의 삶 속에서 우리는 진지한 교육자의 자세를 확인할 수 있다. 공자는 배우기를 좋아한(好學) 사람이다. 그는 제자들에게 스스로 배움을 즐기는 존재로서 자신을 드러내고 있다.[23] 특히 그는 자신의 삶을 스스로 평가하면서 자신이 누구보다도 배우기를 좋아한다는 점을 내세우고 있다.

---

20) 『論語』 卷15 「衛靈公」: 子曰 有敎無類
21) 邱鎭京(民國81年), 『論語思想體系』, (臺北: 文津出版社, 81-82쪽)
22) 고대혁(2001), "논어에 나타난 도덕교육의 이상과 방법" (한중철학회, 『한중철학』, 제7집, 24쪽)
23) 『論語』 卷7 「述而」: 子曰 我非生而知之者 好古敏以求之者也. 葉公 問孔子於子路 子路不對. 子曰 女奚不曰 其爲人也 發憤忘食 樂以忘憂 不知老之將至云爾

"공자는 '작은 마을에도 나처럼 충성스럽거나 믿음이 있는 사람이 반드시 있겠지만, 나처럼 배우기를 좋아하는 사람은 없을 것이다'라고 말씀하셨다."[24]

그는 배우기를 좋아하는 사람, 곧 "옛것을 깊이 공부하여, 새로운 지식을 알고자 노력하는 사람이 스승이 될 수 있다[25]"라고 말한다. 그의 주장처럼 유학 사상에서 다른 사람의 스승이 될 수 있는 사람은 인격과 전문 지식이 완벽하게 갖추어진 사람이라기보다 항상 '배우기를 좋아하는[好學]' 사람이다. 공자 이후 유학의 가르침을 계승하고 있는 학자들은 자신이 완벽한 인간, 완성된 존재로서보다는 보통 사람으로서 누구보다 배움을 사랑하는 사람으로 인정받고 싶어 했다. 대개 훌륭한 교육자, 공자와 같은 선생은 제자들과 함께 배움을 즐기고 심지어 아랫사람이나 어린 사람에게 질문하는 것조차 부끄러워하지 않았던 학인(學人)이면서[26] 자신의 학생들에게 '학이시습(學而時習)'의 모범을 보여 주었던 사람이다.

"단순히 (옛것을) 배우기만 하고 (새로운 면을) 생각함이 없으면 망령된 것이고, 생각하기만 하고 배우려고 하지 않으면 위험하다."[27]
"전통과 역사를 알지 못하면서 새로운 것만 알려고 하는 자는 망령되거나 허황되기 쉽고, 옛것을 외우기만 하고 새로운 것을 탐구하지 않는 자는 용렬한 사람이 되기 쉽다. 이러한 사람은 모두 공자가 (스승으로) 허락하지 않는 바이다."[28]

상기 인용문처럼 새로운 것을 탐구하고자 하면서 지식의 전통과 역사에 대해 무관심하거나 무지하다면 그의 공부는 허황되어 남의 스승이 될 수 없으며, 또한 단순하게 암기된 지식과 시험 합격을 위한 교과를 중심으로 아이들에게 정

---

24) 『論語』卷5 「公冶長」: 子曰 十室之邑 必有忠信 如丘者焉 不如丘之好學也
25) 『論語』卷2 「爲政」: 子曰 溫故而知新 可以爲師矣
26) 『論語』卷5 「公冶長」: 子曰 敏而好學 不恥下問 是以謂之文也
27) 『論語』卷2 「爲政」: 子曰 學而不思則罔 思而不學則殆
28) 『論語疏證』卷2 「爲政篇 第二」: 不溫故而欲知新者 其病也妄 溫故而不能知新者 其病也庸 皆非孔子所許也

해진 지식과 정보를 주입하는 사람 역시 진정한 스승이 될 수 없다고 한다.[29] 왜냐하면 이들은 기존의 지식만 앵무새처럼 반복하기만 할 뿐 이 지식과 정보를 기초로 새로운 것을 더 이상 알려고 하지 않기 때문이다.[30] 이러한 맥락에서 순자(荀子: B.C.323-B.C.238)는 스승이 될 수 있는 자질과 조건을 다음 네 가지로 명확하게 제시하고 있다.

> "다른 사람의 스승이 되는 방식에는 네 가지 있는데 단순하게 널리 많은 것을 외우고 익히는 것은 여기에 포함되지 않는다. 몸가짐을 존엄하게 하고 남들이 경외한다면 스승이 될 수 있고, 나이가 많으면서 남들이 신뢰한다면 스승이 될 수 있으며, 경전을 외우고 해설하되 스승의 이론을 무시하지 않고 짓밟지 않는다면 스승이 될 수 있으며, 정미한 것들을 알고 이론이 체계적이라면 스승이 될 수 있다. 그러므로 다른 사람의 스승이 되는 방식에 네 가지가 있는데 단순하게 널리 많은 것을 외우고 익히는 것은 여기에 포함되지 않는다."[31]

"세 사람이 함께 가면 반드시 내 스승이 있다.[32]"는 공자의 말처럼 스승은 특별한 곳에만 존재하는 사람이 아니다. 오히려 인간이 살아가는 일상 속에는 그 사람에게 가르침이나 교훈을 주는 존재가 항상 있기 마련이다. 그럼에도 불구하고 예나 지금이나 스승은 아무 때나 마주치는 것이 아니다. 배우려는 사람이 진지하게 찾을 때 그를 만날 수 있다. 그리고 맞아들일 준비가 되어 있는 사람 앞에 스승은 나타난다.[33] 순자가 강조하고 있는 스승의 자질과 조건은 결국 공자가 역설하고 있는 "호학"과 "온고이지신"하는 생활을 몸소 실천하고 있는 사람으로 볼 수 있다. 스승과 제자, 교사와 학생 사이에는 과거와 미래를 향한 배움에 대한 열망과 서로 상대방에 대한 존경을 통하여 학생은 스승을 발견하게 되고, 스승은 몸소 배움을 실천[學而時習]하는 생활을 통하여 자신의 제자를 만

---

29) 『禮記』卷4 「學記」第18: 記問之學 不足以爲人師
30) 『論語』卷2 「爲政」(朱子 細註): 記問之學 溫故而不知新
31) 『荀子』卷9 第14篇「致士」: 師術有四 而博習不與焉. 尊嚴而憚 可以爲師. 耆艾而信 可以爲師. 誦說而不陵不犯 可以爲師. 知微而論 可以爲師. 故師術有四而博習不與焉.
32) 『論語』卷7 「述而」: 子曰 三人行 必有我師焉
33) 법정(1999), 『오두막 편지』, 서울: 이레, 222쪽

나게 된다. 유학사에서 공자와 72제자는 바로 이러한 만남의 전형이고, 주자(朱子)와 그의 문하생들, 퇴계(退溪)와 그의 문인(門人)들의 만남 역시 이러한 정신 속에서 이루어진 교사와 학생의 아름다운 관계이다.

III. 학습자 중심 교육과 오래된 미래

인간의 학습과 교육의 찬미로 시작하는 것이 『논어』이다. 이 책은 공자가 생각하는 인문 교육 철학의 학설 전개이며, 실천적 프로그램이다. 『논어』를 바탕으로 하는 유학의 핵심 경전들은 그 전체가 방대한 교육 프로그램이며 동시에 교육적 행위라 할 수 있다(박이문, 2005). 앞 장에서 우리는 전통사상에서 바라보는 배움의 본래적 의미를 중심으로 학습의 의미와 성격 및 학습의 성취감과 교육적 이상을 다루었으며, 이어서 가르치는 사람으로서 교사, 곧 스승의 자질과 규범적 조건에 대한 논의를 유학의 주요 경전을 중심으로 살펴보았다. 이들이 표방하는 교육과 학습 관련 논의들은 이후 우리 전통사회에서 교육사상의 기본 프레임을 형성하고 있다. 전통사회의 교육과 학습, 스승에 관한 논의가 오늘날 학습자 중심 교육에 주는 시사점은 무엇이며, 미래사회에 학습자 중심 교육의 지속 가능성을 위하여 이들 논의가 주는 의미를 연역해 보기로 하자.

1. 학습자 중심 교육에 주는 시사점

4차 산업혁명의 도래와 팬데믹 이후, 미래사회를 구상하는 많은 교육전문가와 연구자들은 학교교육에서 교사 중심적인 수업, 또는 교과 지식과 정보 전달 중심의 가르치는 방식과 내용의 문제점을 비판하고 있다. 이들은 학교의 변화와 혁신을 주로 수업 방법의 혁신으로, 곧 교사 중심에서 학습자 중심 교수 학습 방법에 관한 논의에 집중하고 있다.

교육 현장에서 '가르치는 존재'와 '배우는 존재' 그리고 '교육내용과 방법'은 교육이 이루어지는 중요한 요소들이다. 일반적으로 가르치는 존재로 대표되는 교사가 배우는 존재인 학생을 가르쳐 인도하는 과정으로 교육을 바라보는 시각이 "교사 중심 교육"이고, 가르치는 사람(교사)의 학습하는 모습을 본보기로 삼아 학생이 활동의 주체가 되어 배움의 과정을 주도적으로 이끌어 가며, 인간으로서 가야 할 길[道]을 스스로 밝히고, 그 길을 따라가는 실천적 행위 능력과 역량[德]을 키우는 것이 "학습자 중심 교육"이다. 학습자 중심 교육에서는 무엇보다 학생이 학습의 주체가 된다. 교사는 학생의 학습을 안내하는 안내자(guider)이고, 도와주는 조력자(helper)이고, 더 나아가서는 학생들이 자신의 지력(知力)과 문제해결 역량(力量)을 최대한 함양할 수 있도록 해주는 스캐폴더(scaffolder) 역할을 한다.

유학사상에서 교육의 의미나 개념은 가르치는 입장보다 배우는 입장을 강조하기 때문에 '교육'이라는 개념보다는 '위학爲學', '교학敎學'이라는 용어를 더 많이 사용한다. 학습의 의미와 성취감, 그리고 교육적 이상과 관련된 Ⅱ장의 논의는 오늘날 학습자 중심 교육이 현행 교사 중심 교육의 한계를 비판하고, 그 대안을 모색하는 데 매우 유용한 이론적 전망을 제공해 준다. 유학의 주요 경전들, 특히 『논어』는 학습자 중심 교육이 강조하는 '자기주도적인 학습'과 '개인 맞춤형 교육'의 모습을 잘 보여 주고 있다. 공자가 학생을 가르치는 두 가지 원칙 중, 신분과 지위의 차이를 인정하지 않고 배우고자 하는 열정과 적극적인 태도를 지닌 사람이라면 모두 제자로 받아들이는 개방성과 학생의 재능과 그가 처한 현실 상황을 고려하는 개별화의 방법, 곧 인재시교(因材施敎)의 방법이나 스승과 제자가 여러 가지 문제에 대해 '대화하고 문답하는 방식'은 교사와 학생의 상호 교류를 통해 학생의 능력을 개발하는 방식인 학습자 중심 교육의 방향과 오늘날 교수학습 방법 개선에 많은 시사점을 준다.

『논어』에서 스승과 제자가 함께 교류하고 소통하는 협력[학습]에 참여하는 학습자는 공부하는 것이 지겹거나 괴로운 일이 아니다. 교사는 학생에게 일방적으로 지식과 정보를 외우게 하거나 주입하지 않고, 그가 직면하고 있는 문제(주로 윤리적, 도덕적 문제)를 학생의 입장에서 생각하고 해결 방안을 모색하도록 조언해 주며, 학생의 일상생활에서 실천할 수 있도록 안내해 준다. 따라서 여기에 참여하는 학습자라면 공부의 기쁨과 즐거움을 만끽할 수 있을 것이다. 이러한 활동에 참여하면서 학습자는 남에게 보이기 위한 공부, 다른 사람에게 자랑하거나 과시하기 위해 공부하는 것이 아니라 자신의 인격적 이상, 곧 군자가 되기 위해 공부를 하게 된다.

학습자 중심 교육을 학생의 시험성적 향상이나 동료와의 경쟁에 우위를 점하기 위한 효율적 수단이나 방법으로서 강조하기보다는 이 교육이 학습자의 자기 완성을 위한 올바른 길이라는 인식이 필요하다. 이러한 인식 전환이 성공한다면 학생들은 자신이 하는 학습활동에 내재된 기쁨과 즐거움을 발견할 수 있고, 그것을 자신의 삶속에서 마음껏 향유할 수 있을 것이다. 옛 선현들이 추구하고자 했던 '도를 즐기는 생활(樂道)'이나 성숙한 현자들의 공동체[大同社會]도 바로 모든 구성원들의 학이시습을 통하여 가능하다는 점을 전제로 하고 있다.

교육이 인간의 인격 완성을 위한 쉼 없는 활동이고, 성숙한 사회를 위한 부단한 노력이라면 이러한 일은 인생의 어느 한 시기에 이루어질 일은 아니다. 교육의 미래를 전망하면서 많은 전문가들은 제4차 산업혁명시대에는 제도권 학교교육의 시대를 넘어, 언제, 어디서나, 누구나, 무엇이든, 자유롭게 배움을 주고받는 평생 학습사회가 본격화될 것으로 본다. 생명공학과 의료 기술의 놀라운 발전에 힘입어 인간의 수명은 100세를 넘길 것이라는 예측이 제시되기도 한다. 미래학자들은 이러한 초장수 시대를 맞아 60세를 기준으로 하던 학교 본위의 교육 패러다임은 사라지고, '요람에서 무덤까지', 평생학습 이념이 확산될 것이라 전망하고 있다.

"이제까지 인생은 두 개의 상호보완적인 부분으로 나뉘었다. 배우는 시기와 일하는 시기로 말이다. … 하지만 미래사회에는 세상에 뒤처지지 않고 살아가려면 -경제적으로뿐만 아니라 무엇보다 사회적으로- 끊임없이 배우고 자신을 계속 쇄신하는 능력이

필요할 것이다."³⁴⁾

종래 어려서는 학업, 어른이 되어서는 일과 직업, 나이 들어서는 은퇴와 여가라는 삶의 사이클이 직선적으로 이어지던 시대를 넘어 이들이 복합적으로 어우러지는 새로운 생애주기를 맞게 될 것이다. 인간의 학습은 더 이상 삶의 선택적 과제가 아니라 전 생애에 걸친 '일생의 과업'이 되는 것이 미래사회이다. 그렇다면 앞 장에서 논의했던 학이시습에서 "시(時)"의 해석에 주목해 보자. '시(時)'란 '때에 맞추어(timely)'의 의미나 '줄곧 계속하여(無時而不習; 時時習)'의 뜻으로, 더 나아가 세 가지 의미, ① 신중시(身中時), ② 년중시(年中時), ③ 일중시(日中時)로 해석한다는 점을 설명했다. 따라서 전통사상에서 배움은 특정시기, 곧 학령기에 하는 공부만이 아니라 사람의 전 생애에 걸친 평생의 과업, 평생학습으로 확장된다.

2. 오래된 미래와 지속가능한 교육을 위하여

『오래된 미래』(1991)는 스웨덴 출신의 언어학자이자 환경 운동가인 헬레나 노르베리 호지(Helena Norberg Hodge; 1946-)가 인도 서북부에 위치한 라다크(Ladakh)를 방문하여 이 지역의 전통과 서구식 개발 과정에 대한 조사를 하면서 라다크의 "전통", "변화", "미래"에 대해 기록한 책이다. 라다크의 전통과 서구식 개발을 통한 전통의 파괴 과정, 그리고 이를 다시 회복하기 위한 가능성과 방법 등을 다루고 있다. 미래사회를 위한 개발이란 그 지역의 전통과 문화와 조화를 이루면서 변화와 개발을 모색하는 것이 지속가능한 발전의 토대가 될 수 있다는 것이 이 책의 요지이다. '오래된 미래'가 은유로 사용될 때에는 전통과 현대의 조화와 융합을 통한 지속가능한 성장과 발전이라는 의미가 된다. 이제 미래사회에서 교육의 지속 가능성을 위하여 우리 교육이 지향해야 할 발전적 과제를 검토하면서 논의를 정리하기로 하자.

---

34) Yuval N. Harari(전병근 역, 2020), 『21세기를 위한 21가지 제언』, 서울: 김영사, 395-397쪽

1) 평생학습 사회와 학습인간(Homo Eruditio)의 실현

 종래 우리 교육이 학교교육이나 공교육의 맥락에서 학생 중심 교수학습 방법의 개선에 관심을 가졌다면, 미래사회는 배움의 시기에 경계가 없는 평생학습 사회이기 때문에 학습자 중심 교육의 외연(外延), 역시 더욱더 확대될 것을 요구한다. 어린 학생이나 청소년뿐만 아니라 성인 학습자에 이르기까지 미래사회에 제대로 적응하기 위한 길은 인간이란 탄생에서 죽음에 이르기까지 배움이 필요한 교육적 동물이라는 인식을 확립하는 일일 것이다. 학습하는 동물(Homo Eruditio[35]), 배움의 인간에 대한 역사는 인류의 시작과 더불어 아주 오래된 것이다. 에루디티오(Eruditio)는 라틴어로 배우고 가르친다는 행위 모두를 의미한다. 로마인들은 이 말을 일상생활에서 지식이나 지혜를 익히는 사람을 지칭하는 말 또는 알차게 배우는 사람을 일컫는 말로 썼다. 우리가 II장에서 논의했던 부분도 동양사상, 특히 유학사상을 중심으로 하는 학습하는 인간에 대한 예찬이다. 무엇보다 학이시습 장은 학습하는 인간의 본성과 자기 주도적 학습 능력, 인간의 교육적 이상 및 일상생활 속에서 경험에 의한 지혜의 획득 등을 다루고 있다.

 미래사회에 학습자 중심 교육의 지속가능한 발전을 위하여 종래 제도교육, 학교교육 중심의 담론은 평생학습의 지평에서 그 이념과 방법들이 재정의 되어야 하며, 이 논의들이 아동과 학생을 연구 대상으로 하는 교육학(pedagogy)과 함께 그 범위를 성인들의 교육과 학습 문제를 다루는 성인 교육학(andragogy)으로까지 확대해야 할 것이다.

2) 학습자 중심 교육에서 학습자 주도 맞춤형 교육과정으로

 팬데믹을 거치면서 많은 사람들은 학교교육 정상화를 위해 교육 현장에서 디

---

[35] 학습인간(Homo Eruditio)에 대한 소개와 자세한 설명은 한준상(2002)의 저서 『호모 에루디티오』를 참고하면 된다. 본 논의도 한준상의 설명을 중심으로 전개된다.

지털 전환과 스마트 디바이스를 중심으로 하는 에듀테크 기반 교육을 미래교육의 대안으로 인정한다. 4차 산업혁명시대의 진입과 더불어 팬데믹 기간 동안 우리는 스마트 교육 디바이스들을 교육 현장에 활용해 왔기 때문에 언론과 대중 매체를 통하여 이들이 지닌 효용성이나 활용 효과가 홍보되고 있으며, 대부분 이 기기들이 미래교육 현장의 필수적인 환경으로 자리 잡게 될 것으로 전망하고 있다. 그러다 보니 관련 분야의 산업계와 교육 관계자들은 이 디바이스들이 가져올 교육적 효과에 장밋빛 전망을 더하기도 한다. 미래교육은 스마트 교육과 대면교육을 결합한 스마로그형 교육이나 온라인 교육과 오프라인 교육이 혼합된 블랜디드 학습이 중심이 될 것이다. 이러한 새로운 유형의 학습은 교사 중심 수업보다 학습자 중심 교육과정을 상대적으로 강조한다.

　미래사회가 창의 융합 인재를 키우고, 이 인재들에게 소프트 스킬(soft skill[36]), 특히 비판적 사고와 의사소통 능력 및 동료와 협업 능력 등을 강조하는 교육을 요구한다면 학교교육은 기존의 학습자 중심 교육과정에서 학습자 주도 맞춤형 교육과정으로 전환이 필요하다. 종래 학습자 중심 교육과정이 동일한 교육 목표를 전제로 하고 목표를 달성하는 방법이 학생마다 다름을 전제하고 있지만, 미래학교의 교육과정으로서 학습자 주도 교육과정은 학생에 따라 교육 목표와 내용, 방법을 달리하며, 학습의 차별화와 개인화를 넘어 개별화를 목표로 하고 있다.[37]

　미래교육이 에듀테크 기반 교육의 도움을 받아 학습자 주도 맞춤형 교육과정으로 전환한다면 학습자 중심 교육은 학습자 개개인이 자신의 교육과정 설계의 주체로서 역량을 키우는 논의와 실천적 접근이 고려되어야 하며, 아울러 스마

---

[36] 하드 스킬(hard skill)은 교사나 학생들에게 쉽게 인지될 수 있다. 시험을 보고 시간의 흐름에 따른 변화를 추적할 수 있는 측정 가능한 교육의 결과들이다. 전통적인 성적표에 정렬되어 있는 과목들(예를 들면 수학, 읽기, 타자, 컴퓨터 프로그래밍, 기계조종, 특정한 과학기술에 대한 지식 등과 같은 역량)은 하드 스킬에 포함되며, 소프트 스킬(soft skill)은 하드 스킬을 제외한 모든 역량을 말하지만 학자에 따라 다양하게 설명되고 있다. 일반적으로 소프트 스킬이란 타인과 협력하는 능력, 문제 해결력, 감정을 조절하는 자기 제어성, 의사소통 능력, 리더십, 회복 탄력성 등을 말한다(김선아 역, 2018; 58-59쪽).

[37] 미래학교의 교육과정과 학습자 중심 교육과정과 학습자 주도 맞춤형 교육과정에 관한 논의는 교육부 미래교육위원회(2021) 『2030 대한민국 미래교육 보고서』(서울: ㈜피와이메이트, 19-20쪽)의 논의를 참고할 것.

트 디바이스들이 가져올 수 있는 아동과 청소년들의 성장과 발달에 끼치는 심리적, 신체적 위험 요인이나 부작용에 대해서 지속적인 검증과 추적 연구가 더욱더 필요할 것이다.

3) 효학반(斅學半)과 교학상장(敎學相長)을 위하여

학습자 교육이 더욱 강조되는 미래사회에서 교사는 학생의 교육과 학습을 안내하는 안내자(guider)이고, 그들을 도와주는 조력자(helper)이고, 더 나아가서는 학생들이 자신의 지력(知力)과 문제 해결 역량(力量)을 최대한 함양할 수 있도록 해 주는 스캐폴더(scaffolder) 역할을 할 것이다.

동서양의 역사를 막론하고 인류 문명의 위대한 스승들은 다른 이들을 가르치고 훈계했다기보다, 학생들이 스스로 배우도록 하는 데 특별한 공헌을 했던 사람들이다. 직업으로서 교육자는 아이들을 가르치려고 하지만, 스승으로서 선생은 아이들이 스스로 학습할 수 있도록 그들에게 깨달음의 힘을 북돋아 주려고 노력한다. 따라서 교사는 아이들을 가르치려는 만반의 준비를 갖춘 사람이기 이전에, 항상 세상으로부터, 다른 사람으로부터, 동료로부터 기꺼이 배우고자 하는 자세를 가진 사람이다.[38]

문명사를 돌이켜 보면 남을 가르치는 데 유능한 사람으로서 스승이 된 자는 거의 없었다. 오히려 교사는 배움의 본보기로서, 심지어 자신의 제자에게 질문하는 것조차 부끄러워하지 않는 호학(好學)하는 존재임을 우리는 전통을 통하여 확인해 왔다. 미래사회에 교사는 학생의 성장과 발달을 지원해 주고, 인도하는 안내자로서 그들에게 학습의 본보기가 되는 존재이며, 교사 또한 가르치는 일을 통하여 배우고, 쉼 없는 배움을 통하여 학생과 함께 성장[敎學相長]하는 존재가 되어야 할 것이다.

---

[38] 허숙, 이승렬, 고대혁, 이근호 외(2016)『교사의 재발견』(서울: 학지사 73쪽)

참고문헌

『書經』, 『論語』, 『孟子』, 『大學』, 『中庸』, 『荀子』, 『四書或問』,

『論語注疏』, 『論語疏證』, 『擊蒙要訣』, 『二程集』, 『朱子語類』

고대혁 (2001). 논어에 나타난 도덕교육의 이상과 방법. 韓中哲學. 제7집, 서울: 경인문화사, 24.

교육부미래교육위원회 외 (2021). 2030 대한민국 미래교육 보고서, 서울: ㈜ 피와이메이트, 19-20.

국제미래학회, 한국교육학술정보원 (2017). 제4차 산업혁명시대 대한민국 미래교육 보고서, 파주: 광문각, 25-33.

김대호 (2016) 4차 산업혁명, 서울: 커뮤니케이션북스, 2-5.

김용, 곽덕주, 김민성, 이승은 (2021) 코로나 이후의 교육을 말하다, (사)한국방송통신대학교 출판문화원, 32-33. 78-79.

김용옥 (2010). 논어 한글역주 1, 서울: 통나무, 251-252.

김태완 (2018). 미래교육의 비전과 전략, 서울: 학지사, 58-63.

류태호 (2020). "코로나19 팬데믹 이후 교육의 '뉴노멀'은?"(http://www.pressian.com/psArticles/articlePrint/2020052509170549331)

류태호 (2017). 4차 산업혁명 교육이 희망이다, 서울: 경희대학교 출판문화원, 150.

박연호 (1994). 朝鮮前期 士大夫 敎養에 관한 硏究. 한국학대학원 박사학위논문, 7.

박이문 (2005). 논어의 논리-철학적 재구성, 서울: 문학과 지성사, 166.

법정 (1999). 오두막 편지, 서울: 이레, 222.

안희경 (2020). 오늘부터의 세계 - 세계석학 7인에게 코로나 이후 인류의 미래를 묻다, 서울:(주) 메디치미디어, 205.

이문영 (2020). 코로나 이후 교육은. "코로나19 종식하면 온라인 수업 없어질까?"(www.eduinnews.co.kr, 2020. 4.18.)

임승규, 박남기 외 (2020). 포스트 코로나 - 우리는 무엇을 준비할 것인가, 서울: 한빛비즈, 319.

임헌규 (2020). 3대 주석서와 함께 읽는 논어Ⅲ, 서울: 도서출판 모시는 사람들, 21-22.

한국공학한림원 (2021). 담대한 전환, 서울: (주)잇플ITPLE, 42.

한국포스트휴먼연구소, 한국포스트휴먼학회 (2016). 포스트 휴먼시대의 휴먼, 파주: 아카넷, 98.

한준상 (2002). 호모 에루디티오, 서울: 학지사, 385-390.

한준상 (2012). 학습학, 서울; 학지사, 25-29.

허숙, 이승렬, 고대혁, 이근호 외 (2016). 교사의 재발견, 서울: 학지사, 73.

Roberta M. Golinkoff, Kathy Hirsh Pasek. (김선아 역, 2018). 최고의 교육 Becoming Brilliant, 서울: 예문 아카이브, 58-59.

Roland Barthes. (김희영 옮김, 1999). 텍스트의 즐거움, 서울: 동문선, 194-195.

Yuval N. Harari. (전병근 역, 2020). 21세기를 위한 21가지 제언, 서울: 김영사, 395-397.

邱鎭京. (民國81年). 論語思想體系. 臺北: 文津出版社, 81-82.

2022 개정 교육과정에 따른 학교 교육의 과제 탐색

온정덕

I. 서론

최근 2022 개정 교육과정이 고시되었다. 이에 본 원고에서는 개정 교육과정에서 중요하게 다루어지는 개념들을 함께 논의하고 명료화하면서 학교 교육이 나아갈 방향을 탐색하고자 한다. 총론 문서상의 '교육과정 구성의 중점'은 개정의 중점 사항을 함축적으로 담고 있다고 보기 때문에 본 원고에서는 '교육과정 구성의 중점'의 주요 항목들을 중심으로 학교 교육에 주는 시사점과 과제를 논의하고자 한다. 보다 구체적으로는 새로 도입된 주도성의 의미와 이에 따른 학교 교육에의 시사점, 기초소양 도입에 따른 과제, 교육과정 자율화 확대에 따른 과제를 중심으로 논의하고자 한다. 다음은 총론 고시문에 제시된 내용이다.

> **이 교육과정은 우리나라 교육과정이 추구해 온 교육 이념과 인간상을 바탕으로, 미래 사회가 요구하는 핵심역량을 함양하여 포용성과 창의성을 갖춘 주도적인 사람으로 성장하게 하는 데 중점을 둔다.**
>
> 이를 위한 교육과정 구성의 중점은 다음과 같다.
>
> **가.** 디지털 전환, 기후·생태환경 변화 등에 따른 미래 사회의 불확실성에 능동적으로 대응할 수 있는 능력과 자신의 삶과 학습을 스스로 이끌어 가는 주도성을 함양한다.
>
> **나.** 학생 개개인의 인격적 성장을 지원하고, 사회 구성원 모두의 행복을 위해 서로 존중하고 배려하며 협력하는 공동체 의식을 함양한다.
>
> **다.** 모든 학생이 학습의 기초인 언어·수리·디지털 기초소양을 갖출 수 있도록 하여 학교 교육과 평생학습에서 학습을 지속할 수 있게 한다.
>
> **라.** 학생들이 자신의 진로와 학습을 주도적으로 설계하고, 적절한 시기에 학습할 수 있도록 학습자 맞춤형 교육과정 체제를 구축한다.
>
> **마.** 교과 교육에서 깊이 있는 학습을 통해 역량을 함양할 수 있도록 교과 간 연계와 통합, 학생의 삶과 연계된 학습, 학습에 대한 성찰 등을 강화한다.
>
> **바.** 다양한 학생 참여형 수업을 활성화하고, 문제 해결 및 사고의 과정을 중시하는 평가를 통해 학습의 질을 개선한다.
>
> **사.** 교육과정 자율화·분권화를 기반으로 학교, 교사, 학부모, 시·도 교육청, 교육부 등 교육 주체들 간의 협조 체제를 구축하여 학습자의 특성과 학교 여건에 적합한 학습이 이루어질 수 있도록 한다.

출처: 교육부(2022). p.4

온정덕, 김진원(2022). 2022 개정 교육과정과 학교 교육의 과제. 한국교육과정 학회. 추계학술대회의 발표문의 내용을 바탕으로 작성하였음.

교육과정 구성의 중점에 포함된 항목들 간의 관계를 황규호(2022)는 다음 [그림 1]과 같이 설명한다. 우리 교육이 지향해야 할 교육의 목표에 해당하는 사항들을 미래 사회 대응 능력, 공동체 의식, 기초소양 등으로 제시하고, 이어서 총론 개정의 주안점인 맞춤형 교육과정 체제와 교과 교육과정 개발의 주안점 및 교수·학습과 평가의 주안점을 제시하였다. 마지막으로 교육과정에 대한 의사결정(거버넌스) 체제로서 '분권화·자율화 기반 업무 분담 및 협조체제 구축'을 강조하였다. 기초소양의 개념은 이번 개정에서 처음으로 도입한 것으로서 모든 학습의 기초가 되는 언어·수리·디지털 소양을 가리킨다. 기초소양 함양은 책임 교육의 기초이며 학습 격차를 완화하기 위한 조건이라고 설명하였다.

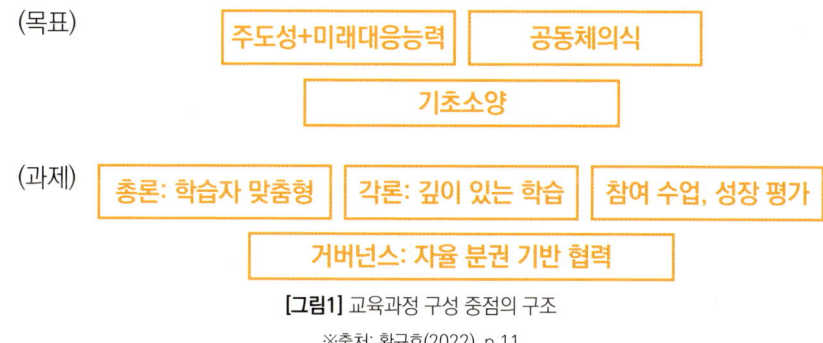

[그림1] 교육과정 구성 중점의 구조
※출처: 황규호(2022), p.11

II. 주도성의 의미 탐색

교육과정은 본질적으로 가치 지향적이며 규범적 성격을 갖는다. 교과 및 학습을 무엇으로 보느냐 그리고 사회가 지향하는 가치 또는 변화 동향, 학습에 대한 관점 등을 어떻게 반영해야 하느냐 등과 관련된 가치, 규범, 관점의 문제가 내재되어 있다. 우리나라는 2015 개정 교육과정에서 역량을 국가 수준에서 도입하여 학교 교육의 목적과 방향성을 설정하였고, 2022 개정 교육과정에서는 역량을 길러 준다는 지향점을 유지하면서 학습자의 주도성을 강조하였다.

2021년 11월 24일 총론 주요사항 시안 발표에서 학습자 주도성을 '학습자가 자신의 삶과 학습을 주도적으로 설계하고 구성하는 능력(교육부, 2021: 10)'으로 정의한 바 있다. 총론 주요사항 비전으로 제시된 '포용성과 창의성을 갖춘 주도적인 사람'은 총론 고시문 1장 1절 교육과정 구성의 중점에서 '미래 사회가 요구하는 핵심역량을 함양하여 포용성과 창의성을 갖춘 주도적인 사람으로 성장하게 하는 데 중점을 둔다'라는 진술을 통해 이번 교육과정에서 추구하는 비전을 나타낸다.

포용성과 창의성을 갖춘 주도적인 사람을 기르기 위해 교육과정 총론 고시문에서는 '디지털 전환, 기후·생태환경 변화 등에 따른 미래 사회의 불확실성에 능동적으로 대응할 수 있는 능력과 자신의 삶과 학습을 스스로 이끌어 가는 주도성을 함양한다'는 것을 개정의 중점 첫 번째 항목으로 제시하고 있다(교육부, 2022: 3).

학습자 주도성은 기관이나 학자마다 조금씩 다르게 정의된다. OECD(2019a)에서는 자신의 삶과 주변 세계에 긍정적으로 영향을 미치는 능력, 의지, 신념으로 정의하며, 남미자 외(2019)의 연구에서는 자신과 세계의 성숙한 만남을 위해 비판적으로 성찰하고 대안을 상상하고 적극적으로 향하는 실천성으로 정의한다. 하희수와 김희백(2019)의 연구에서는 자신의 선택에 따라 어떠한 행위를 할 수 있는 역량으로, Vaughn(2018)은 학습자들이 여러 방식으로 자신의 행동을 결정하려는 열망과 능력, 힘을 보여 주는 것으로 개념화하고 있다. 이러한 정의에서 공통적으로 나타나는 것은 역량 개념을 내포한다는 것이다. 상황이나 맥락 속에서 주도성을 발휘한다는 것은 자신이 과거에 축적한 경험, 학문적 지식, 신념 등을 동원하여 복잡한 문제를 능동적으로 해결하는 능력을 수반한다. 그리고 이 능력을 가지고 새로운 것을 창출하는 과정을 통해 역량은 또한 결과로도 나타나게 된다. 따라서 2022 개정 핵심역량은 학생 주도성에 방향을 설정해 주는 것으로 해석할 수 있다. 예를 들어 창의적 사고 역량이라는 것은 여러 분야의 지식, 기술, 경험 등을 활용하는 새로운 것을 만들어 내는 지식, 기능, 가치 및 태도, 의지 등의 내적 특성의 총체이며 이는 수행으로 드러난다.

이러한 방향성은 독립적이며 별개로 존재하는 것이 아니라 긴밀하게 연결되어 있다.

이러한 능력은 개인적인 차원에 그치는 것이 아니라 더 나은 미래를 고려한 타인과 협력, 관계 맺음에 의해 영향을 받는다(이상은, 2018). 두 번째 중점 사항인 '학생 개개인의 인격적 성장과 사회 구성원 모두의 행복을 위해 서로 존중하고 배려하며 협력하는 공동체 의식을 함양한다'는 진술을 이러한 맥락에 비추어 해석해 볼 수 있다. 언뜻 보면 개인과 집단을 대비해서 개인의 성장과 공동체의 발전을 분리해서 설명하는 것으로 보인다. 하지만 많은 연구에서 주도성은 단순히 개인 내적인 자기조절을 넘어 다른 행위 주체와의 연결을 필수로 요구하는 것으로, 더 나은 사회를 함께 만들어 가기 위해 책임감 있게 행동하는 개념임을 강조한다(김아미, 2019; 남미자, 2019; 이상은, 2022; OECD, 2019a). OECD 학습자 주도성 개념의 이론적 기반을 제시한 Leadbeater(2017)는 학습자 주도성의 수준을 개인, 협력, 집단의 수준으로 나누고 각 수준의 양상을 설명한 바 있다.

개인적 주도성은 개인적 차원에서 자신의 정체감을 찾는 성장과 능력을 개발하는 과정에서 나타난다. 이는 자신의 기능, 인지적 및 정서적 선택의 과정과 환경에 대한 통제의 모습을 보인다. 개인적 주도성은 협력적, 집단적 주도성에 필수적으로 기여하는 동시에 올바른 방향성을 가지고 판단할 수 있도록 도와준다. 가족, 학교, 교사, 친구들이 상호작용을 통하여 개인적 주도성에 영향을 주며 시간이 지남에 따라 개인의 성숙이나 사회적 관계의 변화, 사회적 맥락의 변화 등으로 이 영향력은 늘어나거나 줄어들기도 한다(Schoon, 2018).

협력적 주도성은 행위 주체가 자신에게 매우 의미 있는 것이 혼자서는 온전하게 성취될 수 없다는 것을 깨달으면서 시작된다. 협력적 주도성을 만드는 개인은 능숙한 협력자의 모습을 지닌다. 나와 팀원 사이의 관계를 넘어 팀원과 다른 팀원 사이의 관계 또한 자신의 팀에 영향을 미치는 것을 알고 팀이 함께 일할 수 있도록 한다. 그 과정에서 복잡한 문제를 해결하고 가치 있는 작업을 만들어 낸다(Leadbeater, 2017: 7). 팀을 통하여 문제를 해결하는 모습에서 아이디어를 제안하고 의견을 주고받으며 유용하고 새로운 것을 생산한다. 이처럼 협력적 수준에서는 나와 직접적인 영향을 미치지 않는 관계도 자신에게 영향을 미친다는 것을 이해하게 된다.

집단적 주도성은 이보다 더 넓은 공동체, 사회, 세계적인 수준에서 확장되며 집단의 일부로 느끼는 것이다(Leadbeater, 2017: 7). 사실 더 넓은 공동체는 개인 행위자에게 직접적인 영향을 미치지는 않는다. 하지만, 이 수준에서 나오는 법이나 문화들은 분명히 학습자의 삶에 영향을 미친다. 따라서 이러한 사회 전체에 소속감을 느끼며 공유된 성과와 목적을 가지고 영향을 미치기 위해 행위한다. 환경 문제, 또는 정치적 사안에 대하여 공유된 가치와 규범을 인식하고 변화를 가져오기 위해 전 세계에 목소리를 내며 참여하는 것 등이 이러한 집단적 주도성이 만들어지는 예라고 할 수 있다.

각각의 수준에서 학습자는 여러 측면의 주도성을 고려한다. Leadbeater(2017)는 학습자 주도성이 도덕적, 창의적, 경제적, 시민성 측면에서 어떻게 나타날 수 있는지를 설명하였다. 도덕적으로 옳고 그름을 판단하여 옳음에 따라 행동할 수 있으며, 자신의 능력을 가지고 새로운 것을 만들 수 있다. 또한 사회에서 상호 협력하며 공공선을 위해 참여하는 시민으로서의 주도성을 발휘하기도 한다. 삶에서 볼 수 있는 주도성의 측면은 아마도 이보다 더 많을 것이며 사회의 변화에 따라 더욱 많은 측면을 가지게 될 것이다. 각각의 수준과 측면은 종적, 횡적으로 서로 만나며 더욱 다양한 모습을 보이게 된다.

학습자는 여러 맥락에서 나타나는 문제를 다른 행위 주체와의 상호작용을 통해 해결하며 이 과정에서 학습자의 성장과 주도성 발달은 함께 일어난다. 하지만 어떠한 상황 속의 참여를 통해 나타나기에 주도성은 가지거나 소유할 수 있는 개념이 아니다. 그래서 학습자가 주도성을 발휘하는 것을 다른 행위 주체와 올바른 관계를 맺고자 하는 역량의 모습으로 살펴보아야 한다. OECD 학습 틀 2030과 학습 나침반에서도 새로운 복잡한 요구를 충족시키기 위해 지식, 기능, 태도 및 가치를 동원하는 능력인 역량의 중심에 학습자 주도성이 위치한다. 그리고 학습 나침반을 사용하는 학습자가 주변의 교사나 동료, 부모 등의 행위 주체와 함께 그려진 것도 그러한 맥락에서 해석할 수 있다(OECD, 2018: 4; OECD, 2019b: 6). 따라서 2022 개정 교육과정 구성의 첫 번째 중점과 두 번째 중점은 기존에 학생 개인의 능력에 치중한 것을 벗어나 더 나은 미래, 모두의 행복을 위한 공동체를 위해 함께 책임 의식을 가지고 지식, 기능, 가치 및 태도를 포괄하는 역량을 기르는 것을 강조하는 것으로 볼 수 있다.

III. 주도성의 의미에 따른 학교 교육에 대한 시사점

그동안 학습자 중심 교육의 원리는 우리나라 교육과정에 상당 부분 반영되어 왔다. 2015 개정 교육과정에서는 '학생 참여형 수업'의 용어를 총론에 명시하였고, 2022 개정 교육과정에서도 이 용어는 유지되고 있다. 2015 개정 교육과정에서는 "교과 특성에 맞는 다양한 학생 참여형 수업을 활성화하여 자기주도적 학습 능력을 기르고 학습의 즐거움을 경험"하도록 하는 것을 교육과정 구성의 중점으로 삼았다. 이는 역량을 길러 주기 위한 학생 참여 중심의 수업은 어떠한 모습인가 뿐 아니라 교수학습에서 '교과의 특성'에 맞는 교수학습과 평가에 대한 논의를 만들기 시작했다. 온정덕 외(2017)의 연구에서는 국제 비교를 통해 학생 참여형 수업이 단지 재미있는 활동을 중심으로 이루어지는 것이 아니라 학생들이 경험해야 할 탐구와 사고를 중심으로 깊이 있는 학습이 이루어지고 있음을 밝혔다. 핵심 질문, 핵심 탐구 질문, 혹은 안내 질문을 제시하여 학생들이 교과 고유의 탐구의 과정을 통해 지식을 생성하고 이 과정에서 지식, 기능, 가치 및 태도가 통합적으로 적용되는 수업을 설계하고 실행하고 있다는 것이다.

학생 참여형 수업의 본질은 학생들이 학습의 과정에 참여하는 것임에도 불구하고 학생들이 교사들이 미리 짜 놓은 다양한 수업 활동이나 전략에 참여하는 것으로 오해되는 경향이 보이기도 한다. 본래 의도와 다르게 대부분의 과정을 교사가 설계하며 학습자는 교사가 만들어 낸 구조에서 단순히 참여하는 모습으로 나타났기 때문이다(양정실 외, 2020). 학생들은 수업에 즐겁게 참여하였지만, 학습을 마친 후 왜 그 내용을 배웠는지 모르거나 자신만의 이해가 만들어졌는지 알 수 없는 상황이 생길 수 있다. 이는 학습자의 역할과 가능성에 대한 전통적인 이분법적 사고로 인한 것으로 해석해 볼 수 있다.

주도성이 만들어지기 위해서는 각 행위 주체가 동등한 차원에서 연결되어야 하므로 학습자에 대한 관점을 다르게 보아야 한다. 즉, 교사와 학습자라는 이분법적인 대립 구도에서 양측을 서로 분리해서 사고하는 것을 지양해야 한다. 교사가 학습자를 열등하다고 볼 경우 학습자들의 목표는 성인이라는 고정된 목적으로 정하게 되는 것이며 그 곳에 도달하기 위하여 필요한 지식을 주입해 주어야 하는 존재로 볼 수밖에 없다. 반면, 학습자가 중심이 되는 경우에는 반대로 학생이 교사보다 우위를 점하게 된다. 이런 경우에는 교육은 사라지고 배움만 남게 되며, 교사는 학습자의 흥미와 같은 필요를 충족시키기 위해 존재하는 지원자, 조력자의 역할로 객체화된다(김한길, 김천기, 2018: 632).

주도성의 개념에 비추어 보면 학습자나 교사 등 모든 행위 주체는 행동을 위한 자신의 시간적, 관계적 맥락에서 자신의 능력을 발휘하면서 이전에 없는 새로움을 만들어 가는 존재가 된다(Biesta & Tedder, 2007). 따라서 학습이라는 것은 교사와 학습자가 함께 상호 작용하고 성찰하는 과정으로 새롭게 개념화되어야 한다. 교사와 학습자라는 주체 모두가 유능한 참여자가 되며 서로 연결되었을 때 비로소 의미를 갖게 된다. 적극적인 학습자는 수동적으로 만들어진 목표나 내용을 일방적으로 따르는 것이 아니라 목표설정 및 계획에 능동적으로 참여하며 의미를 구성해가는 만들어 가는 과정에 있는 존재이다(김두정, 2005: 174-175). 의미를 구성하는 것은 혼자 하는 것이 아니라 함께하는 것이며, 따라서 그 과정에 있는 모든 참여자는 존중받고 신뢰받아야 한다. 즉, 기존의 가르치는 사람(=교사)과 배우는 사람(=학습자)의 경계가 사라지며, 서로의 상호작용을 통해 어떤 주체도 가르침과 배움의 존재가 될 수 있는 것이다. 이러한 과정에서 비로소 주도성은 생성된다. 서로의 협동적인 상호작용을 통하여 새로운 구조를 만들어 내며 동시에 각자의 경험의 성장을 가져오게 될 것이다. 따라서 학교 교육에서 학습자를 바라볼 때 교육과정 개발과 실행에 있어 주체적인 의사결정자로서의 역할에 대한 인식이 필요하다.

주도성과 관련하여 주의할 점은 학생의 선택을 바라보는 우리의 관점이다. 학습자가 배울 내용을 단순히 선택한다고 해서 그것이 바로 경험이 되지 않는다. 선택을 통해 참여자들이 함께 배울 내용의 결과를 예측하고 거기에 맞게 행동하는, 즉 의미를 찾아갈 때 비로소 그것이 학습자에게 의미 있는 경험이 되는 것이다. 예를 들어, 개정 교육과정의 고교학점제 등과 같은 학습자의 선택(choice)을 중시하는 정책들이 증가하며 학습자 주도성이 이의 토대라고 이야기하기도 한다(이민경, 2021; 김종훈, 2022). 하지만 주도성이 자율성이나 선택과 같지 않음을 OECD 문서에서도 강조한다. 학습자가 자신이 원하는 것이 무엇인지 말하고 자신이 배우고 싶은 과목을 선택하는 것과 동일시해서는 안 된다. 왜냐하면 주도성은 개인만의 문제가 아니라 사회적 맥락에서 발현되기 때문이다(이상은, 2022).

또한 학습자의 선택이라는 것을 주도성의 개념으로 보면 경험의 과정에서 한 시점에 불과하다. 학습자가 하나의 선택을 할 때는 자신의 과거 경험과 미래의 목표가 동시에 영향을 미치기 때문이다. 때로는 과거의 경험이나 미래의 목표에 기반하지 않고 마음대로 선택하는 경우도 있을 수 있다. 그러한 경우 그 선택이나 의견은 공유된 목적과 비전이 부재할 뿐만 아니라 학습자 개인에게도 특별한 의미를 가지지 못한다. 과거의 자신을 기반으로 자신을 둘러싼 환경을 바꾸거나 이어지는 경험을 조절하며, 다른 행위 주체와 공유된 목적의식을 가진 하에서 선택의 의미를 생성하는 것은 중요하다. 이는 분절적인 것이 아닌 시간적으로 연결되며 지속되는 과정의 측면에서 볼 수 있는 것이며, 그때 비로소 학습자 주도성이 만들어진다고 볼 수 있다. 따라서 주도성의 아이디어가 반영된 다양한 학교 교육은 학습자의 성장을 위해 공동의 목표를 정하고 실행하며, 책임지는 총체적 과정으로 접근할 필요가 있다.

지금까지의 교육은 주로 학교 안 교실 수업의 맥락에서 이루어졌다. 하지만 학습자들의 학습은 주도성의 개념을 통해 다양한 수준과 측면에서 수업 시간을 넘어 일생 전반에 걸쳐 학습자의 배움이 일어나는 시간으로 변화한다. 그리고 학습은 학교를 넘어 생활 전반에 걸쳐 이루어진다는 것을 의미하므로 학습자가 언제, 어디서나 학습이 가능하도록 환경을 설계하는 것이 중요해진다. 이러한 환경 설계의 기본은 물리적인 것을 넘어 학교가 학생들이 상황에 따라 어떻게 학습하고 성장하는가를 파악하는 것으로부터 시작된다.

그 환경은 학습자들이 실제 생활과 연결하며 자신이 배운 것들을 적용하여 복잡한 문제를 해결할 수 있는 일련의 활동에 참여하는 모습으로 나타난다. 작게는 수업 속에서 자신의 선택이나 의견을 나타내어 함께 설계하는 것부터, 지역사회를 위해 참여하는 행위로 확장될 수 있다. 더 넓게는 시민으로서 다양한 이슈에 자신의 목소리를 내며 연대하는 형태로 나타날 수 있다. 학교는 학습자들이 학교 교육과정의 계획이나, 학교 규칙의 준비에 참여할 수 있도록 환경을 마련할 수 있다. 또한 학습자 자신이 배운 것들을 적용하여 복잡한 문제를 해결할 수 있는 일련의 활동에 다른 행위주체와 상호작용하며 참여할 기회를 제공할 수 있도록 해야 한다. 만약 실제적 문제를 해결할 기반이 부족한 경우 등 누구에게나 의미 있는 학습 경험이 될 수 있도록 지원할 수도 있다.

Ⅳ. 언어, 수리, 디지털 기초소양 도입에 따른 과제

학습자가 주도성을 발휘하면서 역량을 기를 수 있도록 하기 위해서는 기초를 탄탄하게 해야 한다는 관점은 여러 기관이나 국가에서 확인할 수 있다. OECD 2030 프로젝트에서 제시한 학습 틀에서도 핵심 기반(core foundation)을 제시하여 역량 발휘가 가능하도록 하는 기초뿐 아니라 그것이 무엇이어야 하는지도 설명한다. 그 중 인지적 기반은 언어 소양(literacy), 수리 소양(numeracy), 디지털 소양(digital literacy)과 데이터 소양(data literacy)으로 구성된다. 하지만 여기서 주의해야 할 점은 디지털 소양과 데이터 소양은 기존의 언어 소양과 수리 소양의 확장된 개념으로 보아야 한다는 점이다. 즉, 언어 소양과 수리 소양은 여전히 보다 근본적인 기초로 작동하고 있으며 전통적인 읽기, 쓰기, 셈하기와 달리 더 포괄적이며 높은 수준의 사고를 요하는 것으로 정의된다.

해외의 사례를 살펴보면, 캐나다 온타리오 주에서는 'paying attention to literacy'와 'paying attention to mathematics'라는 문서를 통해 언어 소양과 수리 소양을 강조한다. 언어 소양에 대해서는 '소양에 초점을 맞춘다는 것은 읽기와 쓰기 기능을 넘어서는 것을 의미하며, 학습자는 언어에 대한 깊이 있는 지식과 이해를 개발해야 한다'고 언급하면서 기존의 읽기, 쓰기 기능 중심의 접근과 다름을 명확히 하고 있다. 그리고 수리 소양은 수학이라는 용어로 대체함으로써 기존의 셈하기가 아닌 수학적 지식과 수학적 사고 및 탐구를 강조한다. 캐나다 브리티시 콜롬비아 주의 새 교육과정(Redesigned Curriculum)에서도 언어 소양과 수리 소양이 탄탄해야 한다는 관점이 드러난다. 역량의 기반으로 언어 소양(literacy), 수리와 재정 소양(number and financial literacy), 시각적 소양(visual literacy), 디지털 소양(digital literacy)을 제시한다. 일례로 수리력은 다양한 맥락의 문제를 해결하기 위해 수학의 개념과 과정, 기술을 적용하고 이해하는 능력이라고 정의하고 있다(Curriculum Overview, n.d.). 이처럼 다양한 맥락 혹은 상황에서 지식이나 기능, 태도를 활용한다는 의미가 기초소양 개념에 들어 있음을 알 수 있다. 또한 언어와 수리 소양과 관련된 기능은 모든 교육과정 영역에 적용하여 개발된다.

소양과 역량의 관계를 살펴보면, 소양은 문화 체제의 상징을 이해하고 사용하는 데 언어, 숫자, 표상 등을 활용하는 능력을 의미한다. 소양(리터러시)은 교과의 지식과 기능을 적용하여 실생활 문제를 다루는 능력이며, 역량은 소양을 근간으로 하여 삶의 여러 영역에 걸쳐 자신의 능력들을 끌어내어 복합적인 방식으로 그것들을 통합하여 새로운 맥락이나 상황에 맞게 사용하는 능력이라고 할 수 있다. 그렇다고 해서 교과의 핵심적인 지식이 덜 중요하게 다루어지는 것은 아니다. 소양은 교과의 핵심적인 내용 지식을 탄탄하게 할 뿐 아니라 실생활 맥락에의 적용 능력을 강조하고 있기 때문에 보다 폭넓고 복잡한 역량을 계발하는 데 필수적이다(Jerald, 2009).

　이번 2022 개정 교육과정에서는 여러 교과를 학습하는 데 기반이 되는 기초소양으로 언어, 수리, 디지털 소양을 제시하였다. 새 교육과정에서는 학교에서 학생들이 기초소양을 기를 수 있도록 함으로써 학생 간 학습 격차를 최소화하고 기초 학력 수준을 높일 수 있을 것으로 기대하고 있다. 해외 사례에서도 볼 수 있듯 기초소양은 기능 이상을 의미하는 것이며 맥락성이 중요한 차원으로 나타난다. 2022 개정 교육과정 총론 주요사항 문서에서 제시된 언어, 수리, 디지털 소양의 정의에서도 이러한 맥락성의 특징을 볼 수 있다. 하지만 현재 우리나라에 기초학력을 평가하고 있는 문항들을 살펴보면 3Rs로 불리는 읽기, 쓰기, 셈하기의 기능을 탈맥락적으로 측정하고 있음을 확인할 수 있다. 그리고 학습자의 최소 수준 목표에 기초하여 학생들을 선별하여 처방 및 보정하는 접근을 취하고 있다. 따라서 앞으로는 학생의 기초 학력을 평가하는 진단평가의 문항들은 기초소양의 개념을 반영하여 변화가 필요해 보인다.

　2022 개정 교육과정에서 강조된 기초소양에서 한 가지 분명하게 취하고 있는 관점은 언어 소양은 국어 교과에서, 수리 소양은 수학 교과에서, 디지털 소양은 정보(실과) 교과에서만 가르치는 것이 아니라 모든 교과를 통해 함양해야 한다는 것이다. 그러나 기초소양의 중요성에도 불구하고 구체적인 실천 방안은 아직 마련되어 있지 않기에 이에 대한 고민이 필요하다. 예를 들면, 기초소양의 구체적인 하위 요소들을 규명하거나 기초소양을 통해 어떠한 수행을 드러내어야 하는지 학년(군)별 발달을 드러내는 수행 기준을 개발한다면 교사가 여러 과목의 수업을 구성할 때에나 평가를 계획할 때 기준으로 활용할 수 있을 것이다.

V. 교육과정 분권화와 자율화 확대에 따른 과제

교육과정의 의미를 또 다르게 살펴보는 방법은 누가 교육과정을 결정하는지 의사결정의 주체를 기준으로 보는 것이다. Goodlad(1979)는 다양한 수준의 의사결정 주체를 네 가지 권위인 교육과정 전문가, 국가와 지역사회, 교사, 학습자로 구분하였다. 그리고 이들 권위가 작용한 결과물로서의 교육과정 실체를 이상적 교육과정, 공식적 교육과정, 인지된 교육과정, 실행된 교육과정, 경험된 교육과정으로 제시하였다(김경자, 2000). 김경자 외(2003)의 연구에서는 교육과정 이론, 학교 수준 교육과정, 교사의 의도된 교육과정과 실행된 교육과정, 학생이 경험한 교육과정의 수준 간 일관성과 실행 간 괴리 그리고 괴리를 가져오는 변수들을 연구하는 데 이 개념 모형을 사용한다. 이를 통해 교사 수준의 교육과정과 학생이 경험한 교육과정 간에는 밀접한 상관관계가 있으며 교사가 인식하는 교육과정의 의미가 교사의 교육과정 실천과 관련이 있음을 밝혔다.

우리나라는 제5차 교육과정기에 국가 수준 교육과정이라는 용어를 사용하면서 의사결정 주체에 따라 국가 수준 교육과정, 지역 수준 교육과정, 학교 수준 교육과정으로 구분하여 사고하게 되었다. 국가 수준 교육과정이 전국 초·중등학교 교육내용에 관한 전국 공통적, 일반적 기준을 의미하게 되었고, 이와 같은 국가 수준 교육과정의 성격은 2015 개정 교육과정과 2022 개정 교육과정까지 유지되고 있다. 이러한 수준에 대한 구분은 국가 교육과정이 교육의 실천 주체인 학교와 교사에게 '주어지는 교육과정'이 아닌, 학교와 교사가 능동적으로 다양하게 편성하여 운영하는 '만들어 가야 하는 교육과정'으로의 해석을 가능하게 한다. 국가 교육과정을 기준으로 삼아 모든 학생에게 의도된 교육적 결과를 성취하기 위해, 각 수준의 교육과정 개발자들은 지속적으로 수준 간에 상호작용하고 상호 적응해야 한다.

국가 교육과정과 교육청의 지역 수준 교육과정은 학교 수준 교육과정과 교사 수준의 교수학습 계획 수립의 바탕이 되는 기준과 지침인 동시에 그 지원 관리

체제가 된다. 그리고 교사 수준에서 '교육과정 중심' 사고를 하도록 하기 위해서는 국가 수준 교육과정과 양방향 상호작용이 직접 일어날 수 있도록 도와야 할 것이다. 2022 개정 교육과정 총론 Ⅱ장의 제목에서 '학교 교육과정의 설계·운영'이라는 용어를 도입하였는데 이는 설계의 개념이 학교 교육과정을 만들어 가는 과정을 좀 더 포괄적이고 일반적인 수준에서 개념화할 수 있다고 보았기 때문이다(황규호, 2022). 즉, 개정 교육과정이 학교 교육과정 중심으로 교육활동이 이루어질 수 있도록 하는 기준이며 지원체제를 명시한 것으로 보아야 하며, 국가 교육과정을 비롯하여 교육과정을 바라보는 사고의 전환을 보여 준다.

교사와 학생에게 필요한 지원이 적절하게 이루어지고 교사의 교육과정 재구성 및 교사 학습공동체 지원의 근거가 마련되었다는 점에서 의의가 있으며 이는 동시에 우리에게 요청하는 과제들을 살펴볼 필요성이 생김을 의미한다. 첫 번째는 교육과정 자율화는 교과서 발행체제의 변화와 함께 갈 필요가 있다. 교과서 발행체제를 검인정 교과서 제도로 변경한다고 해도 학교는 여전히 교과서를 채택하는 자율만 갖게 된다. 교과서는 학습자의 사고력 증진과 배운 내용을 새로운 상황과 또는 이후의 학습에 적용할 수 있도록 해야 하는 것으로 교사가 학습자와 긴밀하게 상호작용하도록 한다(박창언 외, 2021). 따라서 교과서를 채택하는 것을 넘어 교사들이 적절성이나 타당성을 스스로 성찰하고 인식하도록 도움과 자문을 구할 수 있는 체제 마련 등이 필요하다(온정덕, 2019: 53). 두 번째는 교사 학습의 의미를 개념화하고 이를 지원하는 체제를 만드는 것이다. 학교 교육의 목적에서 학생 주도성을 강조하고 있듯이 교사를 대상으로 하는 교육에서도 학습자인 교사가 변화의 주체적인 역할을 할 수 있도록 해야 한다(소경희, 최유리, 2018). 이는 교사 연수를 바라보는 관점과 방식이 교직 생애 전체를 통해 이루어지는 탐구 과정으로 바뀌어야 함을 의미하기도 한다. 세 번째는 교사교육의 질적 수준을 높이는 방안을 고민하는 것이다. 우리나라는 자격 제도에 의해 교사를 양성하고 연수를 통해 학습을 지속할 수 있도록 하고 있지만, 해외의 사례에서처럼 교사 역량을 규정하고 이를 기준으로 구체화하는 작업을 통해 공통의 지향점을 공유하는 방안도 논의해 볼 필요가 있다(백남진,

온정덕, 2017).

Ⅵ. 맺음말

　교육과정 개정에 대한 논의나 뉴스가 들리면 학교 현장에서는 피로감을 호소하기도 한다. 이번 개정 교육과정은 '국민과 함께 하는 교육과정'이라는 취지로 개정의 과정에서 학생, 학부모, 교사 등 여러 주체들의 목소리를 듣고 반영하려는 노력이 이루어졌음에도 불구하고 여전히 그 근본적인 정신이나 취지에 대해서 함께 논의하고 공감대를 만드는 시간은 충분하지 않았다는 성찰을 해 본다. 정책을 전달하는 것이 아니라 왜 이러한 정책을 표방하는지, 우리가 함께 만들어 가고자 하는 미래는 무엇인지, 학습을 바라보는 우리의 관점은 어떠해야 하는지 등 '목적'을 공유하는 작업이 이제부터라도 이루어져야 할 것이다. 그리고 우리가 원하는 목적이나 비전을 위해서 무엇을 해 달라고 요구하고 떼쓰는 것이 아니라 그 목적을 위해 나는, 우리는 무엇을 해야 할 것인지를 찾아보고 '행동'하고 더 나은 방향으로 개선하고자 하는 '성찰'이 이루어져야 할 것이다. 아마도 이 과정에서는 서로 다른 생각과 관점으로 인해 갈등도 발생하겠지만 학생의 학습을 최우선으로 놓고 문제를 함께 해결하는 이 과정에서 우리 각자는 그리고 우리 사회는 좀 더 성장할 수 있을 것으로 기대한다.

참고문헌

교육부 (2015). 초·중등학교 교육과정 총론. 교육부 고시 제2015-74호. [별책1].

교육부 (2021). 2022 개정 교육과정 주요 사항(시안). 교육부 보도자료(2021.11.24.).

교육부 (2022). 2022 개정 초중등학교 교육과정 총론 행정예고본. 교육부 행정예고(2022.11.9.).

김두정 (2005). 학교 교육과정 개발 및 운영의 요인으로서 학습자. 교육연구논총, 26(2), 171-200.

김경자 (2000). 학교교육과정론, 서울: 교육과학사.

김경자, 조경원, 임현식, 양은주, 이미숙, 허희옥 (2003). 창조적 지식기반사회를 위한 학교 교육과정론, 서울: 교육과학사.

김아미 (2019). OECD 학습나침반 2030: 변혁적 역량과 민주시민교육의 접점. 이슈 2019-15, 수원: 경기도교육연구원.

김종훈 (2022). 미래교육 담론에 나타난 학생 행위주체성 개념 탐색: OECD Education 2030 프로젝트에 대한 (재)해석. 교육과정연구, 40(2), 181-202.

김한길, 김천기 (2018). 배움 및 학습자를 우선시하는 담론에 대한 비판적 고찰: 비에스타 (G. Biesta)의 상호주관성 논의를 중심으로. 교사교육연구, 57(4), 629-641.

남미자, 김영미, 김지원, 박은주, 박진아, 이혜정 (2019). 학습자 주도성의 교육적 함의와 공교육에서의 실현가능성 탐색, 수원: 경기도교육연구원.

박창언, 강전훈, 이윤하 (2021). 좋은 교과서의 조건과 교과서 자유발행제 추진 방향 분석. 교과와교과서연구, 1(1), 14-34.

백남진, 온정덕 (2017). 싱가포르의 교사핵심역량 틀 탐구: 역량 기반 교사양성 교육과정 설계에 주는 시사점. 초등교육연구, 30(3), 43-70.

소경희, 최유리 (2018). 학교 중심 교육 개혁 맥락에서 교사의 실천이해: '교사 행위주체성' 개념을 중심으로. 교육과정연구, 36(1), 91-112.

온정덕 (2019). 덴마크의 교과서 개발 및 활용: 교과용 도서 발행체제의 다양화에 따른 질 관리방안 탐색. 교육논총, 39(4), 41-59.

온정덕, 김경자, 박희경, 최애란 (2017). 학생 참여 중심의 교수학습 및 평가에 관한 국제비교 연구, 세종: 교육부.

양정실, 노원경, 박주현, 변태진, 홍미영, 최성희 (2020). 중학교 학생 참여형 수업의 실태 분석과 질 제고 방안. RRI 2020-6, 충북: 한국교육과정평가원.

이민경 (2021). 미래역량을 위한 학습자 주도성에 기반한 교육의 의미와 효과 분석: '희망학교' 학생들의 사례를 중심으로. 教育問題研究, 34(4), 107-128.

이상은 (2018). 미래지향적 교육과정 담론에 나타난 학생 주체성의 재개념화: 레비나스의 타자철학을 바탕으로. 교육철학, 68(), 119-145.

이상은 (2022). 학생 주체성 담론의 이론적 지평 및 쟁점 탐색. 교육과정연구, 40(1), 79-103.

이상은, 소경희 (2019). 미래지향적 교육과정 설계를 위한 OECD 역량교육의 틀 변화 동향 분석: 'Education 2030'을 중심으로. 교육과정연구, 37(1), 139-164

하희수, 김희백 (2019). 학생 중심의 과학 학습 공동체 이해를 위한 행위주체성에 대한 이론적 고찰. 한국과학교육학회지, 39(1), 101-113.

황규호 (2022). 2022 개정 총론 시안 개발 연구. 2022 개정 초중등학교 교육과정 총론 시안 검토 공청회 자료집.

Biesta, G., & Tedder, M. (2007). Agency and learning in the lifecourse: Towards an ecological perspective. Studies in the Education of Adults, 39(2), 132-149.

Curriculum Overview. (n.d.). https://www.curriculum.gov.bc.ca/curriculum/overview에서 2022. 11. 1 검색.

Goodlad, J. I. & Associates. (1979). Curriculum inquiry: The study of curriculum practice. New York: McGraw-Hill Book Company.

Jerald, C. D. (2009). Defining a 21st Century Education. Center for Public Education.

Leadbeater, C. (2017). Student agency: Learning to make a difference. Centre for Strategic Education.

Organisation for Economic Co-operation and Development. (2018). The future of education and skills education 2030: Position paper.

Organisation for Economic Co-operation and Development. (2019a). OECD future of education and skills 2030 – Concept note: Student agency for 2030.

Organisation for Economic Co-operation and Development. (2019b). OECD future of education and skills 2030 – Concept note: Learning Compass 2030.

Schoon, I. (2018). Conceptualising learner agency: A socio-ecological developmental approach. the Centre for Learning and Life Chances in

Knowledge Economies and Societies.

Vaughn, M. (2018). Making sense of student agency in the early grades. Phi Delta Kappan, 99(7), 62-66.

창의적인 협력지능을
이끄는 수업

한선관

I. 들어가며

인공지능 기술로 대표되는 지능정보사회는 코로나 확산으로 인해 디지털 전환이 매우 빠르게 일어났다. 이로 인해 교육 현장에서도 많은 변화가 일어나며 미래 사회 역량을 갖추고 더불어 살아갈 수 있는 인재에 대한 연구도 활발히 일어나고 있다(과학기술정보통신부, 2019). 이러한 온라인 기술의 발전과 더불어 창의 인공지능이 등장하며 인간의 고유 영역이었던 창의성의 의미와 역할도 달라지고 있다. 이에 인공지능과 인간이 협력하여 온라인 공간에서 창의적으로 문제를 해결하는 역량을 신장시키는데 초점이 맞춰지고 있다(M. Gea & V. Gamiz, 2011; 정지훈, 2021, 김태령 외 2020, 한선관 외 2020).

또한 전 세계적으로 인공지능 교육의 중요성을 강조하고 있으며 우리 정부도 인공지능 강국, 인공지능 교육 강국을 위해 노력하고 있다(과학기술정보통신부, 2020; 교육부, 2020). 특히 과학기술정보통신부는 AI인재 양성과 함께 데이터 산업의 성장을 위해 데이터(Data)-네트워크(Network)-인공지능(AI, 이하 DNA) 플랫폼 구축을 통한 혁신 성장을 이루겠다는 발표도 하였다(과학기술정보통신부, 2021).

이렇게 인공지능과 빅데이터의 연구가 추진되고 있음에도 불구하고 학교에서 적용 가능한 구체적인 교육 활용 모형에 대한 연구와 이를 지원할 수 있는 교원 전문성 함양을 위한 기반 조성의 실정은 매우 부족한 형편이다(류미영&한선관, 2019). 그리고 학교 현장에서는 개별 학습이 아닌 개인과 개인의 협력을 도울 수 있는 디지털 기술이 필요하며 이를 위해서 디지털 소양 능력의 함양도 함께 요구되고 있다.

이에 본 연구에서는 초중등 교육에서 DNA 지능정보 기술을 활용하고 인간과 인공지능이 협력하여 창의적으로 문제를 해결할 수 있는 교수학습 모델을

이 글은 류미영, 한선관(2022). 디지털 기반 창의협력지능 교수학습 모형의 개발과 적용, 교육논총, 42권 2호의 내용을 수정 보완한 것이다.

제안하고, 이를 토대로 한 교수학습 프로그램을 초중등학교에 시범, 적용하여 그 모형의 효과성을 검증하고자 한다.

II. 협력학습과 집단지성

1. 협력학습

협력학습은 학생들이 짝 혹은 모둠으로 구성되어 반 친구들과 함께 상호작용을 하며 공동의 목표 달성을 위해 공동 과제를 수행하는 학생 중심의 학습이다(진승희, 2019). 정보통신기술의 발달로 교실이라는 전통적인 공간뿐만 아니라 온라인에서의 협력학습도 가능하게 되었으며, 온라인 협력학습은 학습자들이 과제 해결 또는 지식을 공동으로 구성하기 위한 협력학습 활동을 하는 것이다(이은철, 2018).

성공적인 협력학습 활동이 되기 위해 모든 구성원들의 적절한 분담을 통해 모든 구성원들이 적극적으로 협력학습에 참여하는 것이 중요하다는 특성을 갖고 있다(장호욱 외, 2005). 이에 다양한 협력학습 모형으로 Jigsaw, Co-op Co-op, STAD, TGT, Pro-Con, GI 등이 있으며, 이러한 협력학습 모형은 문제 중심 학습, 프로젝트 학습, 탐구조사 학습, 토론 학습에서 이용된다(정영란, 2003).

2. 집단지성(Collective Intelligence)

집단지성(Collective Intelligence)은 다수의 개체들이 서로 협력 또는 경쟁을 통해 얻게 되는 결과라는 뜻을 지니고 있으며 집단 지능, 협업 지성, 공생적 지능이라고도 한다(위키피디아). 영국 NESTA의 연구보고서에 따르면 1910년 하버드 대학의 교수 윌리엄 모턴 휠러가 개미의 사회적 행동을 관찰하며 집단지성이라는 용어를 처음 사용하기 시작하였고, 2004년 오라일리에서 웹2.0의 핵심 철학으로 집단지성을 사용하며 전 지구적 지능으로 확대·발전시켰다고 한다. 이러한 집단지성은 2020년이 되어서야 빅데이터, 클라우드, 인공지능의 발전으로 실력을 발휘하며 진정한 협력지능의 시대로 돌입하게 되었다고 할 수 있다(NESTA).

MIT의 협력지능연구소(http://cci.mit.edu)는 사람과 컴퓨터가 지능적으로 협력할 수 있는지에 관한 집단지성의 탐구를 위한 연구소이다. 대표적으로 Climate CoLab은 전 세계 수천 명의 집단지성을 활용하여 지구 기후 변화를 시작으로 복잡한 사회문제를 해결해 나가고 있다.

영국의 NESTA(http://nesta.org.uk)에서는 집단지성의 정의를 '사람들이 기술의 도움을 받아 더 넓은 범위의 정보, 아이디어 및 통찰력을 동원하며 함께 일할 때 생성되는 향상된 능력'이라고 한다. 현 시대의 복잡한 문제를 해결하기 위해서는 문제해결에 대한 새로운 접근 방식이 요구되며, 문제해결을 위해 새로운 데이터를 사용하여 발생한 문제를 빠르게 이해하고 집단적 두뇌 능력을 활용하여 빠른 해결책을 만들어야 한다는 것이다. 또한 창의적인 문제해결책을 집단적으로 생각하고 반영하여 결정할 수 있는 공간의 필요성도 함께 제기하고 있다. 이를 위해 사람들은 데이터, 정보, 통찰력 및 아이디어 등 모든 종류의 능력을 동원하는 데 능숙해질 필요성이 있으며, 대부분의 선진국에서도 이와 관련한 역량을 제시하고 있다.

NESTA에서는 목표 달성을 위해 다양한 사람, 데이터, 기술 그룹을 활용하며 온라인 기술과 디지털 공간에 대한 새로운 접근을 꾀하고 있으며 실제 변화 주도를 위한 새로운 협업 방식도 함께 제시하고 있다. 협력지능의 수업 단계는 문제 이해, 해결책 탐색, 결정 및 행동, 배우고 적용하기의 네 가지 단계로 구성하여 제시하고 있다. 협력지능을 구축하기 위한 협력의 형태는 데이터와 데이터를 연결하는 데이터 협업, 협력지능의 오래된 형태인 사람과 사람의 연결, 사람과 데이터를 하나로 통합하는 사람과 데이터의 연결의 세 가지 형태를 제시하고 있다.

3. 집단지성과 협력학습의 관련 연구

이연주 외(2015)는 '집단지성을 강조한 과학기술 관련 사회쟁점 수업이 중학교 영재학급 학생들의 역량 함양에 미치는 효과' 연구에서 집단지성 기반의 과학기술 관련 사회쟁점 수업이 학생들의 협업 능력, 정보 기술 및 미디어 활용 능력, 비판적 사고력과 문제해결력, 의사소통 능력을 함양할 수 있는 교육적 방안이 될 수 있다고 하였다.

이유나 외(2009)는 '집단지성의 교육적 적용을 위한 개념모형과 설계 원리' 연구에서 6개의 집단지성을 구성하는 개념모형 요소를 제시하고, 이를 통해 효과적인 집단 활용 학습의 가능성을 제시하였다.

M. Gea & V. Gamiz(2011)는 'Collective Intelligence and Online Learning Communities' 연구에서 정보사회에서의 새로운 커뮤니케이션 모델을 제시하며 집단의 상호작용을 통해 새로운 형태의 지식 공유 경험을 만들고 전통적인 관리 모델을 재활용하여 디지털 커뮤니티를 만들어 가고 있음을 분석하여 보여 주고 있다. Vodafone Institute for Society and Communications에서는 기계 지능과 인간 지능이 서로를 보완하는 방식이 재능 있는 인간이나 독립적으로 작동하는 가장 발전된 알고리즘보다 더 나은 결과를 얻을 수 있음을 사례를 통해 제시하고 있다. J. Meza et. al(2018)은 'The ICT enhancing the creativity through collective intelligence'에서 집단적 창의성과 이와 관련한 전문가의 필요성에 대해 제기하며 이를 위해서는 공동작업과 정보기술, 커뮤니케이션 기술의 제공이 중요하다고 하였다.

김인숙 외(2015)는 '컴퓨터 교과에서 SNS를 활용한 협력학습의 학습효과 연구'에서 SNS를 도입한 수업이 협동학습의 효과를 향상시키며 시공간을 초월한 피드백 학습에도 도움이 된다는 연구 결과를 제시하고 있다. 김주영 외(2016)는 '크라우드 소싱을 적용한 온라인 협력 학습 프로그램 설계 전략 연구'에서 창의융합적 인재 양성을 위해 창의적인 발상과 서로 다른 분야 간의 다양한 사람들과의 소통과 협업능력, 집단지성을 활용할 수 있는 역량이 필요다고 하였다.

이종기(2016)는 '무들 기반의 오픈소스 학습관리시스템 기반의 협동학습 운영 사례에 관한 연구'에서 무들 기반의 학습 관리 시스템의 팀 프로젝트 협동학습을 통해 협동학습의 재미와 유용성을 확인하고, 학습 자체의 중요성을 넘어 관계의 중요성이 학습자의 협동학습 동기를 유발시킨다는 것을 확인하였다. 배상희(2021)는 기존의 인문학 관련 강좌의 단점을 극복하고자 온라인 협력학습을 기반으로 한, 클라우드 기반 수업 환경에서 고전 읽기, 토론, 외국어교육을 통합한 집단지성 교육 모델을 제시하였다. 연구 결과로 교육적 효과를 극대화할 수 있는 방안의 사회적 요구와 이 과정에서 도출될 수 있는 '집단지성'의 구축은 학제 간 상호발전을 위해 반드시 필요하며, 이를 실현할 새로운 학습 방법을 제시하기도 하였다.

선행연구의 결과로 집단지성의 특징을 협력학습과 접목하고 디지털 기술 및 인공지능 기술을 바탕으로 수업을 전개한다면 급격하게 변화하는 초중등교육의 혁신과 창의적인 문제해결을 신장시킬 수 있는 새로운 수업 모형의 제시가 가능할 것으로 판단된다.

Ⅲ. 창의협력지능 학습을 위한 모형

1. 창의협력지능 수업의 개요

21세기 학습자들은 디지털 네이티브 세대들이라 불리며 이들은 디지털 도구를 활용하여 문제를 창의적으로 해결할 수 있어야 하며, 이것이 곧 교육의 목표라고 할 수 있다. 또한 지금의 문제들은 개인 또는 작은 집단이 해결하기 어려운 문제가 많아 사람들과 협력하여 문제를 해결할 수 있어야 한다. 이에 협력학습과 집단지성, 그리고 D·N·A 첨단기술을 결합하여 창의적으로 문제를 해결하므로 이를 '창의협력지능(Creative Collaboration Intelligence, 이하

CCI)'이라 명명하였다. '협력지능'이라는 용어는 집단지성에서 기인한 용어로 전통적인 협력학습이 학습자들의 협동심에 가치를 두었다면, 협력지능학습은 데이터를 기반으로 문제해결에 도움이 되는 협력자를 구성하고 디지털 도구와 AI의 파워 문제를 해결하는 것이다.

창의협력지능 = 협력학습+집단지성+D · N · A

CCI 수업을 통해 학생들은 데이터를 활용한 의사결정 능력, 기술과의 상호작용 능력, 온라인에서의 소통 능력, 인공지능과의 협업 능력, 융합을 바탕으로 미래를 변화시키는 능력 등을 토대로 창의적 문제해결력 등의 역량을 기를 수 있게 된다.

2. 창의협력지능 수업의 설계

디지털 기반 창의협력지능 학습을 위한 모형을 개발하기 위한 연구 절차는 다음 [그림 1]과 같다. 관련 선행연구와 FGI를 거쳐 협력지능 모형을 설계하고, 전문가 타당도를 통해 수업모형을 확정 지었다. 이후 수업모형을 토대로 프로그램을 개발하고, 개발한 프로그램의 현장 적용을 실시하고 그에 따른 수정, 보완 작업을 하여 모형을 확정지었다.

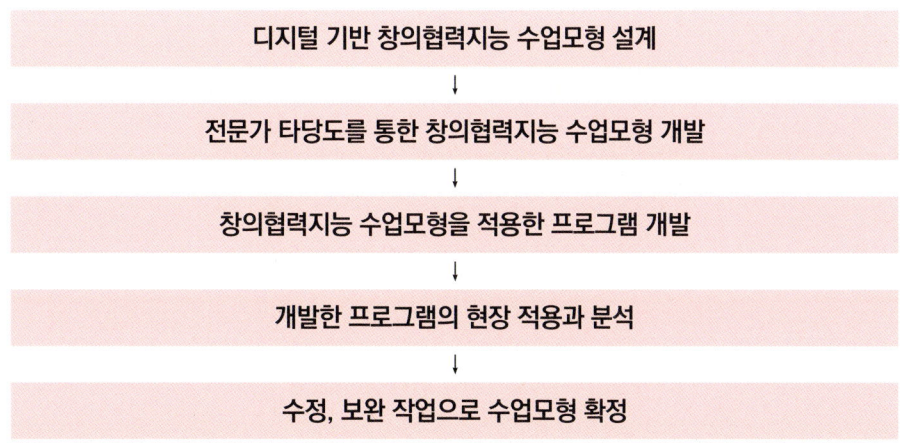

[그림 1] 연구 절차

CCI 모형을 설계하기 위한 방향은 다음과 같다.

첫째, 창의협력지능은 협력학습과 집단지성을 토대로 하므로 집단의 협력이 기초가 된다. 그러므로 다양한 유형의 학습자로 협력팀을 구성하여 협력하도록 한다.

둘째, 데이터를 기반으로 수업을 설계하고 전개한다. 감정이나 직관보다는 데이터를 바탕으로 문제를 객관적으로 파악하고 분석하여 해결하도록 한다.

셋째, 디지털 기술과 온라인 도구를 적극 활용한다. 기술은 협력지능을 증폭시킨다. 인터넷과 같은 기술은 먼 거리에 있는 사람들을 연결하여 더 많은 두뇌와 지식을 하나로 모은다. 스마트 기술과 정보기술은 새로운 데이터 소스를 만들어 새로운 정보를 생성하며, 기계 지능은 인간 지능을 향상시켜 준다. 그러므로 이러한 도구들을 사용하여 문제를 해결할 수 있도록 온라인과 오프라인에서의 수업 환경을 구성한다.

넷째, 협력자로 인공지능을 포함시킬 수 있다. 인공지능은 인간이 해결할 수 없는 복잡한 문제를 해결할 수 있으며 인간의 일을 도와 해결할 수 있는 협력자가 된다.

다섯째, CCI 수업의 목표는 인간을 위한 것이어야 한다. 학생들의 실생활의 문제를 창의적으로 해결하는 도구로 CCI를 사용한다.

3. 창의협력지능 수업의 개발

이러한 설계 방향을 토대로 수업모형을 개발하기 위해 선행 연구를 분석하였다. CCI모델은 MIT의 CI(Collective Intelligence) 모형과 영국의 NESTA의 '집단지성 모형'을 토대로 재구성하였다.

여기에 수업의 소재는 21세기 디지털 네이티브인 학습자들에게 필요한 D·N·A(Data, Network, AI)를 협력 도구로 추가하여 창의적인 문제해결을 도울 수 있는 수업모형을 [그림 2]와 같이 개발하였다.

CCI 모형은 문제 이해(Define), 해결 탐색(Idea), 결정 실행(Act), 학습 적용

(Learn Adapt)의 4단계로 이루어지며 앞 글자를 따서 'DIAL'모형이라고 부른다.

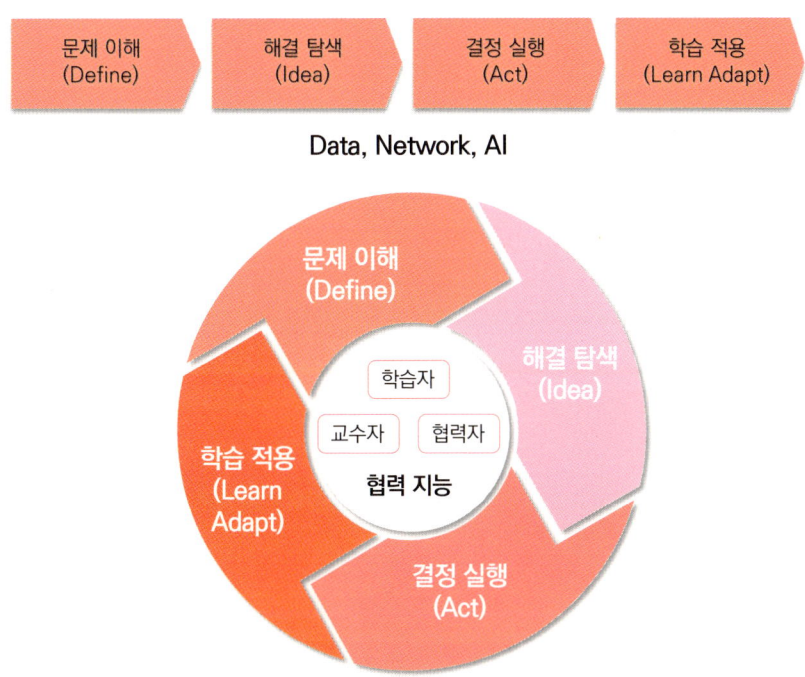

[그림 2] CCI DIAL 수업모형의 단계와 순환확산모형

CCI 수업 단계별 활동 내용은 [표 1]과 같다.

문제 이해 단계에서는 주어진 문제 또는 학생들이 직접 문제 상황에서 문제점을 찾고 인식한다. 문제해결을 위한 목표에는 인간을 중심에 두어야 한다. 문제의 객관적인 파악을 위해 데이터와 시각화된 자료를 사용하며, 이를 통해 문제해결을 위한 공감대를 형성하고 문제해결을 위한 목표를 설정하게 된다.

해결 탐색 단계에서는 문제해결을 위한 자료와 협력자, 온라인 자원을 파악하고 협력 방법과 디지털 도구를 탐색하여 합리적이고 효과적으로 해결하기 위한 창의적이고 다양한 해결 방안을 제시한다.

[표 1] CCI 수업 단계별 활동 내용 설계

단계	내용	주요 활동
문제 이해 (Define)	문제 제시	주제, 문제, 의사결정 상황 제시
	문제 인식	제시 상황을 살펴보고 문제점 찾고 인식하기
	문제 공감	해결에 대한 공감대 형성하기, 인간 중심의 이해
	목표 확인	문제해결의 목표 설정하고 확인하기
해결 탐색 (Idea)	현재 상황 분석	문제가 갖고 있는 현재 상황 파악 분석하기
	목표 인식	해결 방법을 통해 달성하고자 하는 최종 목표 확인
	데이터와 협력자원	필요한 자료와 협력자, 온라인 자원 파악하기
	협력 방법과 도구	해결책에 따른 협력 방법과 도구 살펴보기
결정 실행 (Act)	해결책 결정	다양한 해결책들 중 최선의 방법 결정하기
	데이터 처리	데이터의 수집, 가공, 분석, 표현
	협력 도구의 이해	온라인 공간, 디지털 도구, AI 등
	협력 활동 실행	협력적인 해결 활동 수행하기
학습 적용 (Learn Adapt)	목표 달성 확인	문제 이해 단계에서 설정한 목표의 달성 확인
	결과 공유 및 피드백	결과 및 산출 공유하고 평가하기
	상호 학습 확인	협력 활동을 통한 참여자의 학습 확인
	협력지능 업데이트	결과의 지속적인 수정, 보완, 확대

결정 실행 단계에서는 다양한 해결책들 중 최선의 방법을 결정하고, 데이터와 협력 도구를 활용하여 협력 활동을 통해 문제해결 활동을 수행한다. 분산된 협력자의 지식과 아이디어를 모으고 자원을 통합하기 위해 다양한 디지털 기술과 온라인 공간을 적극 활용하여 협력을 확장한다. 이때 인공지능은 인간 협력자와 마찬가지로 협력자로서 참여하며 인간이 해결하기 어려운 복잡한 규모의 데이터(빅데이터)를 수집, 가공, 분석, 표현하며 보다 통찰력 있는 아이디어와 지식 생성, 의사결정을 돕는다. 학습 적용 단계에서는 문제 이해 단계에서 설정한 목표의 달성을 확인하고 결과물 또는 산출물을 공유하며 피드백을 받는다. 그리고 문제해결 결과의 지속적인 수정 보완 활동을 하며 다른 사람들도 함께

문제해결에 동참할 수 있도록 확대한다. 그래서 CCI 수업 모형은 문제해결을 위한 결과물이 산출되었다고 해서 끝이 나는 게 아니라 지속적인 수정·보완 작업이 이루어지므로 순환하는 형태의 모형이라고 할 수 있다.

CCI 수업을 위한 협력 도구의 유형은 세 가지로 나눌 수 있으며 [표 2]와 같다. H-H 협력은 인간과 인간의 협업을 의미하며, 기존 교실에서 전통적인 협력학습을 하는 유형을 말한다. H-M-H 협력은 인간과 인간의 협업을 지원하기 위해 온라인(디지털) 공간에서 어플리케이션(소프트웨어, 앱, 인공지능 등)의 도움을 받아 문제를 해결하는 유형이다. H-AI 협력은 인간과 기계(인공지능)가 문제해결을 위해 상호작용을 하며 서로 협력하는 유형이다. 이러한 세 가지 유형은 수업 단계에 맞춰 적절히 적용할 수 있도록 한다.

[표 2] CCI 수업을 위한 협력 도구의 유형과 사례

유형	설명	수업사례
H-H 협력	전통적인 오프라인 형태의 인간(H)과 인간(H)의 협력	여러 명의 학생들이 역할을 나누어 협동 벽화를 그리기
H-M-H 협력	인간(H)간의 매개로 기계(M)가 지원하여 다른 인간(H)간의 협력	구글 문서 도구에서 아이디어 공유하며 공동 작업하기
H-AI 협력	인간(H)과 인공지능(AI)이 상호작용을 하며 서로 돕는 협력	인공지능을 학습시킨 후 도움을 받아 현실의 어려운 문제 해결하기

CCI모형을 적용하는 수업은 해결하고자 하는 목표에 맞추어 수업을 전개하는 방식에 차이가 있으므로 그에 따라 세부 유형을 나누었다. CCI모형의 세부 유형은 선행연구에서 제시한 일반적 협력학습의 모형인 프로젝트 수업, 토의·토론 수업, 문제 중심 수업을 토대로 하였다. 그리고 CCI모형은 데이터와 정보를 바탕으로 네트워크 안의 정보 기술과 인공지능을 활용하여 수업에 참여하는 학습자들의 협력을 보다 효율적으로 이루어질 수 있도록 도우며, 수업의 과정에서 아이디어를 구안하고, 지식을 생성하며 의사결정을 하게 된다. 그래서 CCI의 세부 유형을 크게 문제중심 수업 모형을 바탕으로 한 '아이디어 구안형', 토

의·토론 수업 모형을 바탕으로 한 '의사결정형', 프로젝트 수업 모형을 바탕으로 한 '지식 생성형' 세 가지로 나누었다.

아이디어 구안형 수업은 전통적인 문제 중심 수업모형을 바탕으로 한다. 주어진 문제에 대한 정의를 하고 그에 따른 원인 분석을 한 뒤 문제해결을 위한 다양한 아이디어를 발상하며 최선의 아이디어를 선택하여 문제를 해결하는 과정을 거친다. 이 과정에서 데이터와 협력 활동, 그리고 온라인 협력 도구, AI와 같은 첨단기술과 협력하며 개별 학습자들은 창의성과 독창성을 발휘하게 된다.

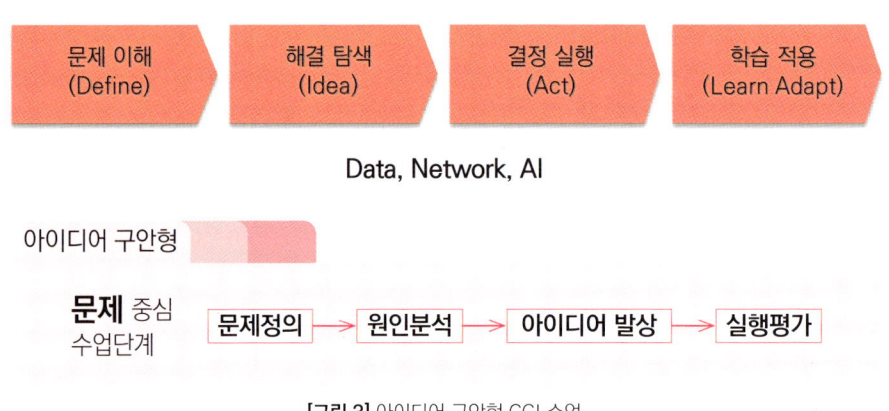

[그림 3] 아이디어 구안형 CCI 수업

의사결정형 수업은 전통적으로 토의토론학습과 의사결정학습 모형을 바탕으로 한다. 안건이 제시되면 문제해결을 위한 목표를 인식한 후 토론과 협력적 소통을 통해 다양한 의견을 생성하고 다양한 자료수집과 평가를 통해 의사결정을 하는 과정을 거치게 된다. 역시 데이터와 협력 활동, 그리고 온라인 협력도구, AI와 같은 첨단기술과 협력하며 의사결정을 효과적으로 하게 된다.

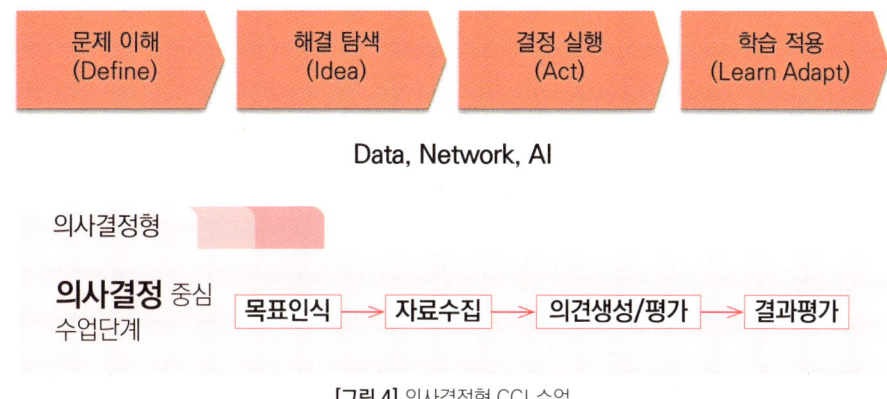

[그림 4] 의사결정형 CCI 수업

　지식 생성형 수업은 전통적으로 프로젝트 중심의 수업을 바탕으로 한다. 장기 프로젝트형 학습 주제일 경우 적합하며, 문제 상황의 해결을 위해 다수의 지식과 아이디어를 다양한 분야로부터 수집하여 축적하고, 이러한 과정에서 집단지성을 발휘하게 된다. 축적된 지식은 문제해결의 토대가 되어 집단의 협력과 지혜로 발전하게 된다.

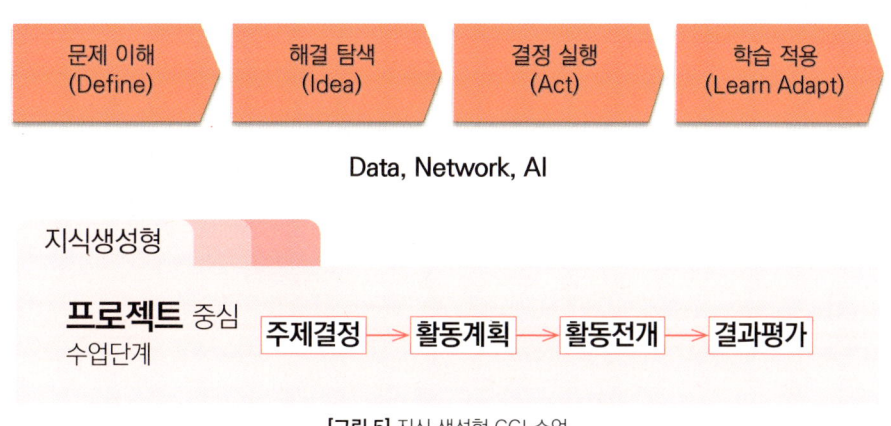

[그림 5] 지식 생성형 CCI 수업

Ⅳ. 창의협력지능 수업의 적용

1. 창의협력지능 수업을 위한 교육 프로그램

개발한 CCI모형에 맞추어 CCI 수업 프로그램을 초 11종, 중 7종 모두 18종을 개발하였다. 각 프로그램별 주제는 CCI모형의 설계 방향에 맞추어 DNA를 활용할 수 있어야 하며 학생들의 일상생활에서 찾을 수 있는 문제이고 문제 해결의 목표가 인간을 위한 것이어야 함 등을 고려하여 선정하였다.

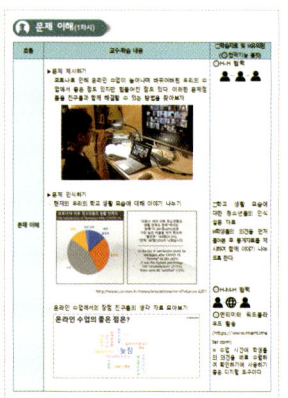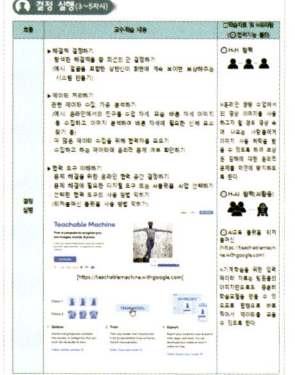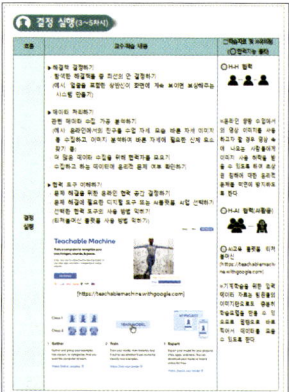

[그림 6] CCI 세부 수업안 예시

2. 창의협력지능 수업 모형의 현장 적용

개발한 CCI모형에 맞추어 개발된 수업 프로그램을 초등학교 9개교, 중학교 4개교에서 542명의 학생들을 대상으로 적용하였다. 수업 시범 적용을 위해 사전 교사 연수를 실시하고, 적용 교사들에게 CCI 수업 프로그램, CCI 사고력 툴킷, 온라인 도구 매뉴얼 등의 자료를 제공하였다.

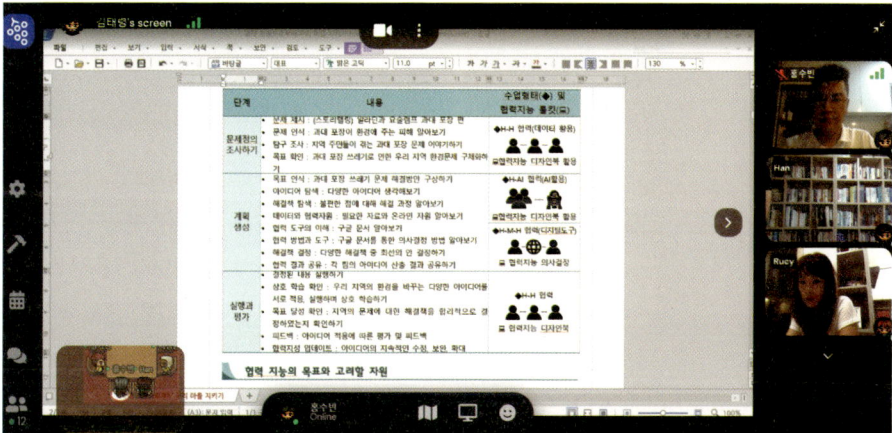

[그림 7] 온라인 교사 사전 연수 실시 장면

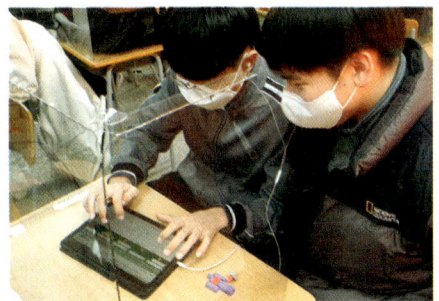 

[그림 8] CCI 시범 수업 장면

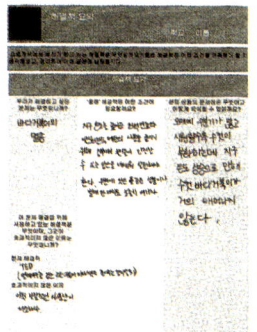 

[그림 9] CCI 수업 도구 및 산출물

    현장에 적용된 수업을 마치고 설문을 통해 학생들의 의견을 수집하여 분석하였는데 협력과 창의성, 문제해결을 위한 데이터의 필요성, 창의성 향상을 위한 의지, 인공지능의 필요성과 유용성, 협력적 문제해결 능력을 보였다. 이를 통해 CCI 수업모형에서 기대하였던 창의력, 협력적 문제해결력, DNA 활용 능력의 신장의 세 가지 모든 영역에서 학생들의 긍정적인 변화가 나타남을 알 수 있었다.

V. 마치며

본 연구에서는 지능정보기술 즉 DNA기술을 활용하여 창의적으로 문제를 해결할 수 있는 교수학습모형을 개발하고, 개발한 모형을 토대로 교수학습 프로그램을 개발하여 실제 초중등학교 현장에서 시범 적용하였다.

첫째, 선행연구를 통하여 '창의협력지능(Creative Collaboration Intelligence, CCI)'라는 교수학습모형을 설계하였고, 전문가 타당도를 실시하여 수정 보완 작업을 통해 CCI교수학습모형을 개발하였다.

둘째, 개발한 모형을 토대로 초·중학교 학생들을 대상으로 한 교수학습 프로그램을 18종 개발하고, 초·중학교 학생 542명에게 시범수업을 실시하여 개발한 모형과 프로그램의 효과성을 측정하였다. 분석 결과 수업 만족도, 수업 내용의 흥미도가 매우 높게 나타났으며, 개발 모형의 목표인 협력적 문제해결 태도, 협력적 창의 태도, 협력적 도구 활용 태도 등이 긍정적으로 향상하였다.

셋째, 본 검사에서 가장 큰 변화가 나타난 항목은 협력과 창의성, 문제해결을 위한 데이터의 필요성, 창의성 향상을 위한 의지, 인공지능의 필요성과 유용성, 협력적 문제해결의 선호 순으로 나타났다. 이를 통해 본 연구에서 기르고자 했던 창의력, 협력적 문제해결력, DNA 활용 능력의 신장의 세 가지 모든 영역에서 학생들의 긍정적인 변화가 나타나 본 연구의 효과성을 알 수 있었다.

본고를 통해 지능정보사회에서 요구하는 기술과 역량, 그에 따른 태도의 함양까지 함께 신장시킬 수 있음을 확인할 수 있었으며 이러한 연구가 학생들의 미래사회에서 요구하는 창의적 문제해결력을 신장시킬 수 있는 모형을 제시함으로서 학교 현장에 기여할 수 있다는 데에 그 의의가 있다.

참고문헌

과학기술정보통신부 (2019). 데이터·AI경제 활성화 계획 보고서.

과학기술정보통신부 (2020). 인공지능강국 실현을 뒷받침하는 소프트웨어 인재양성 본격추진 보도자료.

과학기술정보통신부 (2021). 디지털 뉴딜 실현을 위한 데이터. 네트워크. 인공지능(D.N.A) 및 융합 분야 표준화 활동 지원 본격화 보고자료.

교육부 (2020). 인공지능시대 교육정책방향과 핵심과제.

김인숙, 한태인 (2015). 컴퓨터교과에서 SNS를 활용한 협력학습의 학습효과 연구. 이러닝학회 춘계학술발표대회, 6(1), 51-54.

김주영, 김용 (2016). 크라우드 소싱을 적용한 온라인 협력학습 프로그램 설계 전략 연구. 이러닝학회 학술발표대회논문집, 7(2), 82-86.

김태령, 류미영, 한선관 (2020) 초중등 인공지능 교육을 위한 프레임워크 기초 연구. 인공지능연구 논문지, 1(1), 31-42.

류미영, 한선관 (2019). 딥러닝 개념을 위한 인공지능 교육 프로그램. 정보교육학회논문지, 23(6), 583-590.

배상희 (2021). 온라인 협력학습 기반 집단지성 구축을 위한 교양수업 개발. 한국콘텐츠학회논문지, 21(3), 740-751.

이연주, 최윤희, 고연주 (2015). 집단지성을 강조한 과학기술 관련 사회쟁점 수업이 중학교 영재학급 학생들의 역량 함양에 미치는 효과. 한국과학교육학회, 35(3), 431-442.

이유나, 이상수 (2009). 집단지성의 교육적 적용을 위한 개념모형과 설계 원리. 교육공학연구, 25(4), 213-239.

이은철 (2018). 온라인 협력학습 환경에서 학습동기 유형에 따라 교수 메시지에 대한 반응 행동 탐색. 한국콘텐츠학회논문지, 18(5), 514-524.

이종기 (2016). 오픈소스 Moodle 학습관리시스템 기반의 협동학습 운영 사례에 관한 연구. 서비스사이언스학회, 6(4), 47-57.

위키피디아. https://ko.wikipedia.org/wiki(2022. 4.22. 검색)

장호욱, 서희전, 문경애 (2005). e-러닝 환경에서의 협력학습 모델 및 지원도구 분석. 전자통신동향분석, 20(1), 139-146.

정영란 (2003). 정영란, 웹 기반 프로젝트 중심학습이 학습자의 태도. 학습 결과 및 성찰적 실천에 미치는 영향. 한양대학교 박사 학위논문.

정지훈 (2021). AI 그리고 인간-AI 상호작용의 창의력. 창의융합연구 1, 1(1), 1-5.

진승희 (2019). 초등영어 교육에서 문화간 의사소통 능력 향상을 의한 모바일 협력학습 기반 플립러닝 수업 방안. 영상영어교육, 20(1), 213-238.

한선관, 류미영, 김태령 (2020). AI사고를 위한 인공지능 교육. 성안당, 파주

Dafis, L. (1992). Instrument review: Getting the most from a panel of experts.

J. Meza, O. Ortiz, S. Roman, J. M. Monguet & M. Tomala. (2017). The ICT enhancing the creativity through collective intelligence. EAI Endorsed Transactions on e-Learning, 14(4), 1-8.

Lawshe. (1975). A QUANTITATIVE APPROACH TO CONTENT VALIDITY.

M. Gea & V. Gamiz. (2011). Collective Intelligence and Online Learning Communities. Technical Co-Sponsored by IEEE UK/RI Computer Chapter. 336-340.

MIT Center for Collective Intelligence; https://www.climatecolab.org(2022.4.21. 검색)

NESTA. the collective intelligence design palybook. https://www.nesta.org.uk(2022.4.21. 검색)

Tilden, Nelson, and May. (1990). Use of qualitative methods to enhance content validity.

Vodafone Institute for Society and Communications; https://www.vodafone-institut.de/aiandi/five-things-that-demonstrate-that-ai-and-human-collaboration-is-the-future(2022.4.21. 검색)

코로나19 시기 초등돌봄정책에 대한 비판적 담론 분석

이혜정

I. 서론

2020년 초부터 시작된 코로나19 팬데믹 상황에서 집단 감염의 위험 때문에 학생들의 등교가 불가해지자, 그동안 학교에서 해 왔지만 주목되지는 않았던 학교의 돌봄 역할에 대한 관심이 커졌다. 학교의 교문이 닫히고 교육과정을 원격 수업 중심으로 운영하였던 시기, 그동안 학교가 교육뿐만 아니라 돌봄 역할을 해 왔음이 드러났던 것이다. 그리고 등교 불가 시기가 길어지자, 코로나19 상황 때문에 발생한 돌봄 공백에 대해 학교와 교육 당국이 적극적으로 대처해야 한다는 담론이 형성되었다. 이에 따라 학교는 학생들이 등교를 할 수 없었던 상황에서도 긴급돌봄 등의 형태로 일과 시간 돌봄을 받기 어려운 학생들을 보호하는 역할을 수행했다. 코로나19 상황은 그간 초등학교가 수행해 왔던 돌봄 역할을 사회적으로 드러내고 그 중요성을 부각시키는 계기가 되었다.

초등학교가 학생의 방과후 돌봄 역할을 담당해야 한다는 사회적 인식은 2000년대 초부터 형성되기 시작했다. 2004년 사교육 경감, 일-가정 양립 등을 목적으로 한 방과후 학교 정책이 실행되기 시작했고(오범호 외, 2009), 2014년부터 초등학교는 초등돌봄교실로 대표되는, 방과후 학생들에 대한 돌봄서비스를 제공해 왔다(이성회 외, 2021). 초등학교가 일과 시간 이후 방과후 학교를 개설하고, 초등돌봄교실을 운영하는 것은 개별 가족이 사적으로 해 왔던 초등학생 방과후 돌봄을 국가가 공적 서비스를 통해 해결하고자 하는 시도라고 할 수 있다. 이후 초등돌봄교실과 지역아동센터 등은 방과후 돌봄서비스의 사회화, 공공화 정책의 흐름 속에 존재해 왔으며, 2018년 시작된 온종일돌봄 정책은 국가가 초등 방과후 돌봄서비스에 대해 더 많은 자원을 투입함으로써 초등학생에 대한 방과후 돌봄을 사회화하는 대표적 흐름이라고 할 수 있다.

이 글은 〈교육정치학연구〉 29권 4호에 실린 다음 논문의 내용을 일부 수정한 것임을 밝힙니다: 이혜정(2022). 초등돌봄정책에 대한 비판적 담론 분석: 코로나19 시기 '초등교육'과 '돌봄'의 의미를 중심으로. 교육정치학연구, 29(4), 175~196.

한편, 코로나19가 촉발시킨 학교와 돌봄에 관한 담론은 학교 본연의 역할과 의미를 돌봄과 관련하여 확장하는 것으로 나아가기도 하였다[1]. 이 논의들은 학교의 역할이 교육과정 운영을 통해 학생들이 배우고 성장할 수 있도록 하는 것에 있고, 이 배움과 성장의 과정에 돌봄의 역할이 적지 않다고 주장한다. 학생에 대한 돌봄 없이 배움이 일어나기는 어려우며, 돌봄의 과정에서도 학생들은 배우게 된다는 것이다(이근영 외, 2021; 권순정 외, 2021). 그리고 학교의 돌봄 역할을 강화하는 것은 열악한 환경에 있는 학생들을 비롯하여 모든 학생에 대한 학교의 공공성을 강화하는 것으로 본다. 학교교육이 견지해야 할 학습복지의 개념을 확장하면, 모든 학생이 안전하고 평화로운 상태에서 배움을 경험할 수 있는 상황이기 때문이다(이혜정 외, 2020).

그런데 대다수 초등학교에서는 돌봄교실은 학교의 본연의 역할이라고 여겨지는 교육과정 운영과는 거리가 먼, 부담스러운 업무로 여기며 실제 돌봄교실 운영 또한 그러한 맥락에서 이루어지고 있는 것이 사실이다. 그리고 코로나19 감염병 사태 이후 초등학교의 돌봄 역할을 보다 적극적으로 요구하는 사회적 담론에도 불구하고, 방과후 돌봄서비스 운영 주체에 관한 논쟁, 교사와 돌봄전담사 간의 갈등이 이 시기에 불거졌다.

이는 초등 방과후 돌봄이 국가 차원의 서비스가 됨으로써 공공성을 확장해 가는 흐름에도 불구하고, 운영 주체 중 하나라고 할 수 있는 초등학교와 교사들에게 이 돌봄서비스가 여전히 초등교육의 의미 있는 역할로 인식되고 있지 않음을 의미한다. 이 연구는 초등 방과후 돌봄서비스의 사회화 과정에서 초등학교가 중요한 정책 실행 주체로서의 역할을 수행해 왔고, 코로나19 이후 초등학교의 돌봄 역할이 보다 적극적으로 요구되고 있음에도 불구하고 "왜 대다수

---

[1] 이러한 논의들은 코로나19 이후 사회적으로 돌봄 관련 의제들이 제기된 것과 무관하지 않다. 감염병 사태를 경험하면서 사회적으로도 돌봄의 의미가 새롭게 부각되고 강조되고 있는 것이다. 코로나19 사태는 우리 모두가 서로 연결되어 있으며 서로가 서로에게 면역 환경이 된다는 것을 보여 준다. 뿐만 아니라 코로나19 상황을 극복하기 위한 사회적 노력 가운데 돌봄 노동의 중요성이 드러나기도 했다. 저임금, 낮은 사회적 가치 부여 가운데에서도 필수 노동으로서 유지될 수밖에 없는 돌봄 노동의 의미를 부각하면서, 사회질서를 돌봄 중심으로 재구조화해야 하고, 이 때 돌봄에 대한 평등한 권리를 보장해야 한다는 돌봄민주주의 논의가 중요한 의제로 등장하기도 했다.

의 학교에서 돌봄교실 등의 돌봄 업무가 학교의 의미 있는 역할로 받아들여지지 않고 있는가"라는 질문으로부터 시작되었다. 정책적으로 그리고 사회적으로 초등학교에서의 돌봄 역할을 적극적으로 요청하고 있음에도 불구하고 초등학교 입장에서 이러한 요청이 주체적으로 수용되지 않는 원인을 정책 담론 분석을 통해 찾고자 한다. 특히 코로나19 사태 이후 초등학교 방과후 돌봄정책 담론에서 드러나는 '초등교육'과 '돌봄'의 의미는 무엇인지, 초등돌봄정책에서 초등학교의 역할을 무엇으로 상정하고 있는지를 살펴보고자 한다. 이를 통해 초등학교에서 이루어지는 돌봄교실 사업이 초등교육이나 교육과정과는 별개로 부과된 사업으로 인식되도록 하는 정책적 맥락을 살펴볼 것이다. 나아가 초등학생에 대한 돌봄에 있어 초등학교의 의미와 위상은 어떤 것이어야 하는지 논의해 보고자 한다.

II. 이론적 논의

1. 초등돌봄교실 정책의 흐름

초등학생의 방과후 교육과 돌봄을 초등학교에서 맡아 해야 한다는 인식은 2000년대 초부터 있었으며, 2004년 교육부는 저학년 '방과후 교실'을 도입하겠다는 정책을 발표하고 28개 초등학교를 대상으로 시범 운영을 시작하였다. 2012년 박근혜 대통령 대선 공약으로 초등돌봄교실 확대를 발표하였으며, 2014년부터는 실제로 초등돌봄교실 대폭 확대가 이루어졌다. 2010년부터 2020년까지 초등돌봄교실 설치 학교 수와 교실 수, 이용 학생 수를 집계한 [그림 1]을 보면, 2012년 7,000여 개였던 초등돌봄교실은 2014년에 10,966실로 양적 확대가 이루어짐을 확인할 수 있다.

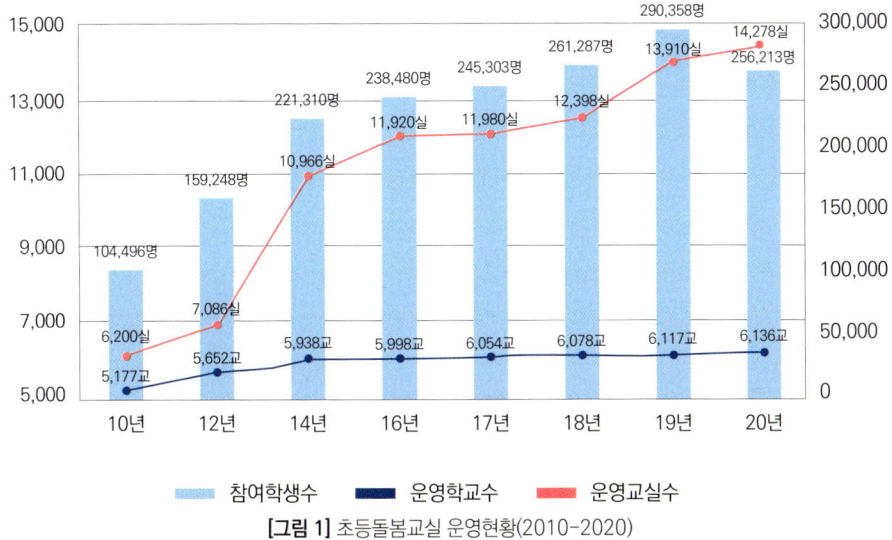

[그림 1] 초등돌봄교실 운영현황(2010-2020)
출처: 교육부(2021b). p.4

 이같이 초등돌봄교실이 초등학교 전반으로 확대 설치되면서, 교원 단체들을 중심으로 초등학교가 돌봄 기관이어야 하는가에 대한 문제제기가 계속 있어 왔다. 그럼에도 이 논의는 이후 초등돌봄정책에 적극적으로 반영되지 않았으며, 2017년 문재인 정부 국정 과제로 '온종일 돌봄체계 구축'이 확정되었으며, 2018년에는 초등학교에 설치된 초등돌봄교실과 지자체에서 운영하는 다함께돌봄센터의 이원 체제로 초등학생에 대한 방과후 돌봄을 책임지겠다는 온종일돌봄정책이 발표되었다. 이 정책은 돌봄의 양적 확대와 더불어 학교에서뿐만 아니라 지자체에서도 초등학생의 돌봄에 대한 책임을 져야 한다는 것을 표방한다는 점에서 이전의 초등돌봄정책과는 차이가 있다.

 이 같은 초등돌봄정책의 흐름에 변화를 야기한 것이 코로나19 감염병 사태이다. 2020년 초 시작된 감염병 사태가 심각해지자 학교는 이 해 5월이 되어서야 온라인 수업 중심의 학사 운영을 결정하고 점진적인 개학을 하게 되었고, 이와 같이 학생들이 등교를 할 수 없는 상황이 되자 그간 학교에서 맡아 왔던 돌봄 역할이 부각되기 시작했다. 보호자가 일과 시간에 돌보기 어려운 초등학생들의 경우, 학교에 갈 수 없는 상황이 곧 돌봄의 공백으로 이어진 것이다. 이에 따라 교육부는 코로나19 시기의 돌봄 공백 문제를 해결하기 위해 '긴급돌봄'과 '학기 중 돌봄' 서비스를 제공하였다. '긴급돌봄'과 '학기 중 돌봄'은 휴업 기간과 온라인 개학 기간 일과 시간 중 제공하는 돌봄서비스를 의미한다(교육부, 2020b; 교육부, 2020c). 그런데 이 과정에서 돌봄전담사 처우 개선 등을 요구하는 노조 파업이 있었고, 이는 노조 등의 단체와 교육청 간 대립 현상으로 나타났다. 코로나19 감염병 상황에서 초등 방과후 돌봄의 주체가 누구여야 하는지에 대한 논쟁이 본격화된 것이었다. 이에 교육부는 조정자로서의 역할을 자처하며, 2021년 8월 '초등돌봄교실 운영 개선안'을 발표하였다. 이 개선안의 골자는 초등학생에 대한 돌봄교실을 더 확대하겠다는 것과 초등돌봄전담사 처우 개선 및 돌봄전담사 중심의 돌봄교실 운영에 대한 천명이라고 할 수 있다. 초등돌봄교실 관련 정책의 흐름을 도식화하면 [표 1]과 같다.

[표 1] 초등학생 방과후 돌봄 관련 정책 흐름

년도	내용	비고
2004	초등 저학년 '방과후 교실' 도입 정책 발표 및 시범 운영	시범 학교: 28개 초등학교
2012	박근혜 대통령 대선 공약으로 초등돌봄교실 확대 발표	
2014	초등돌봄교실 대폭 확대	
2017	문재인 정부 국정과제로 '온종일돌봄체계 구축' 확정	
2018	온종일돌봄정책 발표	돌봄서비스 제공처를 초등돌봄교실과 다함께돌봄센터로 이원화
2020	코로나19 상황에서 초등학생 긴급돌봄 서비스를 학교에서 운영	
2021	교육부의 초등돌봄교실 운영 개선방안 발표	돌봄 시간과 시설 확대, 돌봄전담사 중심 돌봄교실 운영

* 출처: 방과후학교포털시스템(https://www.afterschool.go.kr/); 김선혜(2015); 모아라 외(2021); 장지은 외(2021)

2. 초등돌봄정책 관련 선행연구

초등돌봄정책에 관한 선행연구 중 다수를 이루는 것은 정책의 효과에 관한 논의이다. 이 정책이 여성의 경력 단절 예방과 저출생 문제 등에 초점을 두고 있는 만큼, 정책 수요자라고 여겨지는 학부모의 만족도와 기대 요구, 사교육 경감 등의 효과를 파악하고자 하는 연구들(김홍원 외, 2015; 장명림 외, 2015; 이희현 외, 2019)이 다수이다. 이 연구들은 공통적으로 초등돌봄정책에 대한 학부모들의 높은 만족도를 보고하고 있으며, 초등돌봄정책이 맞벌이 가구의 경제활동 측면이나 사교육 경감 측면에서 긍정적인 효과를 갖는다고 주장한다. 초등돌봄교실 이용을 통해 사교육이 경감되고, 초등학생 자녀를 둔 어머니들의 경제활동이 보다 활발해졌다는 것이다. 그리고 이 연구들은 아동의 학습과 발달 측면에 있어서도 초등돌봄정책의 효과가 있다고 논의한다.

그런데 백순근 외(2019)의 연구는 초등돌봄교실 이용이 사교육 경감에는 유의한 차이가 있지만, 일-양육 양립에는 통계적 유의한 결과 없었음을 밝힌 바 있다. 장명림 외(2015) 연구 또한 초등돌봄교실로 인한 여성의 사회진출 만족도는 지역 규모에 따라 다르며, 대도시일수록 만족도가 크다고 보고하고 있다. 그리고 최근 학부모의 입장에 초점을 맞추어 초등돌봄정책의 성과에 관해 분석하고 있는 최근의 연구들(장지은 외, 2021; 이성회 외, 2021)은 학부모 계층에 따른 돌봄교실의 의미가 다름을 지적하면서 수요자의 다양한 요구를 반영하는 방향으로 이 정책의 질적 전환이 필요하다고 주장한다. 이와 같은 선행연구의 결과들은 초등돌봄정책의 효과에 관한 연구가 정책 효과의 여부나 정도뿐만 아니라 학부모 계층이나 거주 지역 등의 차이를 염두에 두고 보다 세밀한 분석을 할 필요가 있음을 시사한다.

다음으로는 초등돌봄정책의 효과보다는 이 정책의 방향성에 대한 비판적 검토를 한 연구들이 있다. 대표적으로 김선혜(2015), 최현임 외(2021), 장수정(2020)의 연구들은 돌봄의 수혜자인 초등학생(아동)의 권리, 돌봄의 공공성과 돌봄민주주의 등의 측면에 초점을 맞추어 이 정책의 방향성이 타당한지 논의했다. 김선혜(2015)의 연구는 아동 자기결정의 자유 측면에서 초등돌봄교실 사업의 한계를 지적한다. 이 연구는 초등돌봄교실 사업 운영에 있어 정책 수혜자인 아동의 의견이나 선택권은 보장되지 않으며, 주로 학부모의 선택과 학교의 상황이 정책 의사결정에 중요한 기준이 됨을 비판하였다. 온종일돌봄체계의 일부인 다함께돌봄정책을 분석한 최현임 외(2021)의 연구는 정책의 공공성 측면에서 볼 때, 재정 등의 자원 측면에서뿐만 아니라 민주성, 주체성 등을 고려할 수 있어야 함을 주장하였다. 이는 돌봄 공간과 예산 등 양적 측면에서뿐만 아니라 내용적 차원에서의 공공성 제고를 논의함으로써 정책의 질적 전환을 요청한다고 할 수 있다. 돌봄민주주의 맥락에서 초등돌봄교실 정책을 논의한 장수정(2020)의 연구는 돌봄 수혜자뿐만 아니라 돌봄 제공자의 권리와 돌봄 노동의 분배 측면에서 이 정책의 한계를 지적하였다.

이러한 연구들은 초등돌봄정책 관련 연구들이 정책의 효과성에 초점을 맞춤으로써 간과하기 쉬운 정책의 전제와 전반적인 방향성에 대해 고찰하고 있다는 점에서 의미를 갖는다. 특히, 초등학생 돌봄의 공공화와 사회화를 표방한 초등돌봄정책이 내용적, 질적 측면에서의 공공성을 간과하고 있다는 지적과 돌봄민주주의 관점에서 초등돌봄교실 사업을 분석하여 그 한계를 지적한 것은 이후 이 정책의 장기적인 방향성을 제시한다는 점에서 이론적, 실천적 의미가 있다. 그런데 정책 효과와 방향성에 관해 논의하는 선행연구들은 공통적으로 이 정책에서 초등교육의 의미는 무엇인지, 초등교육에서의 돌봄 역할이 갖는 의미는 무엇인지에 관해서는 무관심하다. 학교교육에 있어 돌봄 역할은 어떤 것이고, 이 역할이 갖는 교육적 의미가 무엇인지에 관해서는 초등돌봄정책에 관한 논의에서가 아니라 코로나19 팬데믹 이후의 돌봄과 학교교육에 관한 논의들에서 다루어졌다.

3. 코로나19 팬데믹 이후 돌봄과 학교교육에 관한 논의

코로나19 감염병 사태로 인하여 학생들의 등교가 불가능한 상황이 되자, 그로 인한 돌봄 공백 문제가 발생하였고, 그동안 학교가 맡고 있었던 돌봄 역할이 두드러지게 되었다. 그간 학교가 지식에 관한 학습만을 하는 공간은 아니었다는 것이 등교 불가의 상황에서 있는 그대로 드러나게 된 것이다. 이러한 돌봄 공백의 상황을 해결하기 위해 교육부는 '긴급돌봄'과 '학기 중 돌봄'을 학교 안에서 실시하도록 했다. 이같이, 등교 불가로 인한 돌봄 공백 해결에 있어 최일선에서 가장 적극적인 역할을 한 것 또한 학교였다(이혜정 외, 2020: 24).

그런데 코로나19 감염병 사태로 인한 초등학생의 돌봄 공백 문제 논의와 함께 주목되었던 것은 재난 상황이 취약한 계층의 학생들에게는 더 가혹하게 경험된다는 것이었다. 학생들의 등교가 멈추고 원격 교육 중심의 교육과정 운영이 지속되자 취약한 계층의 학생들에게 이는 보다 불리하게 작동했던 것이다. 그리고 이 불리함은 학습의 측면에서만이 아니라 삶 전반의 상황에서의 열악함으로 경험되었다(박미희, 2020; 시사인, 2020.9.14).

이러한 논의는 학교가 모든 학생들의 성장과 배움의 공간이 되려면 어떤 역할을 해야 하는지 질문하는 것으로 연결되어, 취약한 상황에 있는 학생들에 대한 돌봄이 제대로 이루어질 때 학교교육의 공공성이 실현될 수 있고, 이것이 포스트 코로나 시대 학교의 중요한 의미와 역할임이 논의되었다(이혜정 외, 2020). 여기서 더 나아가 학교의 중요한 역할 중 하나는 돌봄이며, 실제로 돌봄이 없는 배움은 불가능하다는 논의가 제기되기도 하였다(이근영 외, 2021; 권순정 외, 2021). 학교교육의 돌봄 역할을 본격적으로 논의한 이 연구들은 그간 학교의 부차적인 역할로 여겨졌던 돌봄을 중요한 교육적 가치이자 원리로 삼아야 함을 강조하고 있다.

그런데 코로나19 팬데믹 상황에서 학생들의 돌봄 공백 문제가 실제로 발생한 것은 초등학교이고, 학생들의 배움과 성장에 있어 돌봄의 의미가 가장 크게 작동하는 학교급이 초등학교임에도 불구하고 그간의 논의에서 초등교육과 돌봄 관련 논의가 본격적으로 다루어지지는 않았다. 이 연구는 초등돌봄정책을 비판적으로 분석함으로써 초등학생 돌봄에 있어 초등교육의 역할은 무엇인지에 관한 논의의 시작점을 만들어 보고자 한다.

Ⅲ. 연구방법

초등돌봄정책에 대한 비판적 분석을 통해 정책에 내포된 초등교육과 돌봄의 의미와 관계를 살펴보고자 하는 이 연구는 페어클로(2001)의 비판적 담론 분석(Critical Discourse Analysis) 방법론을 활용하고자 한다. 비판적 담론 분석은 1990년대 초반 이후 활용된 사회과학 방법론으로 담론이 누구에 의해서 어떻게 작용하는지에 관심을 갖는다(신진욱, 2016: 12~13). 이 방법론은 담론이 단지 의사소통의 내용과 방식일 뿐만 아니라 사회 구조에 내포된 권력관계와 상호작용을 드러내는 상징적 매개물이라고 본다(김아미 외, 2018). 그리고 담론은 사회 구조와 질서를 반영하는 사회를 구성하는 역할을 하는 것으로 여긴다. 따라서 비판적 담론 분석의 대상은 담론의 내용뿐만 아니라 담론의 표현 및 전달 방식도 포함된다(강지영·소경희, 2016). 이러한 맥락에서 특정의 상황을 해결해야 할 문제로 제기하고 이 문제 해결을 위한 일련의 방법을 제시하는 교육 정책 또한 사회 구조에 내포된 모종의 질서를 드러내는 매개물이라고 할 수 있으며, 교육과 관련된 일련의 질서와 문화를 반영함과 동시에 교육에 관한 질서와 문화를 구축하는 것이라고 볼 수 있다.

페어클로(2001)의 비판적 담론 분석은 텍스트, 담론적 실천, 사회적 실천의 세 영역으로 나누어 이루어진다. 텍스트 분석이 문법, 어휘, 결합, 텍스트 구조 등 텍스트에 관한 언어학적 분석이라면 담론적 실천 분석은 텍스트의 생산과 유통 과정, 상호작용 방식 등 사회 구조적 맥락 속에서의 텍스트의 의미를 살펴보는 것이다. 마지막으로 사회적 실천 분석은 텍스트의 외적 관계에 초점을 맞추어 텍스트를 둘러싼 이데올로기와 권력관계에 관한 것이라고 할 수 있다(손흥숙, 2013: 167~168; 이혜정, 2019: 856).

이 방법론을 교육정책 분석 연구방법론으로 소개한 손흥숙(2013)에 따르면, 이 분석의 세 영역은 연구 주제에 따라 모두 포함될 수도 있고 일부를 선택적으로 활용할 수도 있다. 이 연구에서는 초등돌봄정책을 둘러싼 외적 관계, 즉

이 정책에 관여한 권력관계와 이데올로기 측면은 분석 가능한 자료가 미비하다고 판단하여 분석 영역에서 제외하고, 정책 텍스트와 담론적 실천에 초점을 맞추어 비판적 담론 분석을 실시하였다. 다시 말해, 이 연구는 텍스트로서의 정책 문서의 언어학적 측면과 담론으로서의 정책 문서의 담론적 측면을 분석하였으며, 이러한 분석틀을 도식화하면 [그림 2]와 같다.

[그림 2] 정책에 대한 비판적 담론 분석틀(김아미 외, 2018: 9 도표 일부 변경)

이 연구의 분석 대상 정책 문서는 코로나19 감염병 사태로 인한 전면 등교 불가 시기(2020~2021) 생성된 문서들로 초등돌봄 관련 교육부 보도자료 및 설명자료(2020~2021)와 초등돌봄교실 운영 개선 방안(2021. 8.) 그리고 교육부 업무계획(2020~2022)이다.

이 연구는 먼저, 초등교육정책의 텍스트 분석을 하였다. 이는 정책에 드러난 정책의 문제와 해결방식이 어떤 언어적 방식으로 표상되었는지를 살펴봄으로써 정책의 명시적 의도와 암묵적 의도(Ball, 2006)를 분석할 수 있었다. 구체적으로는 이 정책 텍스트에 자주 등장하는 어휘, 의사소통 대상 등을 분석하였다.

다음으로는 정책의 담론적 실천을 분석하였다. 여기서는 사회적 맥락 안에서의 정책의 의미를 파악하기 위해 문서의 장르와 유통방법 그리고 강조되는 담론이 무엇인지 살펴보았다. 문서의 장르와 유통방법은 담론의 표현 방식이라고 할 수 있으며, 이 방식은 담론의 생산자가 이 정책을 통해 누구에게 무엇을 이야기하고자 하는지 드러낸다. 그리고 정책 문서에서 강조되는 담론은 이 정책을 지배하는 담론과 여기서 배제되는 담론을 보여 줄 수 있다.

이러한 비판적 분석 과정에서 이 연구는 초등돌봄정책에서 '초등교육'과 '돌봄'의 의미는 무엇인지, 이 정책에서 초등학교의 역할을 무엇으로 상정하고 있는지를 도출해 보고자 하였다.

IV. 연구 결과

1. 초등돌봄정책에 대한 비판적 담론 분석 결과

(1) 초등돌봄정책의 텍스트 분석

이 연구에서 분석한 정책 문서에 자주 등장하는 어휘는 '국가 책임', '학부모 안심', '안전', '시설 증설/확충', ' 시설 확대', '시간 확대', '대상자 확대', '(시간) 연장 운영' 등이었다. 특히, '시설 증설/확충'과 '시간 확대', '연장 운영' 등과 같은 어휘는 이 연구의 분석 대상이 된 모든 정책 문서에서 구체적인 수량을 제시하면서 강조되고 있었다.

* 19시까지 연장 운영: 대기자 수용을 위해 돌봄교실 시설 확대에 집중하고 대상·운영시간 확대는 학교·지역 여건 등을 고려하여 교육청별로 단계적 추진
※ 이용자 수: ('18) 261,287명 → ('19) 290,358명 → ('20) 256,213명('20년 코로나19 영향)
※ 돌봄교실 수: ('18) 12,398실 → ('19) 13,910실 → ('20) 14,278실(교육부, 2021b)

○ (공급 확대) 최근 10년간 초등돌봄교실 공급은 2배 이상 증가
※ (돌봄교실 수) ('10) 6,200실→ ('14) 10,966실→ ('17) 11,980실→ ('20) 14,278실
※ (참여학생 수) ('10) 104,496명→ ('14) 221,310명→ ('17) 245,303명→ ('20) 256,213명(교육부, 2021c)

정책 문서에서 자주 등장하는 이러한 어휘들은 이 정책의 핵심이 국가가 책임지고 학부모들이 안심할 수 있도록 초등학생 방과후 돌봄서비스를 제공하는 것이며, 현재보다 그 규모를 더 확장하여 모든 학부모의 돌봄 수요를 충족시킬 것임을 강조하고 있다는 것을 드러낸다.

다음으로 텍스트 분석 결과, 정책 문서에서 드러나는 의사소통의 주요 대상은 학부모임을 알 수 있다. 정책 문서들은 앞으로 확대될 돌봄교실 서비스가 학부모의 돌봄 수요를 충족시킬 수 있을 것이며, 일-가정 양립으로 인한 학부모의 부담을 해소해 줄 수 있는 방안임을 강조함으로써 학부모를 의사소통 대상으로 삼고 있는 것이다.

아이가 행복하고 학부모가 안심하는 돌봄(교육부, 2021a)

안전한 학교 공간에서 맞벌이 부모의 퇴근 시간이 반영된 현실적인 돌봄 운영 시간 요구 포함(17시 이후) (교육부, 2021b)

정책 문서의 일부 내용은 돌봄전담사와 학교(교사)를 의사소통 대상으로 삼고 있기도 한데, 이 경우는 돌봄교실 운영 등과 관련한 업무에 관한 논의에 한정된다. 돌봄전담사를 의사소통 대상으로 삼는 내용은 이들의 근무시간이나 근무 여건과 관련된 경우가 많다. 그리고 이와 관련해서는 이러한 근무시간 및 여건에 대한 개선의 필요성 혹은 개선 계획을 드러내고 있다. 예컨대 기존의 돌봄전담사 근무시간은 직접 돌봄을 제공하는 시간만이 포함되었는데, 사실상 돌봄교실 운영에 필요한 시간도 근무시간에 포함시킬 것이라는 내용은 돌봄전담사를 의사소통 대상으로 삼아 이들에 대한 근무 여건을 개선하겠다는 계획을 표방하고 있는 것이다.

○ (근무 시간) 오후돌봄교실 시간(방과후~17시)을 고려할 때, 운영 시간 대비 근무시간이 적은 전담사 비율이 높은 상황
- 일 6시간 미만 근무하는 전담사가 다수(56.4%)인 현재 구조에서는 17시 이후 돌봄 희망 수요 반영 곤란
- 돌봄전담사는 계약상 근무시간과 실제 근무시간 간의 차이*가 있다고 인식
* 근로계약서상 명시된 근무시간보다 실제로 더 오래 근무하는 이유는 돌봄교실 준비 및 정리(41.1%), 돌봄 관련 행정업무 수행(39.4%) 순(교육부, 2021b)

전담사 근무시간에는 직접 돌봄이 제공되는 돌봄 운영 시간 외에도 돌봄 운영에 필요한 추가 시간을 고려(교육부, 2021b)

정책 문서 내용이 교사를 의사소통의 대상으로 삼고 있는 경우도 돌봄교실을 둘러싼 업무와 관련된 것을 논의할 때이다. 이러한 내용들은 돌봄교실 관련 행정업무가 교원의 업무를 가중시키며, 이것으로 인해 교사-돌봄전담사 간 갈등을 유발할 수 있으며, 이러한 문제 상황을 서술하면서 이에 대한 개선의 필요성을 제시하고 있는 것이다.

- 돌봄교실 관련 행정업무는 교원의 업무 가중 요인, 양측의 갈등 유발 요소로 작용
○ (행정업무 내용) 돌봄교실 운영 관련 기본적인 업무 내용은 '초등돌봄교실 운영 길라잡이'에 제시되어 있으나,
- 학교 여건* 등에 따라 관련 행정업무의 수행 주체 및 내용 등이 각기 상이한바, 구체적인 업무 및 담당 구분을 위한 명확한 기준 제시는 어려움
* 학교 규모(교직원 수), 돌봄교실 운영 규모, 돌봄 수요 등(교육부, 2021b)

이같이, 정책 문서의 의사소통 대상이 누구인지 분석해 본 결과, 주요 의사소통 대상이 학부모이고, 이들에게는 돌봄 수요 충족과 부담 완화를 약속하고 있으며, 부분적인 의사소통 대상인 돌봄전담사와 교사에게는 업무와 관련하여 근무 여건이나 업무 여건을 개선하겠다는 메시지를 전달하고자 함을 알 수 있다.
정책 문서를 통해 표방되는 정책의 명시적인 의도는 코로나19 감염병 사태의 돌봄 공백과 저출생, 일-가정 양립의 어려움 등을 해결하기 위한 것으로 볼 수

있다. 맞벌이 가정의 증가로 일-가정 양립이 어려워지는 상황에서 초등돌봄정책이 양육 부담을 덜어 줌으로써 이러한 문제 해결에 도움을 주겠다는 것이다.

> 양육 환경의 변화 및 맞벌이 가정 등의 증가로 안심하고 양육할 수 있는 여건 마련을 위해 방과후 돌봄서비스의 강화 필요(교육부, 2021b)

> 맞벌이가정 증가에 대응하여 초등돌봄교실·마을돌봄기관의 지속 확충을 통해 약 42.1만명('20.말 기준)의 초등돌봄서비스 기반 마련(교육부, 2021a)

> 국공립유치원 및 초등돌봄시설 확충으로 맞벌이가정의 양육 부담을 경감하여 여성의 사회진출에 긍정적으로 기여(교육부, 2022)

그런데 정책 문서에 자주 등장하는 어휘와 이 문서들의 의사소통 대상을 분석해 본 결과, 이 정책의 암묵적 의도는 다음의 두 가지임을 도출할 수 있다. 먼저 이 정책의 첫 번째 암묵적 의도는 학부모가 안심할 수 있도록 국가가 초등 돌봄을 책임질 것이며, 이를 위해 돌봄교실의 양적 확대를 하겠다는 메시지를 학부모 대상으로 전달하고자 하는 것이다. 다음으로 초등돌봄정책의 두 번째 암묵적 의도는 교육부를 필두로 하는 교육당국이 초등돌봄교실 운영을 둘러싼 교사와 돌봄전담사 간의 갈등을 해결하기 위해 두 주체가 모두 만족할 수 있는 개선안을 적용하겠다는 메시지를 교사와 돌봄전담사 양측에게 모두 전달하고자 하는 것이다.

이같이, 초등돌봄정책의 텍스트 분석을 통해 이 정책이 명시적으로 표방하는 내용인 초등학생 방과후 돌봄에 대한 국가 책임 이행의 이면에는 학부모를 대상으로 초등돌봄교실 규모 확대를 약속하고, 교사와 돌봄전담사를 대상으로 운영 방안 개선을 제시하고 있음을 발견할 수 있는 것이다.

(2) 초등돌봄정책의 담론적 실천 분석

초등돌봄정책 문서의 장르는 홍보와 선전이라고 할 수 있다. 정책 문서 내용

중 대부분은 그간의 돌봄교실 규모와 확대 과정에 대한 홍보이며, 앞으로 초등돌봄교실을 어떤 규모로 확장해 나갈 것인지의 계획에 대한 선전에 관한 것이다.

"정부는 내년까지 총 53만 명으로 지원대상을 더 확대하고 돌봄서비스 또한 향상되도록 최선을 다할 것입니다. 존경하는 국민 여러분, 전 사회 온종일 돌봄체계의 핵심에 전국 6,000여 개 초등학교가 제공하는 초등돌봄교실이 있습니다. 초등돌봄교실은 전국 1만 4,000여 개 교실에서 운영이 되고 있고, 코로나로 이용률이 줄어들었던 작년에도 25만 6,000여 명이 이용을 했으며, 올해는 약 30만 명까지 이용할 수 있도록 노력하고 있습니다(교육부, 2021c)."

○ ('20.9월 기준) 맞벌이·저소득·한부모 가정 등의 자녀 25.6만 명의 초등학생을 대상으로 학교 내 돌봄교실 활용하여 제공
- [공간] 총 6,163교 14,278실(오후돌봄 12,144실, 방과후연계형 2,134실)
- [운영 시간] 아침돌봄(07:30~09:00), 오후돌봄(방과후~17:00), 오후연장형돌봄 (17:00~19:00, 저녁미제공), 저녁돌봄(17:00~22:00, 저녁제공)
※ 단위 학교의 여건 및 돌봄 수요 등에 따라 학교별 돌봄 운영 시간 결정
- [참여학생] 총 256,213명(교육부, 2021b)

돌봄교실 공급 물량 확충은 기 계획대로 추진(~'22년, +3,500실)하여 돌봄을 위한 공간 확보, 시설 개선 등으로 돌봄 질 제고 노력 지속
※ 돌봄교실 대기자 수요가 높은 지역을 중심으로 공급 확대 추진(교육부, 2021b)

이러한 담론의 장르는 초등돌봄정책의 담론적 실천이 일방적 홍보와 선전 중심임을 보여 준다. 그리고 이 홍보 및 선전의 대상은 학부모이며, 이는 앞서 정책 텍스트 분석에서 의사소통의 주요 대상이 학부모인 것과 연결된다고 할 수 있다.

그리고 정책 문서의 유통 방식은 언론 보도자료로 배부되거나 홈페이지 등에 게시하는 것 등이다. 이는 홍보와 선전 중심의 담론 장르와 닿아 있다. 보도자료 배포나 홈페이지 게시 등의 문서 유통 방식은 초등돌봄교실의 규모 확대에 대한 성과 홍보와 계획 선전을 위해 적절한 것일 수 있기 때문이다. 이러한 문

서 장르와 유통 방식은 이 정책이 기획되고 실행되는 과정에 교육 주체 간 토론과 협의, 이들의 의견에 대한 심도 깊은 반영 등이 이루어지기 어려웠음을 보여 준다.

다음으로는 초등돌봄정책 문서에서 강조되고 있는 담론을 살펴보았다. 정책 문서에서 강조되는 첫 번째 담론은 이 정책을 통해 맞벌이 가정의 양육 문제를 해결할 수 있다는 것이다. 이는 초등학생의 부모 모두가 풀타임 노동을 하는 것을 당연한 것으로 전제하는 것이며, 여기에는 이러한 상황에서 발생할 수 있는 자녀 돌봄의 문제를 국가가 맡아서 해결해야 한다는 당위가 내포되어 있다. 그리고 학교 공간은 맞벌이 부모가 퇴근하고 돌아와 아이를 데려갈 때까지 아이들을 맡아 돌보는 곳으로 상정되어 있다.

> 안전한 학교 공간에서 맞벌이 부모의 퇴근 시간이 반영된 현실적인 돌봄 운영 시간 요구 포함(17시 이후)(교육부, 2021b)

이 정책에서 강조되고 있는, 맞벌이 부모를 둔 초등학생의 방과후 돌봄을 국가의 역할로, 더 정확하게는 학교의 역할로 상정하는 이러한 담론은 아이 양육과 돌봄을 위해 노동 시간 유연화 등 노동의 조건을 변화시킬 수 있는 가능성이나 공동체적 돌봄 등 돌봄과 관련한 대안적인 담론들을 배제할 수 있다. 나아가 이 담론에서 학교 공간은 초등학생 방과후 돌봄의 공간으로 설정되어 있는데, 이때 학교의 상황이나 교육 주체들의 의견이 반영될 가능성은 낮다. 학교가 교육 주체들의 의견과 입장을 바탕으로 초등학생 방과후 돌봄에 관한 주체적인 입장을 표명할 수 있는 여지는 이러한 담론에서는 찾기 어렵다고 할 수 있다.

초등돌봄정책 문서에서 강조되는 두 번째 담론은 사회 변화로 인해 늘어나는 돌봄 수요를 충족하기 위해 초등학교 내외 시설을 확충하고 돌봄 시간을 확대하겠다는 것이다. 정책 문서의 곳곳에는 돌봄교실 확충과 돌봄 시간 확대 계획을 제시하고 있는데, 이는 앞서 정책 텍스트 분석에서 자주 등장하는 어휘가 시설 확충과 시간 확대 등이라는 것과도 연결된다.

> "첫째, 초등돌봄교실을 확충하겠습니다. 둘째, 초등돌봄교실이 저녁 7시까지 운영되도록 추진하겠습니다(교육부, 2021c)."

돌봄 규모의 확대를 강조하는 이러한 담론은 이 정책이 돌봄서비스의 양적 확대를 중심에 두고 있음을 드러낸다. 여기서는 초등학생 방과후 돌봄의 내실화나 돌봄의 지역 및 계층 격차 완화 등에 대한 담론이 배제되기 쉽다. 이 정책 문서가 생산되었던 2020~2021년의 상황은 코로나19 감염병 사태 와중에 발생한 돌봄 공백의 문제와 돌봄 수요 대비 공급 부족과 초과 수요 발생 등의 문제들이 있기는 했지만, 이러한 양적 확대에 대한 강조는 질 높은 돌봄서비스에 대한 담론을 주변화하기 쉽기 때문이다. 나아가 이 담론은 수요자가 필요로 하는 것을 충족시켜 줘야 하는 서비스 제공자의 책무성을 강조함으로써, 초등학생 방과후 돌봄 관련 논의에서 포함되어야 할, 교육적 맥락이나 의미는 간과될 수밖에 없을 것이다. 이 때 초등학교는 수요자에 대한 서비스를 제공하기 위한 공간으로 의미화되며, 교육 공간으로서의 의미는 탈각되기 쉽다.

초등돌봄정책의 담론적 실천을 분석한 결과, 이 정책 문서들은 그간의 돌봄교실 운영의 규모와 성과를 홍보하고, 이후 양적 확대 계획을 선전하는 것에 주요 목적을 두고 있으며 이에 따라 문서 유통 방식 또한 일방적인 배포와 게시 등을 주로 택하고 있음을 알 수 있었다. 그리고 맞벌이 부모의 초등학생 돌봄 부담을 덜어 주기 위한 국가와 학교의 책무를 강조하고, 이를 돌봄 규모의 양적 확대를 통해 수행하고자 하는 이 정책의 주요 담론은 돌봄을 위한 노동여건의 개선이나 대안적 돌봄 패러다임, 질 높은 돌봄서비스와 돌봄의 교육적 의미에 관한 담론을 배제하거나 주변화할 가능성이 높다는 것도 발견할 수 있었다.

2. 초등돌봄정책에서의 '돌봄'의 의미와 초등학교의 위치

초등돌봄정책의 텍스트와 담론적 실천을 분석한 결과 이 정책에서 '돌봄'은 학교 내외 공간에서의 학생 보호 중심의 돌봄을 의미한다고 할 수 있다. 이 정책 문서가 의사소통 대상으로 삼고 있는 사람들을 분석해 보면, 이 정책이 학부모를 서비스 수요자로, 교사와 돌봄전담사를 포함한 학교는 이 업무를 담당하고 있는 서비스의 공급자로 상정하고 있으며, 서비스 수요자의 욕구를 충족하는 공급자의 책무성을 강조하고 있다. 이때 돌봄은 수요자와 공급자가 주고받는 서비스의 일종으로 여기에 초등학교가 교육적 의미를 부여하기는 어렵다. 뿐만 아니라 이 정책 문서에서 돌봄 규모의 양적 확대를 통한 책무성 이행을 강조하고 있는 담론은 질 높은 돌봄이나 돌봄의 상호성, 돌봄의 격차 등에 관한 논의를 주변화하기 쉬우며, 결국 이때의 돌봄은 교육돌봄보다는 안전돌봄(이성회 외, 2021)에 집중하고 있음을 드러낸다.

초등돌봄정책 문서에서 기술하고 있는 돌봄전담사의 전문성에 관한 내용은 이 정책이 내포하고 있는 돌봄의 의미를 보다 구체적으로 드러낸다.

- 돌봄전담사*는 초등돌봄에 관한 전문성을 가지고 초등돌봄교실 운영에 관한 업무를 전담하는 인력
* (정의) 학생의 돌봄 및 보호, 안전관리, 프로그램 관리와 교실관리, 기타 돌봄교실 관련 업무 등을 전담하는 인력(2020년 초등돌봄교실 운영 길라잡이, p.24)
- 교육청에서는 전담사가 행정업무를 전문적으로 수행 할 수 있도록 여건 마련과 함께 연수 등 관련 역량 제고 기회 제공
- 돌봄전담사는 본인의 책무를 바탕으로 돌봄과 관련 행정업무에 관한 '교내 전문가'로 역할 수행 → 전담사가 주가 되는 돌봄교실 운영 방향으로 전환(전환 시점은 시도교육청별로 결정)

이 정책 문서에서 돌봄 전담사의 역할로 "학생의 돌봄 및 보호, 안전관리, 프로그램 관리와 교실관리, 기타 돌봄교실 관련 업무 등"으로 규정되며 이는 초등돌봄교실에서 이루어지는 돌봄이 보호, 안전을 중심으로 함을 보여 준다.

그리고 이러한 정책 담론은 초등학교의 역할이 학생의 방과후 안전과 보호를 위한 공간과 인력, 관련 행정업무를 제공하는 곳으로 상정하게 된다. 이 정책에서 초등학교는 방과후 안전돌봄을 위한 장소 제공처라고 할 수 있다. 맞벌이

부부의 초등학생 돌봄 부담을 덜어 주기 위해 국가가 책임지고자 하는 초등돌봄정책의 주체는 국가이다. 국가가 정책의 주요 주체가 되어 생산한 정책 담론에서 초등학교는 교육 주체들의 토론과 협의를 통해 주체적으로 초등학생 방과후 돌봄을 담당하고자 하는 주체가 되기 어렵다. 이는 학교와 교사가 초등학생의 방과후 돌봄을 학교의 교육적 역할이나 교육과정과 연결시키기 어렵게 만드는 담론의 프레임이라고 할 수 있다.

정책 문서에서 명시하는 각 교육당국의 역할은 초등돌봄정책에서 학교의 위치가 무엇인지를 보다 명확하게 보여 준다. 교육부는 돌봄 규모의 양적 확대와 갈등 사항에 대한 개선안 마련, 초등돌봄교실 개선 방향을 제시하는 역할을 한다면, 교육청은 여건과 수요를 고려하여 초등돌봄교실 운영 방안을 마련하고, 초등학교는 이러한 교육부와 교육청의 개선 방향을 적용하는 정책 실행 대상으로 상정된다.

- (교육부) 돌봄 운영 시간 확대, 전담사 적정 근무시간 마련, 방과후 연계 돌봄 운영 확대 등 초등돌봄교실 개선 방향 제시
- (교육청) 시도 여건 및 돌봄 수요 등을 고려하여, 초등돌봄교실 운영 방안 마련
- (국립학교) 교육부의 초등돌봄교실 운영 개선 방향 적용(교육부, 2021b)

학부모를 가장 주요한 의사소통 대상으로 여기는 이 정책 담론에서 학교는 돌봄 공간과 서비스 제공자로 위치하며, 이러한 정책 프레임 안에서 학교가 현재의 초등학생 방과후 돌봄 업무를 학교 본연의 의미 및 역할과 연결시키기는 쉬운 일이 아닐 것이다.

V. 결론

이 연구는 코로나19 펜데믹 시기 초등돌봄정책에 대한 비판적 담론 분석을 통해 이 정책에서의 돌봄의 의미와 초등학교의 위치를 살펴보고, 초등학교에서 이루어지는 초등학생에 대한 방과후 돌봄 사업이 학교 본연의 역할로 여겨지지 않는 정책적 맥락을 파악하고자 하였다. 이 연구의 발견은 다음과 같다.

첫째, 초등돌봄정책의 텍스트 분석 결과 이 정책 문서들은 명시적으로는 초등학생 방과후 돌봄에 대한 국가 책임의 이행을 표방하고 있지만 암묵적으로는 학부모를 대상으로 이들의 돌봄 수요를 충족하기 위한 초등돌봄교실 규모 확대를 약속하고, 교사와 돌봄전담사를 대상으로 운영 방안 개선을 제시하고 있음을 알 수 있었다.

둘째, 초등돌봄정책의 담론적 실천 분석 결과 이 정책은 맞벌이 부부의 노동 여건을 당연한 것으로 여기고, 초등학생 방과후 돌봄서비스의 책임을 국가가 이행해야 하는 것으로 상정한다. 이러한 담론적 실천은 대안적인 형태의 노동 여건이나 돌봄 담론을 배제할 가능성이 있고, 학교 공간은 돌봄서비스 제공처로 규정되어 교육 주체들의 토론이나 의견 반영의 여지는 적다고 할 수 있다. 또한 초등돌봄정책은 돌봄 규모의 양적 확대를 강조하는 담론적 실천을 함으로써 질 높은 돌봄이나 돌봄의 교육적 의미에 대한 논의를 간과할 가능성이 높다.

셋째, 초등돌봄정책에 대한 비판적 담론 분석의 결과, 이 정책에서 돌봄은 학교 공간에서 초등학생들을 방과후 안전하게 돌보는 것에 중심을 주고 의미화되어 있으며, 이때의 학교는 교육부나 교육청이 주도하는 돌봄 정책을 적용하는 곳으로 대상화되어 있음을 알 수 있었다. 이러한 정책 담론의 프레임은 초등학교가 초등돌봄 업무를 학교 본연의 교육적 의미나 역할과 연결시킬 수 없게 만드는 데에 영향을 미친다고 할 수 있다.

이러한 연구의 결과는 방과후 초등학생에 대한 돌봄을 공공 서비스로 만들어

가는 과정에서 학교가 주요한 역할을 할 수밖에 없음에도 불구하고 정책의 기획과 실행 과정에서 초등학교의 교육적 역할과 의미를 정책의 주요 요소로 통찰하지 못하고, 학교 교육 주체들의 목소리와 입장, 의견과 이들 간 토론을 고려하지 않았음을 드러낸다. 이러한 통찰과 고려의 부재는 학교 구성원들로 하여금, 왜 이 정책 실행의 공간과 주체가 학교여야 하는지 설득하지 못하는 결과를 낳았다고 볼 수 있다.

나아가 이 연구의 결과는 초등돌봄정책이 초등학교에 공공적인 돌봄서비스가 도입되어 실행되는 큰 변화를 야기했음에도 불구하고 이 과정에서 초등교육의 역할과 의미에 대한 논의는 거의 없었으며, 정책 주체들과 관련 전문가들도 이를 간과하여 왔음을 보여 준다. 이는 초등학생에 대한 방과후 돌봄의 역할을 누가 맡을 것인가를 둘러싼 갈등이 여전히 존재하고 있는 현실과 연결되며, 나아가 돌봄과 초등교육의 관련성에 대한 대안적 담론의 생성이 제대로 이루어질 수 없는 데에 영향을 미친다고 여겨진다.

참고문헌

강지영, 소경희 (2016). 2015 개정 교육과정 총론에 대한 미디어 담론 분석. 교육과정연구, 34(3), 1-27.

권순정 외 (2021). 포스트코로나시대의학교교육과돌봄에대한연구: 중학교를 중심으로. 서울특별시교육청교육연구정보원.

김대현 (2007). 배움과 돌봄 학교 공동체의 이념 탐색과 교육과정운영 방안. 교육사상연구, 21(2), 101-122.

김선혜 (2015). 초등학교 돌봄서비스의 목적논의: 공공성과 아동자기결정의 자유에 근거하여. 한국초등교육, 26(4), 515-535.

김아미 외 (2018). 4차 산업혁명에 대응하는 교육정책의 비판적 담론 분석 연구. 경기도교육연구원.

김해연, 강진숙 (2016). 국내 아동학대뉴스에 대한 비판적 담론 분석. 언론학보, 60(6), 283-312.

김홍원 외 (2015). 초등돌봄교실의 환경실태 분석 및 개선 방안 연구. 한국교육개발원.

박미희 (2020). 코로나19 시대의 교육격차 실태와 교육의 과제: 경기 지역을 중심으로. 교육사회학연구, 30(4), 113-145.

방과후 학교포털시스템 https://www.afterschool.go.kr/.

손흥숙 (2013). 교육정책 분석을 위한 방법론 탐색: Fairclough의 비판적 담론 분석. 교육학연구, 51(1), 163-189.

시사인 (2020.9.14.). 적나라하게 드러난 팬데믹 시대 교육 불평등. https://www.sisain.co.kr/news/articleView.html?idxno=42803.

신진욱 (2016). 비판적 담론 분석과 비판적 해방적 학문. 경제와 사회, 89, 10-45.

이근영 외 (2021). 코로나19 이후 학교교육에서 학생 돌봄의 방향 및 과제. 경기도교육연구원.

이성회 외 (2021). 초등돌봄교실은 누가, 어떠한 환경에서, '왜'참여하는가?: 실재론적 정책 평가. 교육행정학연구, 39(1), 333-365.

이혜정 (2019). 교육 공정성에 관한 미디어 담론 분석: '숙명여고 사태'를 중심으로. 아시아교육연구, 20(3), 853-882.

이혜정 외 (2020). 코로나19와 교육: 학습복지의 재개념화. 경기도교육연구원.

이희현 외 (2019). 온종일돌봄체계 구축실태 및 개선과제: 우수사례 분석을 중심으로. 한국교육개발원.

장명림 외 (2015). 초등돌봄교실의 안정적 운영을 위한 학교중심 실행방안 연구. 한국교육개발원.

장수정 (2020). 초등돌봄 서비스에 대한 분석: 돌봄 민주주의 관점을 중심으로. 한국가족복지학, 67(1), 125-152.

장지은 외 (2021). 학부모 요구의 관점에서 본 초등돌봄교실의 운영 방향. 학부모연구, 8(2), 25-44.

최현임 외 (2021). 아동 권리적 초등돌봄서비스 발전 방안 탐색: 다함께돌봄정책 공공의 역할을 중심으로. 한국콘텐츠학회논문지, 21(3), 761-770.

한경 (2022.8.14.). "밤 8시까지 돌봄은 학대"…초등전일제학교논란. https://www.hankyung.com/society/article/2022081424941.

Ball. S. (2006). Education policy and social class: the selected works of Stephen J. Ball. London: Routledge.

Fairclough, N. (2012). Critical discourse analysis. In J. P. Gee and M. Handford(Eds), Handbook of discourse analysis. Florence, Ky: Routledge.

〈분석 대상 정책 문서〉

교육부 (2020a). 교육부업무계획 2020. 교육부.

교육부 (2020b). 안전하고 촘촘한 긴급돌봄! 정부가 지원하겠습니다. 교육부.

교육부 (2020c). 2학기 원격학습 확대에 따른 초등돌봄 운영 강화 방안 마련. 교육부.

교육부 (2020d). 모든 학생들을 위한 교육안전망 강화방안. 교육부, 전국시도교육감협의회, 2020. 8. 11. 보도자료.

교육부 (2021a). 교육부업무계획 2021. 교육부.

교육부 (2021b). 초등돌봄교실 운영개선 방안. 교육부.

교육부 (2021c). 초등돌봄교실 운영개선 방안. 교육부, 2021. 8. 4. 보도자료.

교육부 (2022). 교육부업무계획 2022. 교육부.

2부

교과교육과
교사교육을 논하다

1. 초등학교 체육 시간의 사회-정서 학습역량 - 유생열

2. 유튜브 역사 콘텐츠 스토리텔링의 특징:
   초등학생용 역사콘텐츠로부터 알고리즘이 안내하는 역사 콘텐츠까지 - 강선주

3. 학교 과학에 대한 담론 - 신명경

4. 초등학생의 식생활 교육을 위한 푸드 가이드의 국제 비교 - 이영민

5. 체육교과 지도의 사명감 증진을 위한 예비초등교사교육의 방향 - 이희수

6. 다문화 시대의 초등영어교육:
   외국인 학생은 제3언어 영어를 어떻게 습득할까? - 조규희

초등학교 체육 시간의
사회-정서 학습역량

유생열

1. 사회-정서 학습역량의 중요성

초등학교 체육에서 가장 중점을 두어야 할 사항은 아동의 움직임 욕구의 실현이며 신체활동을 수행하는 데 필요한 기본운동 능력과 체력을 기본으로 하여 건강한 생활을 영위할 수 있는 지식습득, 운동에 적극적으로 즐겁게 참여할 수 있는 실천적 태도를 길러 주는 것을 그 근간으로 하고 있다(신광우, 김용환, 2008). 그러나 체육 시간에 일어나는 현실을 보면 체육 시간은 다른 과목으로 대체되거나 교사는 학생들에게 공만 주고 수업을 진행하는 주체가 되지 못하는 경우가 많다. 특히 여학생의 경우는 더 심각하다. 이들은 고학년이 될수록 체육 시간 활동에 참여하는 비율이 점점 줄어들며 각종 체력의 지표에서도 현저히 떨어지는 현상을 보인다(유선주, 2014).

초등학교 체육수업이 원활하게 진행되지 못하는 원인은 여러 가지 복합적인 요인들이 작용하지만, 무엇보다 교사나 학생의 인식이 체육은 단지 즐기고 노는 시간으로 인식하고 있으며(김재운, 2014), 이에 못지않게 초등체육 시간에 학생들이 경험하는 큰 문제점으로 지적되는 것이 학생들이 체육 시간에 경험하는 부정적 정서로서(한상모, 유생열, 2016), 이는 여러 가지 원인으로 인하여 일어나게 되는데 그중에서도 교사의 무관심, 학생 간의 갈등, 비협조적인 수업 태도, 친구들 간의 다툼(홍명기, 조한무, 2016) 등이 원인으로 지적되고 있다.

이렇게 체육 시간에 일어나는 여러 가지 부정적인 문제를 해결하려는 방법의 하나로 사회 정서 학습이 떠오르고 있다. 사회 정서 학습은 사회적으로, 정서적으로, 학습의 관점에서 그 개념을 통합하고 있다(우채영, 2016). 사회적 관점에서는 가족, 친구, 교사 등 자신을 둘러싸고 있는 타인과 긍정적인 관계를 촉진하며 개인 사이의 관계를 중시하고 있다. 정서적인 관점은 정서와 관련된 자기 인식과 관리, 즉 자기를 알고 관리하는 지식의 증진에 그 중점을 두며 이는 자신의 마음속에 있는 요소의 발달을 꾀하고 있다. 학습의 관점에서는 개인의 사회, 정서적 성장과 적응을 도우려고 수업, 기능 연습, 피드백 등을 활용함을 의미한다(Merrell, 2010). 이는 사회 정서와 관련된 학습이 학교와 관련 장면에서 자연스럽게 연계하여 개인 내적 그리고 개인 간 발달을 위해 교육과정과 수업내용, 그리고 활동에 적용될 수 있음을 보여 주고 있다.

특히 초등학교 체육에서 학생들이 갖는 사회, 정서적 안정은 아동이 체육교과를 이해하고, 학습 동기를 구축하는 것은 물론이거니와 수업에 열정을 가지게 하는 동력이 될 수 있어 사회 정서적 역량은 그 의의가 크다고 생각된다. 사회 정서 학습으로 길러진 역량은 문제행동에 대처하거나 피하는 데 중요 역할을 하는 것으로 알려져 있다(정창우, 2013). 이는 문제 상황에서 자신이 가지고 있는 인지, 정서, 행동 대처 능력이 적절하게 기능을 발휘했다고 볼 수 있는 것이다. 다시 말하면 학습된 사회 정서적 학습역량이 개인의 사고와 행동에 영향을 주고 나아가 개인의 삶의 만족도에도 영향을 주었다는 것을 의미한다. 예를 들어 정문경(2014)의 연구에서 개인의 사회 정서 역량은 삶의 만족도에 긍정적으로 영향을 주었고 손경원, 이인재, 지준호와 한성구의 연구에서(2010)는 사회 정서 역량이 청소년의 일탈행동을 예방하는 역할을 한 것으로 보고되었다.

사회 정서 학습에 관련된 국내의 연구는 주로 도덕 교육과 이에 관련된 도덕 철학 분야에서 주로 많이 이루어졌다(손경원, 이인재, 2009). 경험적 연구로는 손경원 등(2010)의 인성교육 프로그램이 있으며 이 밖에도 외국의 사회 정서 학습 교육과정을 번안하여 그 효과성을 검증한 연구들도 있다. 사회 정서 학습의 내용을 교과 수업과 직접적으로 연계하여 실시한 예로는 이수래, 방명애, 가홍효(2021), 윤숙영(2011), 그리고 이상수, 김은정, 이유나(2013) 등이 있지만 매우 제한적이다. 그러나 사회 정서 이론을 체육 관련 교과에 적용한 사례는 연구자가 아는 한 거의 전무한 실정이다. 이에 본 연구에서는 사회 정서 학습이라는 프로그램을 체육교육에 적용하는 문제에 대해서 초등학교에서 체육을 지도하는 교사들은 어떻게 생각하는지, 초등학교 체육교육에서는 어떻게 사회 정서 학습 내용을 적용하는 게 필요한지, 우리나라 초등학생들의 현실적인 사회 정서 학습역량은 어느 정도인지, 또 교사와 부모의 역할은 무엇인지를 알아보고자 한다.

II. 연구 참여자와 자료수집 방법

1. 연구 참여자

연구 참여자 선정에 있어서 본 연구자는 의도적 표집 방법을 택하여 연구자가 본 연구에 맞는 기준을 설정하여 연구 문제에 충분한 정보를 제공해 줄 수 있는 연구 참여자를 선택하는 방법으로(Patton, 2015), 본 연구자는 이를 구체화하여 LeCompte와 Preissle(1993)의 선별적 기준(criterion-based selection)방법을 채택 적용하였다. 선별적 기준방법은 연구 목적에서 요구하는 정보의 보유 여부가 선별의 기준이 되는 방법이다. 본 연구자는 연구 참여자를 모집하기 위하여 일차적으로 I시와 K도의 초등학교 교사 중 초등학교에서 6년 이상 체육 과목을 담당하였거나 현재 체육을 담당하는 교사 3인을 접촉하였다.

연구자는 이들 교사 3인과 만나 본 연구의 목적과 취지를 설명하고 본 연구가 가지는 성격, 절차, 연구에 참여하기 위한 조건, 사회 정서 학습의 개념 설명, 면담 질문, 연구 윤리 문제 등에 관한 설명을 하고, 본 연구 문제에 관심이 있는 교사를 소개해 달라고 부탁하였다. 이러한 절차를 통해 처음에 접촉했던 3명의 교사와 이들을 통해 소개된 9명의 교사가 연구에 참여하여 총 12명의 교사가 최종적으로 연구 참여자로 선정되었다. [표 1]은 본 연구에 참여한 연구 참여자의 특징을 보여 주고 있다.

[표 1] 연구 참여자의 특징

성명(가명)	출신 시도	교육	담당 학년	교육 경험	성별
KJH	K	박사	5	15	여
HMK	K	박사과정	4	10	남
SJK	I	박사과정	6	7	남
KHG	K	석사	3	14	남
KKS	K	석사	5	14	남
KDH	K	석사	3	14	남
KJS	K	학사	6	16	여
KBM	K	학사	4	12	여
SYJ	K	석사	5	8	여
PSW	K	석사	5	9	여
ISB	K	석사	5	9	여
MDE	K	석사	6	6	여

2. 자료수집

자료수집은 2021년 8월부터 시작하여 11월까지 4개월간에 걸쳐 진행하였다. 연구자는 우선 사회 정서 학습과 관련된 국내외 자료를 수집하여 동향을 파악하고 사회 정서 학습과 체육교과와는 어떠한 관계가 있는지를 파악하고 선행연구를 기초로 하여 사회 정서 학습에서 추구하는 중심적인 내용을 선정 요약하였다.

이후 연구자는 소수의 초등학교에서 체육을 담당하는 교사와 접촉하여 사회 정서 학습이 초등학교 체육에서 적용 가능할지에 대한 전반적인 의견을 듣고, 이후 본격적으로 연구를 위한 모임을 하게 되었다. 연구자는 면담 과정에서 제기되었던 여러 가지 문제를 정리하여 1인의 초등체육 박사, 그리고 1인의 운동 및 스포츠 심리학 박사의 자문을 거쳐 면담 계획 및 면담에 사용할 질문 문항을 확정하였다. 이후 2021년 10월 초순부터 본 연구에 참여한 초등학교 교사들을 대상으로 면담을 진행하였다. 본 연구에서 면담에 사용한 문항은 [표 2]와 같다.

[표 2] 연구에서 사용된 면담 문항

번호	설문 내용
1	선생님께서는 수업 중에 학생들을 다룰 때 가장 어려운 점이 무엇인가요?
2	정서는 다른 교과나 체육교과의 학습에 어떤 영향을 미친다고 생각하시나요? (수업 태도, 학업 성취, 동기 등)
3	체육수업은 학생들의 정서에 어떤 영향을 미친다고 생각하시나요? (긍정적인 측면과 부정적인 측면)
4	선생님께서 가르치는 학생들은 학교생활 중에 어떤 정서 상태라고 생각하나요?
5	선생님은 사회 정서 학습이 무엇이라고 생각합니까?
6	선생님은 교육을 통해 현실적으로 어느 정도 수준까지 사회 정서적 역량을 기대할 수 있다고 생각하세요?
7	선생님은 초등학생의 사회 정서적 역량을 기르기 위해 교사와 부모가 어떤 역할을 해야 한다고 생각하세요?
8	선생님은 사회 정서학습을 체육 시간에 적용하는 것에 대해 어떻게 생각하나요?
9	선생님은 사회 정서학습을 초등학교 체육수업에 적용한다면 어떤 내용이 포함돼야 한다고 생각하나요?
10	선생님은 사회 정서학습을 초등학교 체육수업에 적용한다면 어떤 방법으로 가르칠 수 있다고 생각하나요?
11	선생님은 사회 정서학습이 체육 시간의 어떤 맥락이나 상황에서 사용되는 것이 적절하다고 생각하나요?
12	사회 정서적 역량은 초등학교 체육수업과 어떤 관계가 있다고 생각하는지 또 오늘 논의한 내용과 관련지어 포괄적으로 개인적인 의견을 말씀해주세요.

연구자는 연구 참여자들과의 면담 2주 전에 유튜브 URL을 이들에게 알려 주어 사회 정서 학습의 내용을 미리 숙지하고 연구 목적, 취지, 내용의 구성, 그리고 면담 문항과 관련하여 면담 전에 충분히 설명을 들었다. 연구 참여자들과의 면담은 코로나 상황하에 대면 면담하는 게 현실적으로 많은 제약이 있어 온라인으로 면담을 진행하였다.

집단 초점 면담으로 진행할 때는 한 개 집단의 구성원을 3명으로 하여 총 4

회의 면담이 진행되었고, 개인 면담에서 사용되었던 문항과 유사한 질문으로 구성하였다. 면담을 진행하면서 개인 면담 이외의 집단 면담까지 진행한 이유는 집단 면담은 피면담자들끼리의 상호 작용을 통하여 개인 면담에서 볼 수 없었던 이슈거리들이 나타나 이에 대한 논의를 좀 더 깊이 그리고 폭넓게 진행할 수 있는 장점이 있기 때문이다. 연구자는 면담을 녹음하면서 면담의 흐름을 파악하고 면담을 하면서 연구 참여자들이 한 이야기 가운데 인상적인 점, 보고 들으며 느낀 점 등을 현장 노트에 기록하였다.

3. 자료 분석

자료 분석은 자료를 수집하며 Yin(2003)이 제시하는 주제 분석 방법에 따라 순환적인 과정으로 개인 면담 자료, 초점 면담 자료 그리고 연구자의 연구 노트를 통합하였다. 우선 수집된 자료에 대한 패턴을 찾아 의미를 부여하기 위해 개방형 코딩(open coding) 방법을 이용하여 나타난 패턴에 이름을 붙여 가며 개념화하였다. 개방형 코딩은 연구 참여자가 제시한 자료를 지속적으로 비교하면서 개념이 나타나면 해당하는 개념과 핵심 주제어 또는 사건을 비교하는 방법이다(constant comparative method). 개별 면담과 초점 면담 중에 기록된 연구 노트는 개별 면담과 초점 면담자료를 서로 비교·분석하면서 공통된 내용을 추출하고 전체의 흐름을 이해하고 파악하는 데 유용한 자료로 활용되었다. 또한 분류과정에서 본 연구자와 2인의 연구 보조자가 확인된 범주 간의 차이를 발견하여 내용이 중복되지 않도록 검토하였다. 이렇게 범주가 만들어진 후 이 범주들이 본 연구에서 제시한 목적대로 제시되었는지를 원자료와 비교하여 다시 확인하는 절차를 거친 후 원자료를 다시 읽으면서 분류하고 위계화하는 과정을 거쳤다.

Ⅲ. 초등학생의 사회-정서 학습역량 및 체육과 교육의 역할

면담을 통해 확인된 초등학교 교사들의 사회 정서 학습과 관련된 요소는 5가지 핵심 범주와 9가지 개념이었다. 첫 번째 핵심 범주는 초등학생의 사회 정서적 역량으로 이들의 현실적인 사회 정서적 역량은 어떠하며, 교사가 직면한 학생 지도의 어려움과 이와 관련하여 교사들은 사회 정서적 학습을 어떻게 생각하는지를 다루고 있다. 두 번째 핵심 범주는 교사들이 생각하는 정서가 학습에 미치는 영향으로 어떻게 정서가 학생들의 학습 태도에 영향을 미치는지를 다루고 있다. 세 번째의 핵심 범주는 체육이 정서에 미치는 영향으로 과목의 특성상 어떻게 체육이라는 과목이 학생들의 정서 상태에 영향을 미치는지를 다루며, 네 번째 핵심 범주로 체육수업에서 어떠한 방법으로 사회 정서 학습을 다루어야 효과적일지를 논하고 있으며, 마지막 다섯 번째 핵심 범주는 학생들의 사회 정서적 역량을 향상시키기 위해서 교사와 부모의 역할은 무엇인가를 다루고 있다.

1. 초등학생의 사회 정서 학습역량

교사들이 말하는 초등학생들의 사회 정서적 역량은 자기가 하는 일에 열정적이고 활동적인 아동부터 스스로 하는 일에 무기력을 보이는 아동에 이르기까지 다양한 모습을 보여 주었다. 사회 정서적으로 안정된 모습을 보이는 아동은 긍정적인 언어를 사용하고 타인에게 예의 바른 행동을 보여 준 반면에 소수의 아동은 하루에도 몇 차례씩 감정의 기복이 심한 모습을 보여 주었다. 안정적인 정서 상태를 보이는 아동은 높은 자존감을 가지고 스스로에 대한 만족감을 보여 주었다. 이들은 학생끼리의 갈등 상황이 벌어질 때도 교사의 도움 없이 쉽게 풀어 가는 모습을 보였다. 반면에 사회 정서적으로 불안한 모습을 보이는 아동은 아주 사소한 문제에도 교사가 개입하지 않으면 문제해결이 잘되지 않는 경향을 보였다. 이 아동들은 어른에 비해 쉽게 분노를 표출하고 앙금이 오래가는 특성을 보였다.

교사들은 학생들의 행동과 정서적 상태가 너무도 다양해서 예측하기가 어렵다고 하였다. 차분한 것 같은데 반응이 없기도 하고 수업 시간에 떠드는 것은 물론이고 갑자기 싸우는 일도 생긴다. 수업주제에 관련해서는 무관심하고 반응이 없고 때로는 교사한테 감정적인 반응을 보일 때도 있다고 하였다. 더욱이 어려운 경우는 학생의 문제행동에 대해 학부모를 통해 해결을 시도하려 해도 그 문제행동에 대해 부모가 동의해 주지 않는 경우 문제행동에 대한 교정 방법을 찾기가 어렵다고 하였다. 이러한 경향은 코로나 사태를 겪으면서 더욱 심화되었다고 한다.

2. 정서가 학습에 미치는 영향

학교의 생명은 교육과 학습이다. 이러한 면에서 볼 때 정서가 교육과 학습에 미치는 영향은 실로 매우 크다고 교사들은 지적하고 있다. 정서를 말할 때 일반적으로 정서가 안정적인(stable) 아이와 정서가 불안정적인(unstable) 아이로 나누어 생각한다. 안정적인 아이는 학습상황에서 열정을 보이며 교우관계, 수업할 때의 태도, 학업 성취 등에서 좋은 반응을 보인다. 이들은 환경적인 변화가 있는데도 개의치 않고 자기 페이스를 꾸준히 유지하고 자신감도 보이고 학습에 열정을 보이며 교우관계, 학업 성취, 열정, 학습 태도 등 다양한 방면에서 긍정적인 태도를 보인다고 하였다. 이들은 수업 태도, 성취의 측면에서 좀 더 앞서가는 편이고 성장하는 모습을 보여 준다. 반면에 정서가 불안정한 아이는 부정적으로 생각하거나, 집중을 잘하지 못하거나, 타인을 방해하고 주변을 잘 둘러보지 못하는 문제가 발생한다고 하였다. 이들은 감정의 기복이 심하거나 예민하고 감정 표현을 잘하지 못하거나 너무 과한 감정 표현을 하는 경우를 보게 된다. 이런 학생의 경우는 수업 태도도 튀고 수업을 잘 따라오지 못하며 성취 면에서도 뒤지게 된다. 이러한 아동은 당연히 학습동기도 많이 낮아 하고자 하는 의욕도 없다고 하였다.

이와 같이 정서가 안정적인 아동과 그렇지 않은 학생들의 행동으로 보았을 때 학생의 모든 태도는 정서가 결정하는 것 같고 교사 처지에서는 동기가 유발되지 않았는데 억지로 공부를 시키거나 활동을 하게 할 수 없으니까 더욱 선택할 수 있는 폭이 좁아진다. 그래서 학생의 정서는 수업 태도, 동기, 학습의 결과에 당연히 영향을 줄 수밖에 없다고 하였다.

3. 체육이 정서에 미치는 영향

연구 참여 교사들은 체육교과는 다른 교과와는 다르게 학생의 정서가 극대화되고 타인과 교류할 시간도 많고 개인의 정서가 명확히 드러나는 시간이라고 하였다. 또 교과목의 특성상 좀 더 자유로운 활동 공간과 활동 내용으로 구성되어 있어 학생들이 개방적인 분위기를 많이 맛볼 수 있기 때문에 학생들의 정서가 만들어진 상태가 아니라 자연 그대로 노출되는 형태를 띤다고 하였다. 그러므로 초등학교 학생들은 감정을 분출할 기회를 많이 얻게 되고 타 교과에 비해서 자유로운 활동을 할 수 있어서 체육을 좋아한다고 하였다.

주로 교실에서 이루어지는 수업과는 달리 체육수업은 개별학습, 모둠학습, 또는 협동학습 형태로 수업이 이루어져 팀 활동이 많고 역동적인 수업을 하므로 다른 과목과는 많은 차이가 있다. 그러기 때문에 교사로서 당연히 학생들이 느끼는 사회 정서 활동에 관심을 가지고 세심하게 느끼고 다루어야 한다. 또 교사는 체육 시간에 정서를 가르치기보다는 정서가 무엇이며, 나를 이해하고, 타인을 이해하며 공감하고, 상호작용하며 원만하게 교류할 수 있는 능력을 기를 수 있도록 노력해야 한다고 하였다. 특히 요즈음처럼 코로나 시대에는 학교 수업의 온라인화로 인하여 신체활동 위주의 수업이 많이 줄어들어 교사와 학생들은 신체활동의 귀중함을 더 많이 인식하게 되었다고 하였다.

체육교육은 원래 교육의 목적대로라면 건강한 신체적 활동을 제공하는 것은 물론이고 학습 태도, 창의성 향상, 집중력이 좋아지고 스트레스가 해소되는 기회를 제공한다. 자신감이 없는 학생에게 어떠한 활동을 꾸준히 하여 자신감을 얻어 할 수 있다는 용기를 갖게 하고, 해당 활동뿐 아니라 다른 분야에도 전이가 되어 인지 과목에서도 좋아져 학교생활에 적극적으로 되고 나아가 학과 수행 능력도 좋아지는 경우가 얼마든지 있다고 하였다. 스포츠클럽을 예로 들면 운동을 별로 좋아하지 않았다가 체육활동에 관심을 두게 된 학생의 경우, 동아리에 참가하게 되고 팀에 소속되고 교사와의 관계도 좋아지고 활동을 지속하면서 교사로부터 칭찬도 받게 되고 친구들하고도 좋은 관계를 갖게 되어 다른 사람하고 계속 어울릴 수 있는 기회가 많아지면서 학교생활에 더욱 적극적으로 변한 학생들을 많이 찾아볼 수 있다는 것이다.

한편 체육수업의 부정적인 측면은 학생끼리의 경쟁이 격화되어 승부에 지나치게 집착하게 되고 패배했을 때는 패배를 인정하지 못하고 분노한다든지 타인에게 해를 가하기도 하는 경우가 많이 발생한다는 것이다. 이 경우 학생들은 분노, 짜증, 그리고 실망과 같은 정서가 드러난다. 또 스스로 신체활동에 대한 능력이 없다고 생각하는 학생의 경우는 본인의 능력 부족으로 인하여 자신이 속한 팀에 기여하지 못한다는 생각으로 인하여 부끄러움, 두려움, 불안과 같은 정서를 겪기도 한다고 하였다. 심지어 어떤 학생은 자신이 속한 팀에 피해를 준다는 생각이 있어 팀 활동을 극도로 꺼리는 일도 있다고 하였다.

4. 체육 시간의 사회 정서 학습 적용 방법

교사들은 초등학교 시기가 발달상 일생에서 변화가 가장 빠르게 일어나는 시기이므로 사회 정서 학습 능력을 가르쳐야 할 적기이며 체육수업을 할 때 가장 먼저 시작할 영역은 표현활동이라고 하였다. 이 활동을 하면서 학생들은 자신의 긍정적인 자아개념을 형성하고 자기 스스로 정서를 관리하며 자기 생각을 표현할 수 있는 기회를 얻게 된다. 특히 표현활동 중에서도 창작무용과 민속춤은 나와 너를 이해하는 데 도움이 되는 좋은 수업 방법이라고 하였다.

자기 인식 역량과 자기 관리 역량으로 체육수업에서 가장 관련이 있는 영역은 건강영역이라고 했다. 건강영역은 스스로 자신을 잘 관찰하고 진단해서 자신이 할 수 있는 것과 할 수 없는 것, 주위의 상황에 따른 자기의 정서 상태를 잘 파악할 수 있고 이렇게 자기를 알고, 진단한 결과에 따라 건강관리계획을 세울 수도 있고 자기 신체 능력에 맞게 활동을 선택하고 활동 규칙에 맞게 자신의 신체적 능력을 조정할 수 있다고 했다.

도전 영역에서는 학생들이 느낄 수 있는 사회 정서적 폭이 매우 넓다고 했다. 아동이 자신의 목표를 이루었을 때 느끼는 크고 작은 성취감부터 목표한 것을 이루지 못했을 때 가지게 되는 두려움, 수치심, 좌절감 등 학생들이 느끼게 되는 사회 정서적 폭이 크다고 하였다. 따라서 크고 작은 성취감을 얻은 아동에게는 이 성취감을 소중하게 간직하고 다음 학습에서 자신감을 가지고 즐겁게 학습할 수 있도록 지도가 이루어져야 할 것이고 이러한 성취감을 느끼지 못한 아동들은 성취할 만한 작은 목표를 설정하여 성공감을 맛보고 이 토대 위에서 더 높은 목표를 설정하여 목표를 성취해 감에 따라서 보다 큰 성공감을 맛보는 경험이 필요하다고 하였다.

경쟁영역은 트러블이 많이 발생하는 활동, 감정의 변화가 명확하게 드러나는 활동, 또 경쟁을 싫어하는 아동에게는 의욕 상실이 많은 활동으로 인식된다고 했다. 그래서 이렇게 경쟁 활동에서 의욕 상실이 있는 학생들에게도 체육활동을 통해서 신체활동에 참가할 수 있는 의욕을 주고 이를 통해 성장할 수 있는 기회를 준다는 것은 교육에서 매우 큰 의미가 있다고 했다. 이렇게 모두가 재미있게 경쟁 활동에 참여하기 위해서는 팀별로 구성원들의 자원을 가지고 문제를 해결하려는 과정(팀원 포지션, 작전 수행, 역할분담)을 통해서 학생들이 사회 정서 학습역량을 기를 수 있는 좋은 기회라고 하였다. 그리고 집단 내에서의 활동뿐 아니라 경쟁이 이루어지는 과정 동안 학생들이 다양한 정서 체험을 할 수 있는 장이라고 하였다. 특히 경쟁 활동에서는 승리보다는 상대에 대한 존중, 우리 팀원과의 협동과 배려 등이 먼저 고려되어야 하고 이를 먼저 배워야 하는데 무엇보다 영역 이름도 경쟁영역이라고 이름 붙여져 있어서 경쟁이라고 하면 수단과 방법을 가리지 않고 이겨야 하는 것으로 생각하여 경쟁 활동이 끝나면 학생끼리 서로 비난하는 모습들이 눈에 많이 띈다고 하였다. 이렇게 경쟁 중 또는 경쟁 후에 발생하는 갈등 상황은 또 다른 사회 정서 상황을 배울 수 있는 좋은 실제의 장으로서 교사는 학생끼리의 갈등 문제를 풀어 가는 과정을 면밀히 관찰하여 학생들 스스로가 사회 정서적 역량을 발휘하여 문제를 해결할 수 있게 하되 필요한 경우에만 교사는 개입하거나 피드백의 형식으로 적절하게 문제를 해결할 수 있도록 하는 게 좋겠다고 하였다. 덧붙여 교사들은 체육 시간에 배운 사회 정서 학습의 내용들이 전 과목을 통해서 계획적으로 실천이 돼야 이 같은 내용이 한순간에 가르치는 어떠한 개념이 아니라 생활 전반에 걸쳐서 꾸준히 가르치고 학습해야 하는 개념으로 자리를 잡을 수 있다고 하였다.

5. 사회 정서 학습 적용을 위한 교사와 부모의 역할

교사와 부모의 역할은 아동이 어떠한 정서 상태와 태도를 보이든 그것을 부정하기보다 이 아동이 왜 그럴 수밖에 없는지에 대한 경청의 자세가 필요하다. 그래서 지금까지 지도해 왔던 '그렇게 하면 안 돼'라는 방법보다 우선 본인의 상태를 인지하는 단계부터 필요하다. 그래서 화가 났을 때 무엇이 화를 내게 했는지, 화가 났을 때 어떻게 화를 표현하는지를 보여 주어야 한다고 했다. 무엇보다 내가 화가 났을 때는 사회적으로 용인된 방법으로 다른 사람에게 피해가 가지 않고 건전하게 화를 표현하고 상대에게 의사 전달하는 방법을 배워 가야 한다고 하였다. 내가 화가 난다고 해서 다른 사람에게 상처를 주거나 피해를 주어서는 안 되기 때문이다. 아동이 스스로 자기의 정서 상태에 대해서 어떻게 생각하는지를 경청하고 공감을 표시하며 아동이 처한 상황에서 어떻게 하면 좋을지를 질문해 보고 그 선택의 결과가 어떨지도 질문을 해서 그 선택의 결과도 예측한 상태에서 아동이 그 행동을 택하게 하면 좀 더 사회적으로 책임 있는 의사결정을 하고 행동하는 아동이 되게 할 수 있을 것이라고 했다.

소수의 의견이기는 하지만 부모가 문학서적 같은 책을 읽으며 타인의 삶을 가슴 깊이 이해하고 공감해 보는 시간을 아동과 같이 더불어 갖는 것도 사회 정서 학습에 의미 있는 시간이 될 것이라고 했다. 이외에 교사들이 손에 꼽은 것은 부모나 교사나 언행일치를 가장 중요한 덕목으로 꼽았다. 끝으로 교사들은 교사와 부모의 사회 정서 학습에 대한 교육의 중요성을 언급하였다. 특히 교사 입장에서는 사회 정서 학습에 대한 교사 교육기관을 통해서 연수 형태로 받을 수 있지만, 학부모들은 마땅한 기회가 없어 지역사회에서 어떠한 교육과정을 만들어 연수하는 형태로 프로그램을 만들어 주었으면 하는 바람이 있었다.

IV. 맺으며

본 연구의 목적은 초등학교 교사들은 사회 정서 학습을 어떻게 생각하며, 현재의 초등학생들이 갖는 사회 정서 학습역량은 어느 정도인지, 체육 시간의 신체활동이 학생들의 사회 정서 학습에 어떠한 영향을 미치는지, 초등학교에서 사회 정서 학습을 지도한다고 할 때 어떠한 방법으로 교수되어야 할지, 학생들의 사회 정서 학습역량을 배양하기 위해서 교사와 부모는 어떠한 역할을 해야 할지를 조사하는 것이었다. 12명의 초등학교에서 체육을 지도하였거나 지도하고 있는 교사들이 이와 같은 연구 목적을 달성하기 위해 면담에 참여하였다. 연구 결과 전체적으로 5가지 핵심 범주에 9가지의 개념이 발견되었다.

먼저, 현실적인 초등학생의 사회 정서 역량은 다양한 모습을 보여 주었다. 건강한 사회 정서적 역량을 가진 학생부터 매시간 무기력하고 자기의 정서 표현을 잘하지 못하며, 학생들이 자신이 느낀 정서에 대해서 다양한 정서적 상태를 표현하지 못하고 단순히 쾌와 불쾌의 두 가지 정서만 표현하는 소위 '팝콘 브레인 현상'을 보인다는 것이다.

이러한 현상은 코로나 시국 이후에 더욱 두드러지게 나타난다고 하였다. 이러한 현상은 직접적인 선행연구가 없어 설명하기는 어려우나 권혜선의 연구

(2013)에 따르면 공감 능력 이외에도 사회 정서 학습역량의 결핍 현상으로 풀이된다.

연구 참여 교사들에 따르면 사회 정서적인 면에서 안정을 보이는 아동은 교우관계, 수업 태도, 그리고 학업 성취 면에서 안정을 보이고 열정적이며 다양한 방면에서 긍정적인 태도를 보인다고 하였다. 그러나 사회 정서 상태가 불안정한 아동은 부정적인 사고, 수업 시간에 집중을 잘하지 못하거나 타인을 방해하고 주변을 잘 둘러보지 못하는 문제행동을 보여 주고 있다고 하였다. 이러한 현상들은 신현숙(2013), Yoo(2016), 그리고 CASEL(2019)의 연구에서도 드러나고 있다. 이들의 연구에서 사회 정서 학습역량을 갖춘 사람들은 자신을 이해하고 타인과 원만한 인간관계를 가지며 책임 있는 행동을 하는 것으로 밝혀지고 있다.

체육 시간의 신체활동은 정서에 긍정적인 많은 영향을 미치고 있었으나 이는 체육수업이 원래 의도한 범위에서 정상적인 수업이 이루어졌을 때이고 만일 체육 시간이 비정상적인 운영이 되었을 때는 순기능적인 부분 못지않은 부정적인 면과 부작용이 심각한 과목이 될 수 있다고 하였다. 이미 초등체육의 부정적인 면은 여러 연구에서 드러나고 있지만(유생열, 2019; 유생열, 윤경선, 2008; 홍명기, 조한무, 2016) 초등학교에서 체육을 담당하는 교사들은 체육의 순기능만이 작용할 수 있도록 학생들을 지도하는 데 부족함이 있어서는 안 된다.

초등학교 체육 시간에 사회 정서 학습 적용 내용에 대해서 교사들은 사회 정서 영역 5가지를 나, 너, 그리고 우리 관련 영역으로 구분하고 나와 관련된 영역을 자기 인식, 자기 관리, 너와 관련된 영역을 사회적 인식 능력과 관계 맺기로 그리고 우리와 관련된 영역을 책임 있는 의사 결정 능력으로 보고 자기 인식과 자기 관리 역량은 체육수업에서 건강영역과 표현활동, 그리고 도전영역에서 주로 많이 다룰 수 있다고 하였다. 교사들은 건강영역에서는 자신의 건강 상태와 한계를 알고 건강을 위해 관리하는 능력이 필요하다고 했다. 표현활동에서는 학생들이 자기의 일과, 생각, 느낌, 정서 상태를 말과 동작으로 표현해 보고 이를 친구들과 나누면서 자신과 타인을 알아 가는 과정이 필요하기 때문이라고 하였다. 도전영역에서는 자신의 한계에 도전하는 과정에서 자기를 알고 관리할 수 있는 기회를 얻게 된다고 하였다. 자기가 세운 목표에 도달했을 때 느끼는 자기 효능감과 자신감은 다음 목표를 세우고 도전할 기회를 제공할 뿐만 아니라 자신의 성취 과정을 다른 학생과 나누는 과정에서 다른 아동에게도 희망을 줄 수 있고 무엇보다 성취감을 느낄 수 있다고 하였다.

경쟁 활동은 교사들이 가장 많이 지적한 화젯거리가 되는 활동이었다. 경쟁 활동은 학생들이 여러 가지 새로운 상황에 직면하게 할 뿐만 아니라 감정적인 소모가 많고 자기 안에 내재하고 있는 본성이 외부로 드러나는 시간이기 때문에 교사는 이를 잘 활용하면 무한한 가치가 있는 활동이라고 했다. 예를 들어 교사는 학생들이 경쟁 활동에 참여할 때 전 과정을 녹화하거나 일화를 기록하여 경쟁이 끝나고 게임 중에 나타난 언어적 의사 교환이나 행동에 대해서 왜 그런 표현을 했는지, 왜 그 상황에서 반칙을 했는지를 자연스럽게 이야기해 본다거나 개인 면담자료로 이용하여 학생의 사회 정서 학습에 이용하면 매우 좋은 교육적 효과를 가질 수 있다고 하였다. 교사들은 이렇게 4가지 체육 영역에서 사회 정서 학습을 활용하면 한결같이 매우 긍정적인 효과를 기대할 수 있다고 하였다. 이는 신현숙(2013)과 Zins와 Elias(2006)의 연구에서도 사회-정서 학습을 따로 학습하는 것보다 특정한 교과에서 수업의 내용과 연계할 때 여러 가지 문제를 예방할 수 있다고 지지하고 있다. CASEL(2013)의 연구에서도 교사들이 사회 정서 학습을 교과 수업과 연계하여 수업했을 때 학업 성취도나 학업 향상, 학교 출석률 등에서도 무려 83%의 향상이 있었다고 보고하였다.

체육 시간에 사회 정서 학습 내용을 적용하는 방법에 대해서 교사들은 기존의 체육교과를 가르치는 방법과는 다른 방법들을 제시하였다. 가장 먼저 교사들이 제시한 방법은 체육 시간에 적용되는 사회 정서 학습에 대한 오리엔테이션을 강화하는 것이다. 이 시간에는 과거의 체육교육 시간의 문제 상황을 제시하고 이 문제점을 개선하기 위해서 교사는 사회 정서 학습의 어떠한 내용이나 부분을 적용하여 어떻게 수업을 이끌어 간다는 안내가 필요하다고 하였다. 이는 체육교육의 전통적인 수업 방법과는 다른 형식으로 수업이 진행되기 때문에 Metzler(2014)의 체육교육 교수 모형에서 교사가 개별화 교수 모형으로 수업을 하고자 할 때 첫 시간에 자세한 안내가 필요하듯이 교사가 어떠한 새로운 방법으로 수업을 진행하고자 할 때 필요하다.

연구 참여 교사들은 수업 전, 중, 후에도 교사가 강조하는 부분들이 잘 지켜지는지를 반성하는 시간을 갖는 것이 필요하다고 하였다. 이러한 수업 방법은 교사가 정의적 학습 목표와 연계시키고 학습 목표에서 제시된 내용은 매시간 학생의 평가 요소에 고려되어야 한다고 하였다. 특히 체육교육 수업에서는 학습 모형마다 심동적, 인지적, 정의적 영역 중 가장 우선하는 영역(priority domain)이 있으므로 수업마다 교사가 택한 수업 모형에서 우선 영역 위주로 수업을 하되 이 우선 영역과 다른 2개의 영역도 상호작용(domain interaction)할 수 있도록 노력하면 사회 정서 학습이 이론으로만 끝나는 것이 아니라 수업 중 학생들이 운동 기능을 학습하듯이 이루어야 할 학습 목표를 성취할 수 있다고 하였다. 이와 같은 주장은 사회 정서 학습 맥락은 아니지만, Metzler(2014)의 교수 방법에서도 체육교수 방법을 통하여 인지, 심동, 정의적 영역이 서로 상호작용하도록 노력하는 과정을 설명하고 있다. 백승주와 박정준도(2012) 이와 같은 방법을 제안하여 스포츠맨십의 내면화의 방법을 제안하였는데 이들은 비인식기 - 개념화하기 - 실천하기 - 내면화하기의 단계를 거쳐 학생들의 행동 변화를 유도할 수 있다고 주장하였다.

교사의 학생 지도와 관련하여 연구 참여 교사들은 사회 정서 학습이 체육교육과 성공적으로 접목하기 위해서 2가지 방안을 제시하였는데 하나는 순환적 학생 중심의 리더십이고 다른 하나는 체육 시간에 일어날 수 있는 각 상황을 자료화하고 나아가 패턴화하면 교사가 학생을 지도하기에 장점이 많다고 하였다. 여기서 순환적 학생 중심의 리더십이란 교사가 학생의 강점을 파악하여 학생의 강점이 있는 부분에서 리더로서 역할을 하게 하는 것이다. 이렇게 함으로써 학생은 강점이 있는 부분에서 리더의 역할을 하게 되고 리더가 아닐 때는 폴로우어의 역할을 함으로써 집단의 과정도 익히게 되어 여러 가지 교육적 효과를 기대할 수 있다고 하였다. 특히 김선왕, 전제만, 박천석(2021)의 연구에 따르면 순환적 리더십은 조직 성원의 직무헌신과 창의성에 긍정적인 영향을 미치나 이 연구에서의 연구 대상은 군이기 때문에 학생 조직에는 얼마나 일반화가 될지 좀 더 연구가 필요하다.

사회 정서 학습을 초등학교 체육 시간에 적용하는 데 있어 부모와 교사의 역할에 관한 질문에 교사들은 부모와 교사 모두 적극적 경청의 중요성을 강조하였다. 적극적인 경청을 함으로써 교사와 학부모는 아동이 어떠한 상황에서 왜 그럴 수밖에 없었는지, 무엇이 화를 내게 했는지를 끝까지 들어주고 사회적으로 용인된 방법으로 화를 표현하는 방법을 가르치고 보여 줌으로써 사회 정서 학습의 모습을 아동에게 보여 줄 수 있다(Weger, Jr, Bell, Minei, Robinson, 2014). 교사들이 꼽은 사회 정서 교육이 자리 잡기 위해서 학부형과 교사들은 모든 아동에게 역할모델이 되어야 한다고 했다. 역할모델이란 아동이 보고 따라 할 수 있는 사람을 지칭하는 말이다(Gibson, 2004). 이 과정에서 빠질 수 없는 과정이 어른의 공감 능력이다. 이 공감 능력은 아동의 정서와 느끼는 바를 공유하고 표현해 주는 것으로 의외의 파급효과가 있다고 하였다. 공감 능력은 타인과의 관계에서 행복감에 영향을 주고, 의사소통 능력을 향상시켜, 문제 해결 능력을 배가시킨다(Cho & Cho, 2021; Hwang & Park, 2020).

연구 참여자들은 교사와 학부모의 사회 정서 학습에 대한 이해를 현실적인 문제로 지적하였다. 학부모도 그렇지만 교사들도 사회 정서 학습의 성격에 대해서 잘 이해하지 못한 상태이므로 교사와 학부모의 사회 정서 교육에 대한 교육이나 연수를 제안하였다. 이를 위해 교사 교육기관이나 지역사회의 교사와 학부모를 위한 연수 교육을 제안하였다.

참고문헌

김선왕, 전재만, 박천석 (2021). 군 간부의 직무순환에 대한 인식이 개인성과에 미치는 영향과 지휘관의 변혁적 리더십의 조절효과. 한국군사학논집, 77, 1, 147-179.

김재운 (2014). 초등체육수업 운영상의 문제점과 활성화 방안모색. 한국체육교육학회지, 19, 1, 1-14.

권혜선 (2013). 초등학생의 공감 및 도덕판단력과 새로운 환경 패러다임 간의 관계. 도덕윤리과교육, 39, 185-206.

백승주, 박정준 (2012). 중학교 체육수업에서 스포츠맨쉽의 내면화 과정 및 요인탐색. 한국스포츠교육학회지, 19, 3, 85-110.

신현숙 (2013). 교과수업과 연계한 학급단위의 사회 정서 학습: 사회-정서적 유능성과 학교 관련 성과에 미치는 효과. 한국심리학회: 학교, 10(1), 83-110.

손경원, 이인재 (2009). 청소년 일탈행동 예방을 위한 사회정서학습의 특징과 교육적 함의. 윤리교육연구, 19(1).

손경원, 이인재, 지준호, 한성구 (2010). 초등학생들의 사회 정서적 능력 함양을 위한 인성교육 통합 프로그램의 효과분석. 도덕윤리과교육연구, 31, 49-82.

신광우, 김용환 (2008). 좋은 체육수업에 대한 초등교사들의 인식. 한국체육교육학회지, 13(2), 1-19.

이수래, 방명애, 가홍효 (2021). 미술과와 연계한 학교차원의 사회정서학습 프로그램이 지적장애 초등학생의 수업참여도와 비장애학생의 정서지능에 미치는 영향. 특수교육연구, 56(1), 49-69.

우채영 (2016). 사회정서학습(SEL)의 교육적 의의. 청소년학 연구, 23(3), 163-185.

유생열 (2019). 근거이론을 통한 초등학교 학교폭력/따돌림 현상의 맥락적 이해. 한국스포츠심리학회지, 30(3), 115-131.

유생열, 윤경선 (2008). 초등체육수업에서의 소외학생 사례연구. 코칭능력개발지, 10(1), 15-29.

유선주 (2014). 초등학교 고학년 여학생의 체육활동 실태 및 개선방안. 한국여성체육학회학술세미나자료집, 23-40.

윤숙영 (2011). 고등학교 국어과 〈규중칠우 쟁론기〉 수업의 사회정서학습지도안. 사회정서학습 프로그램 발표회, 6월 15일 광주 광역시: 전남 대학교.

이상수, 김은정, 이유나 (2013). 사회과 갈등문제해결을 위한 사회정서학습 모형개발. 사회과교육, 52(4). 121-134.

정문경 (2014). 청소년기 정서조절과 삶의 만족도 간의 관계에서 지각된 사회적 지지와 사회적 유능성의 매개효과. 한국청소년학연구. 21(12), 49-72.

정창우 (2013). 사회정서학습의 이론체계와 도덕 교육적 함의. 도덕윤리과교육, 38, 153-172.

한상모, 유생열 (2016). 초등학생들이 체육 시간에 체험하는 부정적 정서 탐구. 한국초등체육학회지, 21(4), 131-142.

홍명기, 조한무 (2016). 경쟁 활동 체육수업에서 학생들이 경험하는 부정적 정서에 대한 근거 이론적 접근. 한국초등체육학회지, 22(2), 95-109.

Baxer, P., & Jack, S. (2008). Qualitative case study methodology: Study design and implimentation for novice researchers. The qualitative report, 13(4), 544-559.

CASEL. (2013). Safe and sound - An Educational leader's guide to evidence-based social and emotionsl learning programs. Chicago, IL: CASEL.

Cho, H. K., Cho, S. J. (2021). The Influence of Adolescents' Perceived Empathy and Peer Support on Happiness. Journal of the Korea Academia-Industrial Cooperation Society, 22, 5, 136-142.

Creswell, J. W. (2007). Research design: Qualitative, quantitative and mixed methods approaches. Thousand Oaks, CA: Sage.

Elias, M. J., Parker, S. J., Kash, V. M., Weissberg, R. P. & O'Brien, M. U. (2007), Social and Emotional Learning, Moral Education, and Character Education: A Comparative Analysis and a View Toward Convergence in Nucci, L. P., Narvaez, D., & Krettenauer, T. (Ed.), Handbook of Moral and Character Education. London: Routledge.

Gibson, D. E. (2004). Role models in career development: New directions for theory and research. Journal of Vocational Behavior, 65, 1, 134-156.

Hwang, Y. H., Park, S. J. (2020). The effects of empathy and self concept on problem solving: Focusing on the mediating effect of communication of nursing students. Journal of the Korean Society for Nursing Education, 26, 4, 348-356.

LeCompte, M. D., & Preissle, J. (1993). Ethnography and qualitative design in educational research (2nd ed.). London: Academic Press Limited.

Merrell, K. W. (2010). Liking prevention science and social and emotional learning: The Oregon resiliency project. Psychology in the Schools, 47(1), 55-70.

Metzler, M. W. (2014). Instructional models for physical education. Needham Heights, MA: Allyn and Bacon.

Patton, M. Q. (2015). Qualitative research & evaluation methods (5th Ed). Sage Publication.

Weger, Jr H., Bell, G. C., Minei, E. M., Robinson, M. C. (2014). The relative effectiveness of active listening in initial interactions. The Intl. Journal of Listening, 28, 13-31.

Yin, R. (2003). Case study research: Design and methods. CA: SAGE.

Yoo, Seang-leol. (2016). Socio-emotional competence in third and fourth grade elementary school students from the perspective of physical education teachers. JKSSPE, 21(3), 1-14.

Zins, J. E., & Elias, M. J. (2006). Social and emotional learning. Promoting the development of all students. Journal of Educational and Psychological Consultation. 17(2&3), 233-255.

유튜브 역사 콘텐츠 스토리텔링의 특징:
초등학생용 역사 콘텐츠로부터 알고리즘이 안내하는 역사 콘텐츠까지

강선주

I. 머리말

초·중·고등학생은 서책이나 TV[1]와 같은 일방적 소통 구조의 구미디어뿐 아니라 유튜브와 같은 상호작용적 디지털 신미디어를 통해 역사를 접한다. 2020년과 2021년에는 코로나 바이러스 19 팬데믹으로 초·중·고등학생이 유튜브를 통해 학습하는 경향이 커졌다. 2021년 조사에서는 초등생 10명 중 9명이 유튜브를 이용하고 4명은 매일 본다는 분석도 나왔다(이성희, 2021). 유튜브는 초등학생에게는 놀이동산이자 학습 공간이 되고 있다(김아미, 2020). 따라서 초등학생의 학습에 유튜브 콘텐츠가 미치는 영향력을 간과하기 어렵다.

최근에는 유튜브 콘텐츠를 학교 수업에서 활용하는 경향이 확대되고 있다. 이에 따라 유튜브 역사 콘텐츠에 관한 연구도 증가하고 있다. 예를 들면 팟캐스트와 유튜브에서 역사 콘텐츠가 대중에게 소비되는 경향에 대해 분석한 글(김재원, 2018)과 고등학생의 역사 유튜브 콘텐츠에 대한 인식을 조사 분석하고 콘텐츠의 활용상의 유의점을 제시한 글이 있다(김형목, 2021). 디지털 공공역사로서 유튜브 역사 콘텐츠가 공공의 역사 지식 및 역사의식 형성에 미치는 영향에 대해 논한 글(강선주, 2022)도 나왔다. 이러한 글들은 유튜브 역사 콘텐츠의 특징이나 영향력에 대해 이해하는 데 도움이 된다.

그러나 유튜브 역사 콘텐츠의 스토리텔링 방식을 분석하고 역사수업에서 어떻게 활용할 것인지에 관한 연구는 찾기 어렵다. 이러한 점을 고려하여 이 글에서는 초등학생용 유튜브 역사 콘텐츠에서 시작하여 알고리즘이 안내하는 역사 콘텐츠를 시청하면서 스토리텔링 방식을 분석하고, 역사 수업에서 유튜브 역사 콘텐츠를 활용할 수 있는 학습 활동을 간단하게 제안한다.

이 글은 강선주. (2022). 「유튜브 역사 콘텐츠 스토리텔링의 특징: 초등학생용 역사 콘텐츠로부터 알고리즘이 안내하는 역사 콘텐츠까지」 『역사교육연구』 41호의 내용을 수정 보완한 것이다.

1) 최근에는 시청자가 방송국 사이트에서 TV 드라마에 대한 의견을 남기고 그러한 의견이 반영되기도 하므로 TV도 쌍방향적이라고 볼 수도 있다. 하지만 TV의 콘텐츠를 시청함과 동시에 시청자의 의견을 실시간으로 볼 수 있는 것은 아니기 때문에 소통의 상호작용성, 현재성, 동시성 측면에서 TV는 유튜브와 다른 특성이 있다.

II. 유튜브 역사 콘텐츠 스토리텔링 분석의 초점과 방법

1. 분석의 초점

콘텐츠란 디지털 방식으로 제작하는 내용물로서 영국의 창조경제와 관련 속에 탄생했다(김대호, 2014).[2] 즉 콘텐츠는 상업적 목적으로 제작한다. 콘텐츠의 핵심적 특징은 상상력과 창의력이다. 역사 콘텐츠는 역사적 사실을 저본으로 하지만 상상력과 창의력을 가미하여 창조한다. 그러므로 역사 콘텐츠 제작은 역사 서술과 여러 면에서 구분된다.

스토리텔링은 "디지털 매체를 기반으로 하는 이야기 장르에서 흔히 쓰이는 말이다."(최예실, 2020: 18). 스토리텔링은 스토리와 텔링의 합성어로서 이야기하기, 즉 이야기하는 방식을 의미한다. 그런데 "디지털 미디어의 등장으로" "전통적인 의미에서의 서사 형식으로서의 이야기하기와는 다른 종류의 이야기하기 형식이 출현"했다(최예정, 김성룡, 2005: 28). 이에 따라 전통적인 의미의 '이야기하기'라는 단어로는 포괄할 수는 없지만 근본적으로는 이야기 요소를 지니고 있는 새로운 이야기 형식을 설명하기 위해 '스토리텔링'이라는 용어를 사용하기 시작했다. 즉, 원래 스토리텔링은 "'이야기하기'의 뜻으로, 작가의 이야기 전개를 이르는 말로서 일반적으로 화자가 청자에게 이야기를 전달하는 것"을 의미했다(표준국어사전, 2022, 07.06 검색). 그런데 디지털 미디어에서 시청자가 화자의 이야기에 참여하는 새로운 형식이 나타나면서 종래의 이야기하기와 구분하기 위해 스토리텔링이라는 용어를 사용하기 시작했다.

이야기하기에서 이야기의 속성을 서책과 같은 일방적인 아날로그적 매체와 연결하여 설명한다면, 스토리텔링에서 스토리의 속성은 디지털 미디어를 통

---
[2] 〈표준국어사전〉에서는 콘텐츠를 다음과 같이 설명한다. "정보·통신 인터넷이나 컴퓨터 통신 등을 통하여 제공되는 각종 정보나 그 내용물. 유·무선 전기 통신망에서 사용하기 위하여 문자·부호·음성·음향·이미지·콘텐츠 등을 디지털 방식으로 제작해 처리·유통하는 각종 정보 또는 그 내용물을 통틀어 이른다."

한 쌍방향적 '텔링'에 초점을 맞추어 설명한다. 스토리텔링의 중요한 특징은 현재성과 상호작용성이다(최예실, 2020: 18; 박기수, 2007: 44; 박노현, 2013: 130). 유튜브 역사 콘텐츠의 스토리텔링도 종래 서책형 동화, 만화, 소설 등에서의 역사 이야기하기와 다른 특징을 보인다. 구체적으로 어떻게 다른가? 즉, 유튜브 역사 스토리텔링은 어떤 특징을 보이는가? 이 글에서는 그 질문에 다음과 같은 네 가지 관점에서 대답하고자 한다.

이야기식 역사 서술에서는 작가가 이야기의 순서를 정하며 이야기를 시작하고 끝을 맺는다. 일반적으로 "이야기에는 시작과 끝이 있다."(최예실, 2020: 14). 그런데 스토리텔링에서는 "보이는 순서가 고정되어 있는 과거의 미디어와는 대조적으로" 시청자가 "미디어 객체와 상호작용하면서" 스토리의 순서를 바꿀 수 있다(태지호, 2019: 131). 유튜브에서 많은 시청자가 댓글을 통해 적극적인 스토리텔러로 참여한다. 단순히 댓글을 통해 콘텐츠를 평가하고 감상을 적는 수준을 넘어 콘텐츠의 의미를 해석하고 전유하여 스토리텔링에 참여하는 것이다. 이 글에서는 크리에이터 및 다른 댓글러와 상호작용하면서 스토리텔링에 참여하는 사람을 '텔링 참여자'라고 부르겠다. 그렇다면 첫째, 유튜브 역사 콘텐츠의 스토리텔링에서 이야기의 순서, 시작과 끝은 어떻게 나타나는가?

역사 서술에는 저자의 시각이 작용한다. 일반적으로 이야기하기에도 작가의 시각이 투영된다. 그런데 스토리텔링에서는 상호작용성이라는 특징 때문에 읽고 쓰는 주체를 이분법적으로 구분할 수 없다. 그렇다면 둘째, 유튜브 역사 콘텐츠의 스토리텔링에서 시각은 어떻게 나타나는가?

역사 연구와 서술에는 간혹 현재의 사회적 화두에서 과거를 들여다보고, 또 과거에서 현재 사회가 생각해 볼 문제를 던지는 방식으로 상호텍스트성이 투영된다. 상호텍스트성은 "텍스트와 텍스트의 관계"로서 "넓은 의미에서는 텍스트와 텍스트, 혹은 주체와 주체 사이에서 일어나는 모든 지식의 총체"를 가리킨다(한국문학평론가협회, 2006). 텍스트론에서는 모든 텍스트는 다른 텍스트의 수용이면서 또 한편 다른 텍스트에 대안 응수라고 주장한다(김정희, 2014). 역사의 경우 예를 들면 최근 환경에 대한 사회적 우려라는 텍스트와 환경사 연구의 활성화라는 텍스트의 관계를 상호텍스트성으로 설명할 수 있다. 또 코로나 바이러스 19 팬데믹 상황에서 혐오 문화에 주목하면서 과거 전염병이 확산했던 시기의 도덕적 딜레마에 관한 이야기를 들려주는 방식에도 상호텍스트성이 깔려 있다. 그렇다고 모든 역사 연구와 서술에서 항상 상호텍스트성을 전략적으로 활용하는 것은 아니다. 그런데 역사 드라마, 영화, 애니메이션 등에는 상호텍스트성을 현재의 시청자의 관심을 끌기 위한 전략으로 자주 사용한다(박노현, 2013). 예를 들면 드라마 〈뿌리깊은 나무〉의 세종, 영화 〈명량〉에서 이순신 등은 당시 국가 지도자, 오늘날 대통령의 자질에 대해 생각해 보게 했다. 역사 드라마, 영화, 애니메이션 작가는 시청자의 관심을 끄는 또 하나의 핵심적인 전략으로 과거를 현재화하는 현재주의를 사용한다(박노현, 2013). 예를 들면 사극에서 과거인이 현대적인 언어로 말을 하고 현대의 음악을 사용하여 극적 효과를 극대화하는 것과 같은 방식이다. 그렇다면 셋째, 유튜브 역사 콘텐츠의 스토리텔링에서는 상호텍스트성과 현재주의를 어떤 방식으로 활용하는가?

역사는 증거에 기초한 분석이고 해석이다(Collins and Stearns, 2020: 7). 증거에 기초하여 역사적 오류 여부를 판단하며 역사적 개연성의 틀에서 상상력을 발휘한다. 그런데 역사 드라마, 영화, 애니메이션 등에서는 작가는 실증적 역사적 사실을 저본으로 하지만 문학적 상상력을 발휘한다(박노현, 2013: 293). "'사실로서의 큰 역사'를 일구어 낸 '허구로서의 작은 역사들'을 상상"한다(박노현, 2013: 293). 그렇다면 넷째, 유튜브 역사 콘텐츠의 스토리텔링에서 역사적 사실과 상상력·창의력은 어떤 방식으로 나타나는가?

이 상의 네 가지 질문에 초점을 맞추어 초등학생용 유튜브 역사 채널의 콘텐츠와 그 콘텐츠에서 시작하여 알고리즘이 안내하는 역사 콘텐츠의 스토리텔링 방식을 분석한다.

2. 유튜브 역사 콘텐츠의 스토리텔링 분석 방법

이 글에서는 유튜브 역사 콘텐츠의 스토리텔링을 크게 두 가지 방법으로 분석했다. 첫째는 유튜브에서 초등 역사를 검색하여 시청한 후 관련 콘텐츠를 연속적으로 찾아 시청하여 알고리즘이 안내하는 역사 콘텐츠들의 스토리텔링을 분석했다. 유튜브라는 미디어에서 역사를 어떤 순서로 스토리텔링하는지 분석했다. 둘째는 개별 콘텐츠의 스토리텔링 방식을 분석했다. 크리에이터와 텔링 참여자의 스토리텔링에서 스토리의 순서, 시작과 끝, 시각, 상호텍스트성과 현재주의, 역사적 사실과 상상력·창의력 등이 어떤 방식으로 나타나는지 분석했다.

첫째, 유튜브 알고리즘이 안내하는 역사 콘텐츠의 스토리텔링은 다시 다음의 1), 2)의 두 가지 방법으로 콘텐츠를 시청하여 분석했다. 1) 하나의 채널의 콘텐츠들을 시청하면서 채널의 역사 스토리텔링 방식을 분석했다. 2) 유튜브에서 '초등 역사'로 검색하여 첫 번째로 나타나는 콘텐츠로 시작하여 '관련 콘텐츠' 가운데 가장 먼저 나타나는 콘텐츠를 보거나 필자의 흥미를 자극하는 콘텐츠를 무작위로 선택하여 시청하는 방식으로 스토리텔링 방식을 분석했다. 2)의 방식은 일반적으로 유튜브 콘텐츠를 볼 때 하나의 콘텐츠를 시청한 후 관련 콘텐츠를 보는 방식을 취한다는 점에 착안한 것이다. 1)과 2)의 방식 모두에 알고리즘이 작용한다.

이 글에서 분석할 초등학생용 유튜브 역사 채널은 지니스쿨 역사이다. 지니스쿨 역사는 2022년 4월 13일에서 15일 사이에 네이버, 다음, 구글 등의 검색 사이트와 유튜브에서 초등 유튜브 역사로 검색했을 때 가장 많이 등장했다

[표 1].³⁾ 지니스쿨 역사는 애니메이션 형식의 콘텐츠를 제공한다. 이것을 어린이 혹은 초등학생용으로 추천하지만, 댓글을 보면 실제 중·고등학생과 성인도 시청한다는 점을 알 수 있다. 그 다음 많이 나온 EBS 초등 스토리 한국사와 꿀잼 한국사 TV 등도 부가적으로 검토했다.

둘째, 개별 역사 콘텐츠의 스토리텔링 방식은 지니스쿨 역사 콘텐츠에서 시작하여 관련 콘텐츠로 나타나는 지니스쿨 역사와 교양만두⁴⁾의 콘텐츠를 중심으로 분석했다. EBS 초등 한국사는 유튜브에서 댓글을 사용하지 못하도록 하고 있기 때문에 개별 콘텐츠 분석에서 제외했다. 또한 초등학생, 특히 알파 세대 어린이의 집중력이 길지 않다는 점을 고려하여 15분 이내의 콘텐츠를 분석의 대상으로 삼았다. 이 글의 분석 결과는 이 글에서 사용한 유튜브 콘텐츠 시청 방법의 통제를 받는다.

---

3) 분석하는 유튜브 채널과 역사 콘텐츠를 선정하기 위해 우선 유튜브 분석 통계 사이트들에서 2022년 4월 3일에 구독자나 조회수에서 상위에 있는 어린이 역사 콘텐츠 채널을 찾으려고 했다. 그런데 유튜브 랭킹을 제공하는 사이트에서 구독률이나 조회수가 높은 초등 역사 콘텐츠 채널을 찾을 수 없었다. 따라서 이 글에서는 구독자와 조회수 랭킹에 기초하여 채널을 선정하기보다는 검색 사이트에서 다수가 추천하는 초등 역사 채널을 찾는 방식을 취했다. 지니스쿨 역사 채널은 다음과 같은 방식으로 선정했다. '네이버'에서 초등 역사 유튜브로 검색했을 때 통합 검색 결과 창에서 2020년에 경남교육청과 초등교사 이서윤 채널에서 초등 한국사 학습을 위해 추천한 채널이 나타났는데, 이 두 사이트에서 공통적으로 지니스쿨 역사를 추천했다. 또한 네이버 통합 검색에서는 블로거들이 지니스쿨, 설쌤 TV, 최태성 한국사, EBS 초등 등을 추천했다. 설쌤 TV는 설민석의 표절 논란 이전인 2020년 4월 경에 추천했다. '다음'의 통합 검색 결과 창에서 한 블로거는 퍄퍄킴 역사를, 다른 한 블로거는 지니스쿨을 추천했다. '구글'에서는 '초등 유튜브, 역사'로 검색했을 때 한 신문 기사에서 역사 채널로 '지니키즈 역사'와 'EBS Learning'을 소개했다(이재남, 「아이 눈높이에 맞춘 과학·역사 교육채널 인기... 축구 기술, 프로그래밍 교육도 유튜브 활용」, 조선일보, 2017.02.08.). 유튜브에서 '초등 역사'로 검색하면 지니스쿨 역사가 첫 번째로, EBS learning이 그다음으로 나타났다. 유튜브에서 '초등 역사 추천'으로 검색했을 때에는 검색 결과 창에 지니스쿨, 꿀잼한국사 TV, 꿀잼역사 등이 나왔다. 꿀잼한국사 TV는 한국사를 6개의 편으로 요약하여 제공한다. 검색 사이트에 퍄퍄킴 역사도 등장했지만 초등학교 교과서의 내용과는 거리가 먼 콘텐츠들로 구성되어 있어 채널 자체를 분석하지는 않았다. 그러나 관련 콘텐츠를 찾아가는 방식으로 초등 유튜브 역사 콘텐츠를 시청했을 때 퍄퍄킴 역사도 연결되는 것을 확인할 수 있었다. 한국사능력검정시험 대비 콘텐츠(최태성 TV와 설쌤 TV)는 분석에서 제외했다.

4) 경기도의 초등교사가 4학년 학생 대상으로 자주 보는 유튜브 역사 콘텐츠 채널을 조사했을 때 교양만두를 본다는 학생이 있다고 해서 필자가 교양만두 채널을 검색한 적이 있다.

[표 1] 초등 유튜브 역사 추천 현황 2022.04.13. 검색

검색 사이트	가시화된 유튜브 채널(구독자 수 혹은 학습자 수, 2022.04.13. 검색)						
	채널 이름	지니스쿨 역사	EBS 초등 스토리 한국사	설쌤TV	최태성TV	꿀잼한국사	퍄퍄킴
	구독자 수	구독자수 11.8만 명	ebs learning 17.5만 명 (학습자수 47.93만 명 학습)	구독자 정보 제공 없음	구독자 정보 제공 없음	구독자 1.47만 명	구독자 20.6만 명
교육청과 초등교사 추천	*						
네이버 검색	*	*		*	*		
다음 검색	*						*
구글 검색	*	*					
유튜브 검색	*					*	*

III. 유튜브 역사 콘텐츠의 스토리텔링 방식 분석

1. 스토리의 순서, 시작과 끝이 변하는 열린 구조의 스토리텔링

유튜브에서 한국사의 전체 서사를 어떤 순서로 스토리텔링하는가? 이 질문에 대답하기 위하여 하나의 유튜브 채널에 고정하여 콘텐츠를 시청하는 방식을 취했다. 그렇게 하면 연대기적 구조에서 사건이 일어난 순서대로 역사 콘텐츠를 시청할 수 있을 수 있을 것이라고 가정했기 때문이다. EBS 초등 스토리 한국사에서는 01강 선사시대의 생활모습(1), 03강 처음 세운 나라 고조선(1) 등으로 시청할 콘텐츠의 순서를 1강, 2강 등의 번호를 매겨 제시한다. 그러나 EBS Learning 공식 홈페이지의 초등 스토리 한국사 사이트에 들어가서 시청할 때만이 시간의 순서에 따라 콘텐츠를 접할 수 있다. 퍄퍄킴 역사와 설쌤 TV 채널의 꿀잼 한국사 채널에서는 각각 한국사 요약본을 제공하는데 이 요약본에서는 콘텐츠에 1강, 2강 등을 명시하여 제공한다. 한국사 전체의 스토리 순서를

고정하여 제공한 것이다. 그러나 각 채널 내에서도 콘텐츠가 명시된 순서대로 나타나지는 않는다. 그러므로 콘텐츠를 강의 순서대로 보기 위해서는 시청자가 적극적으로 검색해야 한다.

지니스쿨 역사 채널에서는 크게 조선시대, 근현대, 인물열전, 인기업로드 등의 범주에서 콘텐츠들을 제공한다. 예를 들면 조선시대에는 "태종 이방원 특집: 절대 카리스마 태종 vs 소심한 이방원", "100점 한국사 요점강의 1강 임진왜란 병자호란의 영향", "조선시대 백성들도 강아지나 고양이를 키웠을까?" 등의 콘텐츠가 사건이 일어난 시간적 순서나 사건들 사이의 상관성과 관계없이 등장한다. 근현대 시기도 3·1 운동, 유관순 관련 콘텐츠가 먼저 나오고, 그다음에 일제강점기 무단통치 시대, 신민회, 서재필 등의 콘텐츠로 이어진다. 일반적으로 역사에서는 일제강점기 무단통치 다음에 3·1 운동에 대한 이야기를 읽을 수 있도록 하지만, 지니스쿨 역사 채널에서는 콘텐츠가 사건이 일어난 순서대로 나타나지 않는다. 어떤 채널에서든, 결국 시청자가 콘텐츠를 시청하는 방식에 따라 한국사 전체 스토리의 순서가 달라진다.

어른 회원으로 로그인한 후에, 유튜브에서 초등 역사로 검색했을 때 가장 먼저 나타나는 '조선 건국 특집: 고려의 멸망과 조선의 건국 연속 보기'로 시작하여 관련 콘텐츠를 연이어 선택하여 보는 방식으로 알고리즘이 역사를 어떻게 읽도록 유도하는지 분석했다. 첫 번째로 나타난 관련 콘텐츠를 연속으로 시청할 경우를 정리하면 [표 2]와 같다. '조선 건국 특집: 고려의 멸망과 조선의 건국 연속 보기'로 시작하여 관심을 끄는 관련 콘텐츠를 선택하여 보는 방식을 취했을 경우를 정리하면 [표 3]과 같다.

[표 2] 유튜브 초등 역사 첫 번째 관련 콘텐츠 시청할 때의
관련 콘텐츠와 콘텐츠를 연결하는 키워드 (어른 로그인 2022년 4월 30일 검색)

	관련 콘텐츠 (상위 5개)	관련 콘텐츠 연결 키워드
조건 건국 특집	칠지도와 근초고왕을 지켜라, 고구려 vs 백제전쟁(지니스쿨) 고려 멸망- 공민왕, 우왕, 창왕, 공양왕 (종합본) (지니스쿨) 백제의 멸망 1~3편 연속보기 (지니스쿨) 왕이 되고 싶은 남자 이방원(지니스쿨) 이방원의 분노와 왕자의 난 & 함흥차사 비화(지니스쿨)	전쟁, 멸망, 난, 분노
칠지도와 근초고왕을 지켜라	충무공 이순신 장군 특집(지니스쿨) 고구려 전성기의 군주 장수왕, 백제에 복수하다(지니스쿨) 철의 왕국 가야, 해상무역의 중심지 금관가야(지니스쿨) 천하무적 고구려 광개토대왕(지니스쿨) 신라 최초 여왕 선덕여왕의 어린 시절 덕만공주(지니스쿨)	장군, 군주, 왕
충무공 이순신 장군 특집	[밀크티타임] 인기송 한국을 빛낸 100명이 위인들 한글날 특집 역대 최강 브레인 세종대왕의 한글 만들기 비법(지니스쿨) 12명의 춤추는 공주- 세계 명작 동화(아이들을 위한 이야기) 한국사 시간여행- 나의 죽음을 적에게 알리지 마라(EBS 스쿨) 한국을 빛낸 100명의 위인들[마인드크래프트 키즈 역사]	위인과 동요
인기송 한국을 빛낸 100명의 위인들	한국을 빛낸 33인의 과학자(사이언스프렌즈) 충무공 이순신 장군 특집(지니스쿨) 독도는 우리땅 홈런프렌즈와 함께 불러요(홈런프렌즈) 한마음 동요제 추천 동요(김포인) 어른들은 왜 컴퓨터를 못하게 하는 걸까요?(은하안전단)	위인, 충성, 동요
한국을 빛낸 33인의 과학자	꽃을 꺾지 마세요(남궁혁) 한마음 동요제 추천 동요(김포인) [호호한자동요] 영재, 수재 1권~8권 전체 동요메들리(호호에듀TV) 한국을 빛낸 100명이 위인들 [마인크래프트 키즈 역사] 한국을 빛낸 100명이 위인들 [학습동요 어린이 동요]	동요, 위인

[표 3] 유튜브 관심 있는 관련 콘텐츠 시청할 때의 관련 콘텐츠와 콘텐츠를
연결하는 키워드(어른 로그인 상태 2022년 4월 30일 검색)

	관련 콘텐츠 (상위 5개)	관련 콘텐츠 연결 키워드
조선 건국 특집	백제의 멸망, 1~3편 연속보기, 황산벌 전투, 김유신 vs 계백(지니스쿨) 고려 멸망- 공민왕, 우왕, 창왕, 공양왕 (종합본) (지니스쿨) 발해 대조영의 고구려 계승(지니스쿨) [삼국 건국 신화] 알에서 태어난 왕들(지니스쿨) 조선시대 왕의 하루 일과는 어땠을까?(지니스쿨)	전쟁, 멸망, 건국, 왕
조선시대 왕의 하루 일과는 어땠을까?	실록에 적힌 역대 조선 왕들의 인성 수준(교양만두) 어린 원님을 깔보다가 돌갓과 수수대로 혼나는 중과 이방(아담이야기) 거지 처녀와의 하룻밤, 야담 야사 설화, 민담(스토리 디렉터) [옥스포드 임진왜란] 항왜 김충선(3호기지) 조선 왕 이름(묘호) 2분만에 노래로 외우기(유요)	왕, 야담, 야사
실록에 적힌 역대 조선 왕들의 인성 수준	조선의 역대급 폭군, 연산군의 실제 인성(교양만두) 조선판 낮져밤이 그 자체였던 퇴계이황, 그에 대한 재밌는 사실 (썰&사) 돈 벌려고 별짓 다 했던 조선 극한 직업들(교양만두) 우리는 언제부터 라면을 좋아하게 됐을까?(교양만두) 조선시대 공주님과 결혼하면 어떻게 될까?(교양만두)	야사, 야담

[표 2]와 [표 3]에서 볼 수 있듯이 알고리즘은 관련 콘텐츠를 키워드나 장르, 시청 혹은 검색 시기, 조회 내용 등으로 안내한다. 이에 따라 유튜브에서는 역사를 하나의 일관된 서사가 아니라 개별 사건에 관한 스토리로 접하게 된다. 이러한 알고리즘이 시청자에게 미치는 영향을 무시할 수는 없다. 그렇다고 시청자가 무조건 알고리즘의 안내를 따라가며 시청하는 것은 아니다. 오히려 관심 콘텐츠를 주체적으로 선택하여 시청한다. 그러므로 유튜브에서 역사 서사, 서사 안의 사건들의 배치 순서는 알고리즘과 시청자가 상호작용하여 결정한다고 할 수 있다.

개별 콘텐츠의 스토리텔링에서 시작과 끝은 어떻게 나타나는가? 이 질문에 대답하기 위하여 크리에이터와 텔링 참여자의 상호작용을 살펴보았다. 지니스쿨 역사의 "흥선대원군! 백성들의 영웅, 흥선대원군의 개혁정치: 깨끗한 나라를 만들자!" 편이 있다. 이 콘텐츠에서는 흥선대원군의 '인재 등용', '서원 철폐',

'조세 개혁', '탐관오리 척결' 등의 개혁 정책에 대해 설명한다. 그러나 끝에는 백성이 그를 비난하는 모습을 보여 주고 "다음 편을 기대해 줘"라고 한다. 그런데 한 텔링 참여자는 "흥선대원군이 나쁜 이유는 경복궁 재건에 시민을 많이 동원하고 큰 세금을 거두었고 '당백전'이라는 화폐를 만들어 물가를 높였다."는 댓글을 달아 스토리텔링에 참여한다. 이 과정에서 크리에이터가 그 콘텐츠에서 애초에 설정한 스토리의 시작과 끝이 변한다.

역사 콘텐츠에 댓글의 기능이 활성화되어 있는 한, 스토리텔링의 시작과 끝은 변할 수 있다. 다음의 절에서 '시각'을 분석하면서 좀 더 예시하겠지만 텔링 참여자는 그 콘텐츠와 상호작용하며 스토리를 처음부터 다시 들려주거나 이어 가고 또 개작하여 새로운 스토리를 만들기도 한다. 스토리텔링의 특징이 유튜브 역사 콘텐츠 스토리텔링에도 그대로 나타나는 것이다. 새로운 형식의 역사 쓰기라고 할 수 있다. 물론 댓글이 아예 없거나, 시청자가 댓글을 통해 스토리텔링에 참여하지 않은 경우 크리에이터가 설정한 스토리의 시작과 끝은 변하지 않는다.

일반적으로 서책형 이야기에서는 두 종류의 시간성이 있다. 하나는 "이야기된 것의 시간성"과 다른 하나는 "이야기 행위 자체에 걸리는 시간성"이다(최예실, 2020: 15). 그런데 유튜브를 통한 역사 스토리텔링에서 세 종류의 시간성이 있다. 스토리의 행위가 일어난 시간(대과거), 그것을 스토리텔링한 시간(과거), 그리고 스토리텔링을 보고 듣고 스토리텔링을 이어 가는 시간(현재)이다. 이 '현재'라는 시간은 스토리텔링의 끝을 휘발시킨다. 유튜브 역사 콘텐츠의 스토리텔링은 시작과 끝이 열린 구조에서 계속된다.

역사 콘텐츠 스토리텔링에는 역사적인 해석과 과장된 상상이 혼재되어 나타난다. 예를 들면 지니스쿨 역사의 "원숭이를 사랑한 성종"의 댓글 중에는 "저 시대에 저러고 어떻게 살았을까… 참 백성들 너무 불쌍하다. 지금 현 세대를 사는 나는 너무 행복한 거다.", "성종은 저희 조상인데(전주이씨) 애완동물 키우다가 나라가 망했네." 등이다. 성종의 애완동물 사랑을 백성을 돌보지 않은 행위로 또는 조선 멸망의 원인으로 해석하고 스토리텔링을 이어 간 것이다. 콘텐츠에서 어떤 해석이 역사적 사실에 근거한 것이고 역사적으로 개연성이 있는지, 또 어떤 해석이 이 근거가 불충분한 비역사적인 과장된 상상인지의 구분은 시청자의 몫이다.

2. 다중시각의 스토리텔링

지니스쿨 역사, EBS, 꿀잼 한국사 등은 '교과서에 나오는 역사', '교과서에 나오지 않는 역사'를 명시하여 콘텐츠를 제공한다. EBS는 그 두 가지 콘텐츠를 서로 다른 채널에서 제공한다. 그러나 지니스쿨과 꿀잼 한국사에서는 하나의 채널에서 그 두 가지 콘텐츠를 함께 제공한다.

지니스쿨 역사의 '교과서에 나오는 역사'에 "말 목 자른 김유신, 김유신이 아끼는 말을 죽였다고?", "왕건은 정말 바람둥이일까? 태조 왕건, 29번 결혼의 비밀" 등이 있다. 그 외에도 교과서에 나오는 세종대왕, 이순신, 을지문덕, 류관순 등과 관련된 콘텐츠를 제공한다. 2015 개정 초등 사회의 역사 영역에서는 기본적으로 민족적인 영웅을 통해 왕조교체 및 국난 극복의 역사를 가르치고 한국의 대표적인 문화유산을 통해 문화적 우수성을 각인시키려고 노력한다. EBS 초등 한국사, 지니스쿨 역사, 꿀잼 한국사의 '교과서에 나오는 역사'는 초등학교에서 학습하는 역사를 '대체' 혹은 '보완'할 수 있는 콘텐츠이므로 초등 사회 교과서 역사 영역의 주제와 시각을 그대로 따른다. 특히 국난 극복의 역사에서는 '우리'와 '그들'을 구분하고 '우리'라는 감정을 느낄 수 있도록 민족주의와 애국심과 같은 이념과 가치를 명료화한다.

그런데 텔링 참여자는 교과서적인 시각과 거리를 두며 이야기를 변형하거나 다른 결말을 상상하기도 한다. 예를 들면 콘텐츠 크리에이터는 "말 목을 자른 김유신"에서는 김유신이 '신라의 운명'을 위해 천관과 헤어지기로 작정한 것이라고 이야기한다. 그러나 콘텐츠의 댓글에는 "괜한 말만 보물 같은 목숨 잃었넹", "말 불쌍해", "그래도 말 죽이는 건 좀 김유신 인성이…" "마마보이 김유신" 등의 댓글이 있다. 오늘날의 동물애호가의 시각에서 김유신을 비판하기도 하고 오늘날 아들의 특정한 행위를 평가하는 용어인 마마보이로 김유신의 행위를 재단하기도 한다. 또 "동생이 그러는데 ㅋㅋ 아끼는 말까지 죽일 정도로 저 여자와 만나기 싫었나 봐 이래서 빵 터졌어요"라고 하면서 현재인의 사고방식의 틀에서 과거인의 행위를 해석한다. 마치 '심청전'에서 심청을 현재주의 시각에서 효녀가 아니라 오히려 불효녀라고 해석하는 것과 같은 방식이다. "삼국통일하고 천관과 결혼하면 안 돼?"라고 하면서 결말의 수정을 제안하기도 한다. 이러한 댓글에서는 첫째, 역사 콘텐츠의 스토리텔링이 끝이 없이 계속될 수 있다는 점. 둘째, 스토리텔링을 시작했던 크리에이터의 시각이 계속 권위를 갖고 유지되는 것이 아니라 다른 시각에서 스토리텔링이 이어질 수 있다는 점 등을 알 수 있다.

역사 콘텐츠의 스토리텔링에서는 크리에이터와 텔링 참여자, 그리고 텔링 참여자들이 상호작용하면서 사건이나 인물의 역사적 의미가 하나가 아니라 복수로 해석된다. "왕건은 정말 바람둥이었을까?"에서 한 텔링 참여자는 다음과 같은 긴 댓글을 통해 왕건의 결혼을 당대의 시각과 오늘날의 시각을 대비하면서 설명한다.

> 2년 전 영상이라 댓글이 달릴지 모르겠지만 태조 왕건은 기존에 2명의 부인밖에 없었습니다. 지금까지 제가 기록을 뒤져 본 결과 나머지 28명의 부인은 전부(27명일수도 있는데 있다가 설명) 정략결혼입니다. 진짜 자기가 사랑해서 결혼한 부인이 2명이라면 "저거 바람피운 것 아니야?"라고 생각할 수도 있지만 그 당시 시대적 배경을 이해해야 합니다. 그 당시엔 일부다처제 형식이기 때문에 바람이라고 할 순 없죠(물론 현대 법의 시점으로 보면 바람피운 것이 맞습니다). 하지만 이 이야기는 일종의 설이기 때문에 신뢰성이 그렇게 높진 않습니다. 두 번째 부인도 정략결혼을 한 것이 오히려 신뢰성이 높죠(첫 번째 부인 신혜왕후는 진짜 서로 사랑해서 결혼한 것이 맞음).

"당시엔 일부다처제"이므로 바람이라고 할 수 없지만, "현대 법의 시점으로 보면 바람피운 것이 맞다"고 대비한 것이다. 또한 단순하게 바람피운 것이다 혹은 아니다의 이분법적 구도에서 해석할 것이 아니라 그 사건의 복잡성을 보아야 한다고 주장하는 한편, 현재주의 시각에서 인물 행위의 가치를 판단하는 것을 비판한다. 시청자가 이러한 댓글을 읽는다면 현재에 법적·사회적으로 당연한 일부일처제가 과거에는 당연하고 자연스럽지 않았다는 점을 알 수 있다.

"일본 군함의 조선 침공, 운요호 사건"의 댓글에서도 강화도조약 체결의 배경에 관한 복수의 설명을 읽을 수 있다. 이 콘텐츠에서는 흥선대원군이 최익현 상소문에 의해 물러나고 강화도에 운요호가 나타나게 되어 이후 강화도조약을 맺는 상황이 나온다. 그리고 마지막 장면에서는 일본 측이 조선에게 사과하라는 요구를 듣고 조선의 관료들이 "사과는 우리가 받아야 하는 것 아니야"라고 말한 후, 다음 편을 예고한다. 그런데 텔링 참여자는 "흥선대원군이 개혁에 반대하는 바람에 조선이 매우 약해져서 이 꼴이 되어 버렸지" 또 "저 당시 조선이 제대로 저항 한번 못 해 보고 당한 이유가 조선은 민씨 일가의 부정부패로 인해서 강화도에 대한 지원이 끊긴 지 3개월 이상 되었고 무엇보다 신미양요 때 피해를 많이 입었던 상태라 미처 대비하지도 못했음…"이라는 댓글을 달았다. 전자의 댓글에서는 강화도조약에서 일본이 큰 소리를 치며 사과를 요구하는 배경을 흥선대원군의 쇄국 때문이라고 해석하지만, 후자의 댓글에서는 민씨 일가의 부정부패와 신미양요로 인한 피해 때문이라는, 콘텐츠에서 들려주지 않은 스토리를 첨가하여 설명한다. 서로 다른 시각에서 강화도조약의 배경을 분석하고 스토리텔링한 것이다.

지니스쿨의 '교과서에 나오지 않는 역사' 가운데 "조선시대에도 무서운 전염병이"에는 다음과 같은 댓글이 있다.

> 조선시대 가장 큰 전쟁 임진왜란, 병자호란만큼이나 사상자가 많은 것이 경신대기근이었음. 잔인하고 참혹한 경신대기근을 만화로 좀 더 밝게 표현해서 어린아이들이 보기 좋게 했네요ㅋ 실제로 경신대기근은 인육도 먹고 잔인했었죠. 그렇게 감염된 사람들이 병에 걸린 돼지나 소를 잡아먹어서 더 죽고.. 전염병이 커지면서 당시 100만 명 이상의 조선인이 사망했던 엄청난 최악의 대재난이었음. 조선판 흑사병.. 규모나 사상자로는 코로나보다 훨씬 무서웠음.

콘텐츠에서는 제시하지 않은 데이터와 정보를 첨가하여 스토리텔링을 좀 더 구체적으로 진행한다. 유튜브에서 스토리텔링은 크리에이터와 텔링 참여자, 그리고 텔링 참여자들 사이의 스토리 교환 행위이다. 텔링 참여자는 사회적 혹은 문화적 주체로서 스토리를 전유하고 스토리텔링에 참여한다(태지호, 2019: 131). 크리에이터가 평범한 인물의 민족적 기여에 초점을 맞추거나 민족적 영웅의 여성 편력을 부각하여 희화화하는 시각에서 스토리텔링을 해도, 텔링 참여자가 크리에이터의 의도와 다르게 읽고 전유하여 스토리텔링의 시각을 변경할 수 있다. 즉 그 평범한 인물의 행위가 민족을 위한 것이 아니라 이기적인 사심 때문이었다고 해석하거나, 민족적 영웅의 여성 편력이 사실은 당대에 일반적인 문화였다고 스토리텔링하는 것이다. 텔링 참여자의 스토리의 전유와 교환은 사회문화적인 맥락에서 이루어진다. 그러나 텔링 참여자가 스토리에서 획득하는 의미는 그의 인간관, 세계관, 이념, 욕망, 역사 지식, 역사관 등에 따라 달라진다.

유튜브의 댓글에는 서로 다른 해석이 경합한다. 하나의 해석에 대한 반박과 재반박의 토론도 이루어진다. 따라서 유튜브 역사 콘텐츠의 스토리텔링은 하나가 아니라 복수의 시각에서 이루어진다.

3. 상호텍스트성과 현재주의를 통한 과거의 현재화

역사 드라마에서는 "상호텍스트성은 그때/거기와 지금/여기 사이에 산포하는 다종다양한 텍스트의 호명을 통해 과거와 현재의 간극을 좁히고, 아나크로니즘(현재주의)은 그때/거기를 지금/여기와 흡사한 시대감각으로 그려 냄으로써 이를 더욱 강화시킨다."(박노현, 2013,: 391). 유튜브 역사 콘텐츠의 스토리텔링에서는 스토리 선정은 물론, 현재 유튜브에서 인기를 얻는 스토리텔링 방식과 현대의 음악을 사용하는 방법을 통해, 또 인물의 얼굴과 몸을 오늘날의 시각에서 정형화하거나 시각적인 이모티콘을 사용하는 방법으로 과거를 친숙하게 만든다.

먼저 콘텐츠를 보면 '교과서에 나오지 않는 역사' 범주에는 현재 사회의 쟁점이나 관심과 관련된 스토리로 과거를 친숙하게 한다. 예를 들면 코로나19 팬데믹이 한창이던 2020년과 2021년에 많은 역사 채널에서는 전염병에 관한 콘텐츠를 탑재했다. 콘텐츠 선정에 상호텍스트성을 활용한 것이다. 지니스쿨 역사에서도 "경신대기근의 최후", "조선시대에도 무서운 전염병이??"를 탑재했다. 전염병에 대한 현재인의 두려움, 해결 노력 등을 떠올리면서 콘텐츠를 조회하도록 유도했다. 실제 경실대기근의 최후의 댓글에는 "왜 코로나 뉴스를 보고 있는데 이게 왜 떴지? 그리고 난 왜 여기 들어왔지? 게다가 이거 왜 이리 재밌지?", "코로나 보다가 초딩만화까지 보네" 등이 있다. 상호텍스트성이 조회수를 높이고 있는 점을 알 수 있다.

또 지니스쿨 역사의 "남자가 처가살이를 했다고?"에서는 오늘날 여성 인권 문제를, "조선 시대 백성들도 강아지나 고양이를 키웠을까?", "조선시대 왕의 하루 일과는 어땠을까?: 왕의 기상 미션, 바쁜 왕의 일상", "왕들도 매일 공부를 했다고?", "먹방의 원조! 조선사람", 그리고 "조선시대의 서양인, 하멜과 벨테브레 이야기", "앗쌀라무 알라이쿰, 이슬람에서 왔어요", "조선 패션, 귀고리 하는 남자들" 등에서는 애완동물, 일상, 먹방, 패션 등에 대한 현재인의 관심과 다문화에 대한 사회적 쟁점을 떠올리게 한다. 과거인도 현재인과 유사한 경험을 했고, 비슷한 관심을 가졌으며, 고민을 했다는 스토리로 과거인과 동류의식을 같게 한다.

댓글을 보면 텔링 참여자가 오늘날 사건을 떠올리면서 스토리텔링에 참여하는 것을 볼 수 있다. "조선시대에도 무서운 전염병이??"의 댓글에는 "아구.. 조선시대에도 전염병이 있었네요..ㅜ.ㅜ 그래도 지금이 더 위험한 것 같다."라는 댓글이 있다. "조선 패션, 귀고리 하는 남자들"에서는 조선 초기에는 어른과 아이를 가리지 않고 귀걸이를 하는 남성이 많이 있었다는 스토리를 들려준다. 오늘날 과거에는 남성이 귀걸이를 착용하지 않았을 것이라고 생각하는데 오해라고 설명을 하는 것이다. 이에 대해 "남자들도 패션왕이 되겠다는 건 있는 것 같은데"와 같은 댓글이 있다. 지니스쿨의 전염병 콘텐츠는 퍄퍄김 역사의 "조선을 덮친 대재앙 스페인독감"을 관련 콘텐츠로 연결한다. 댓글에는 "스페인독감이 식민지 조선에 유행해서 우리 조선 민중이 피해를 많이 봤네요. 지금 코로나 시대에 [그 이야기를] 들어 보니 남 일 같지 않네요. 새로운 사실을 알게 되는 기쁨이 있네요"가 있다.

크리에이터는 현대의 텔링 방식을 차용하여 통해 과거를 친숙하게 만들기도 한다. "조선시대 처가살이 vs. 시집살이"는 "우리가 몰랐던 조선시대 여성 인권"이라는 자막으로 시작한다. 그리고 첫 장면에서 갓을 쓴 남자에게 비녀를 꽂은 여성이 "조선 여자들이 차별받고 억압받으면서 산 것 세상이 다 아는데 뭐가 아니라는 거야"라고 소리를 버럭 지르자, 남성이 "…맞지만 조선 시대 500년 내내 그러지는 않았다는 거지."라고 대답한다. 조선 시대의 의복을 입은 여성과 남성의 서로 마주 보면서 오늘날처럼 여성의 억압에 대해 토론하는 방식을 차용한 것이다. "조선시대에도 무서운 전염병이"도 여성과 남성 이야기꾼 두 명이 이야기를 이끌어 간다. 여기에 잔잔한 음악을 통해 당시의 어렵고 슬픈 상황을 느낄 수 있도록 한다. "왕건은 정말 바람둥이었을까?"의 마지막 부분에서는 "그것이 알고 싶다"를 패러디하는 방식을 취했다. 오늘날 사람들에게 익숙한 토론이나 논증 방식을 활용하여 과거를 친숙하게 만든다.

또 "조선시대에도 무서운 전염병이"의 대화 가운데 신하가 왕에게 "어머님이 아프셔서 내려가 봐야겠습니다"라고 하자 왕이 "너 진짜 어머니가 아픈 것 맞아? 도망가는 거지"라고 한다. 과거 왕과 신하도 오늘날과 같은 태도로 대화한 것처럼 묘사한 것이다. 왕이 화난 표정이나 신하가 떨고 있는 모습을 시각적인 언어로 표현하여 과거를 현재화한다. 분노, 슬픔, 기쁨 등의 감정을 표현하는 현대적인 코드를 통해, 그리고 다양한 효과음으로 과거의 상황이나 인물의 마음 상태를 표현한다. 그리하여 과거에도 현재와 유사한 방식으로 표현을 했고 감정을 느꼈다고 상상하게 한다.

EBS와 지니스쿨의 애니메이션 콘텐츠에서는 을지문덕과 이순신 등의 장수는 진한 눈썹과 큰 눈, 날카로운 눈매로 그리고 살수대첩 당시 수나라 장수의 얼굴은 작은 눈과 납작한 코로 대비시킨다. 도요토미 히데요시는 땀을 뻘뻘 흘리며 고민하는 모습을 보여 준다. 또한 일본 장수의 일본식 한국어 말투와 중국 장수의 중국식 한국어 말투도 현재인이 상상하는 한국말을 잘 못하는 일본인과 중국인의 발음을 그대로 반영한 것이다. 현재인이 그리는 정형화된 '좋은' 사람과 '나쁜' 사람의 이미지를 투영하여 영웅, 배신자, 살인자, 패주, 적 등의 표정, 몸짓과 말투를 표현하는 방식으로 현재주의를 활용한다.

요컨대 콘텐츠 크리에이터는 현재인의 친숙한 표현 방식을 동원하여 과거를 설명한다. 그렇다면 텔링 참여자도 이러한 현재주의 전략을 사용하는가? "경신대기근의 최후"에는 "1분 26초에 서로 싸우고 있는데 뒤에서 병든 소 혼자만 먹고 있는 사람 개인주의 아님? zzzz.."라는 댓글이, "조선시대 먹방"에는 "많이 먹는 식신들이 많았군요"라는 댓글이 있다. 개인주의 혹은 식신 등과 같은 오늘날의 개념 혹은 용어로 과거의 행위를 오늘날과 동질적인 것으로 만든다. 크리에이터와 텔링 참여자가 과거인과 현재인이 같은 문화적 행위를 보였다는 생각을 교환하면서 스토리텔링하는 것이다. 이러한 현재주의 전략은 대부분의 역사 콘텐츠의 스토리텔링에서 확인할 수 있다.

그런데 "조선시대 먹방"의 댓글에 "어떻게 여자 기자회견이, 조선시대에서 왜 있어요"가 있다. 크리에이터의 현재주의 텔링 방식에 의문을 제기한 것이다. 그러나 이러한 문제 제기는 드물다. 이 댓글에 다른 텔링 참여자가 "애니메이션은 비현실적인 것이 대부분…"이라는 댓글을 단 것처럼, 대부분의 시청자는 현재주의 텔링 방식을 애니메이션이라는 장르의 특징으로 받아들인다.

역사 콘텐츠의 상호텍스트성과 현재주의 전략은 과거인이 현재와 다른 시간대에 살았음에도 현재인과 경험, 가치, 표현 방식 등을 공유하는 것처럼 인식하게 한다. 시간의 차이를 진공화하여 과거의 인물과 현재의 시청자가 동시대적 삶의 감각을 공유하게 하는 것이다(박노현, 2013: 395; 최예실, 2020: 15). 이러한 현재주의는 과거와 현재의 문화적 거리를 희미하게 하고, 역사적 사실과 허구의 경계를 무너뜨린다.

4. 콘텐츠의 작은 사실적 오류는 불용, 스토리텔링에서 허구적 상상력은 허용

많은 텔링 참여자는 지니스쿨 역사 콘텐츠를 역사 교과서 못지않게 신뢰한다. 예를 들면 "시험기간에 보기 딱 좋습니다. 암기하기 싫을 땐 역시 지니스쿨" 중·고등학생, 심지어 성인도 각종 시험 준비에 대비하기 위해 시청한다는 댓글, 교사가 수업 시간에 보여 준다는 댓글도 많다. 그래서인지 오류에 대해서는 매우 민감하게 반응한다.

지니스쿨 역사의 "싸와디캅 태국에서 왔어요"에는 "3:05초에 오타, 태종이 1400년에 왕이 되었는데 1412년이면 태종 12년입니다. 근데 태종 7년으로 되어 있네요", "2:52 한반도 위치가 많이 이상한데?" 등의 댓글이 있다. "살수대첩의 영웅 을지문덕 장군 승리"에서도 "실제 저 당시 둑을 쌓아 강물을 막을 만한 기술은 없다고 들었는뎅"라는 댓글로 오류의 가능성을 지적하기도 한다. 그런데 다른 한편 "고구려 개마무사 고증까지 잘했네ㅋㅋ"라는 댓글도 있다. "김유신이 말 목을 자른 이유"와 관련된 영상에서는 "피곤해서 잔 게 아니라 술 먹고 잔 건데"라고 하면서 약간의 '변형'도 허용하지 않는다. 지니스쿨 역사의 "남자가 처가살이를 했다고"의 몇몇 댓글에서는 "13대는 명종으로 알고 있는데요!"라는 지적이 있다. 지니스쿨 역사 측에서는 그러한 댓글에 댓글을 달아 "화면 오타"라고 하면서 "명종은 13대 임금님 맞습니다. 유튜브는 콘텐츠 수정이 어려운 관계로 상세 설명에 해당 부분 정정하여 남기도록 하겠습니다."라고 한다. 크리에이터와 텔링 참여자가 상호작용하여 작은 오류를 바로 잡은 것이다.

"조선시대의 서양인, 하멜과 벨테브레 이야기"의 댓글에는 "서양인=영어 이것도 획일화가 빚는 오류에 인종차별인데 왜 네덜란드 사람이 영어를 하게끔 묘사한 거예요?"라는 항의가 있다. 텔링 참여자가 오류를 계속 지적할 것을 예상했기 때문인지 영상의 마지막 장면에 "이건 꼭 봐야 해" 코너를 두어 "벨테브레(박연)은 1627(인조 5년), 하멜은 1653(효종 5년)에 각각 조선에 표류했다… [중간 생략] …픽션(사실과 다른 것) 박연과 하멜이 영어로 대화를 하진 않았을 것이다."라고 서술한 자막을 띄운다. 특정 부분이 픽션(허구)임을 인정함으로써 다른 부분의 사실성을 높이려 하는 것이다. 지니스쿨 역사 콘텐츠에서는 크리에이터가 사실과 허구라는 용어를, 텔링 참여자는 고증과 같은 용어를 통해 기록과 다른 작은 오류들을 걸러 낸다.

지니스쿨의 "조선 왕의 하루는 어땠을까?"는 교양만두의 "실록에 적힌 역대 조선 왕들의 인성 수준"으로 연결한다. 교양만두는 크리에이터가 직접 스토리텔링하는 형식을 취한다. 교양만두는 "B급 교양 채널"을 표방하지만 매 역사 콘텐츠마다 역사적 사건에 대한 설명과 참고문헌을 제시하여 콘텐츠의 신뢰성을 높이려고 한다. 그런데 교양만두의 "실록에 적힌 역대 조선 왕들의 인성 수준" 댓글에는 크리에이터가 왕들의 인성까지 연구해서 콘텐츠를 제작한 것을 칭찬하기도 하지만 다음과 같이 문제를 제기하기도 한다.

> 지금까지 교양만두 진심으로 재밌게 봤고 지식도 얻어 구독하고 좋아요도 누르고 했어요. 하지만 세종대왕 에피소드에 대한 양녕대군과 효령대군은 실제 실록과 차이가 있기도 하며 역사적 논문을 보며 조금 다른 사실을 말씀을 하시는 것 같아 이렇게 글을 남깁니다. 저도 지식이 풍부하진 않고 또 교양만두팀에서 많은 자료와 사실을 기반하여 영상을 만드셨겠지만 역사와 사실을 모르는 분들은 교양만두 채널의 영상을 보며 조금이라도 다른 사실을 알게 되지 않을까, 저 또한 교양만두를 보며 지식을 얻었다라고 생각해 다른 분들 또한 이렇게 역사와 지식을 배웠다고 하실까 우려스러운 부분에서 이렇게 답글을 남깁니다.

이 텔링 참여자는 크리에이터의 설명이 실록과 다른 부분이 있다고 주장하면서, 종래 일반적으로 알려진 역사 해석과 다른 크리에이터의 해석에 불편함을 표현한다. 이 댓글은 역사 콘텐츠가 역사가의 연구를 기반으로 하며, 실록과 같은 사료를 증거로 사실을 확인하지만 역사 해석이 다를 수 있다는 점을 알려준다. 교양만두의 "조선사람들은 어떻게 이혼했을까?"의 다음과 같은 댓글도 역사가 과거의 문헌에 기초하여 서술된다는 점을 알려 준다.

환향녀라는 표현은 당시 문헌에는 나오지 않고, 조선 측 기록에서는 속환인이라고 표기했습니다. 환향녀라는 단어는 비교적 최근 해방직후나 일제강점기 전까지 사용되었던 적이 없습니다. 화냥년의 어원이 환향녀라는 잘못된 속설이 널리 퍼져 있는 상황에서 환향녀라는 표현이 옳지 않은 표현이라는 것은 따로 댓글이나 설명에서 언급이 되어야 할 듯싶습니다.

이 댓글에서는 당시 문헌에 나오지 않는다는 점을 근거로 환향녀라는 용어가 적확한 역사적 용어가 아니라는 점을 지적한다. 댓글에서 '증거'라는 용어를 사용하여 스토리텔링에 참여하지는 않았지만, 환향녀가 적확한 표현인가 여부를 당시의 문헌과 같은 증거에 기초하여 판단해야 한다고 인식을 읽을 수 있다. 그런데 "조선사람들은 어떻게 이혼했을까?"의 콘텐츠는 드라마에 나오는 이미지들을 활용하여 스토리텔링을 하지만, 그러한 이미지를 사용하는 것을 비판하는 댓글은 없다.

지니스쿨 역사는 몇몇 콘텐츠를 시작할 때 작은 글자로 "본 콘텐츠에는 학습자의 이해를 돕기 위해 과장 또는 순화하여 연출한 장면이 포함될 수 있습니다."라는 정보를 순간적으로 내보낸다. 애니메이션의 장르적 성격을 이해하기 때문인지 "살수대첩의 영웅 을지문덕 장군 승리"의 댓글에는 "수나라 귀엽다"라고 하면서 창작적 요소를 이해하는 듯한 댓글도 있다. 콘텐츠의 과장이나 연출을 문제 삼지 않는 것이다.

요컨대 텔링 참여자는 콘텐츠 내의 작은 오류에 대해서는 민감하게 반응한다. 즉, 기록과 다른, '틀린' 연도, 용어 등을 용납하지 않는다. 그러나 콘텐츠에서 설명하는 사건 자체가 오류이거나 창작일 가능성에 대해 문제 제기하지는 않는다. 또 콘텐츠의 시각적인 이미지나 인물들 간의 상상적인 대화 내용이 사실인지 상상력으로 만든 창작인지에 대해서도 질문하거나 비판하지 않는다. 오히려 크리에이터와 텔링 참여자는 모두 앞서 서술한 것처럼 현재의 사회문화와 상호작용하면서 현재주의 전략을 적극 활용하여 스토리텔링을 한다.

Ⅳ. 맺음말: 요약 및 학습 활동 제언

　초·중·고등학생은 유튜브에서 다양한 역사 콘텐츠를 접한다. 유튜브의 스토리텔링은 현장성, 현재성, 동시성, 상호작용성 등의 특징을 보인다. 이러한 스토리텔링의 특징은 유튜브 역사 콘텐츠의 스토리텔링에서도 나타난다. 이 글에서는 유튜브 역사 콘텐츠의 스토리텔링 방식을 첫째, 역사 스토리의 순서, 시작과 끝, 둘째, 시각, 셋째, 상호텍스트성과 현재주의, 그리고 넷째, 사실과 상상력 등의 관점에서 분석했다. 그 분석 내용을 요약하면 다음과 같다.

　첫째, 유튜브에서는 역사를 탈시간적인 에피소드의 모음처럼 생각하도록 역사 콘텐츠를 제공한다. 유튜브에서는 시청자와 알고리즘이 상호작용하면서 역사 서사 혹은 개별 역사 콘텐츠 스토리의 순서를 정한다. 유튜브의 개별 역사 콘텐츠에서는 전통적인 의미의 '이야기하기'와 다른 스토리텔링 방식을 보인다. 전통적인 역사 이야기하기에서는 이야기의 순서, 시작과 끝이 명확하다면, 유튜브 역사 콘텐츠에서는 시청자가 크리에이터의 스토리텔링을 수동적으로 듣는 데 그치지 않고 댓글을 통해 스토리텔링에 적극적으로 참여하면서 스토리의 순서, 시작과 끝이 변한다. 텔링 참여자가 크리에이터와 상호작용하면서 스토리텔링을 이어 가거나 다른 시각에서 변형한다.

　둘째, 유튜브 역사 콘텐츠에서는 크리에이터와 텔링 참여자 사이, 그리고 텔링 참여자들 사이에서 다양한 스토리 교환과 의미 해석이 일어나며 이 과정에서 시각이 다중화된다. 그들은 과거와 현재의 서로 다른 시간의 맥락에서의 스토리를 주고받거나, 현재라는 시간의 맥락에 사건의 원인이나 결과 혹은 역사적 의미에 대해 서로 다른 시각에서 해석한다. 여러 시각의 스토리텔링이 때로는 서로 결합하고 때로 서로 경합한다.

　셋째, 유튜브의 '교과서에 나오는 역사' 콘텐츠에서는 교과서 내용을 충실히 반영하여 조회수를 높인다. '교과서에 나오지 않는 역사'의 경우, 스토리텔링에서 상호텍스트성과 현재주의 기법을 활용하여 조회수를 높이려고 한다. 크리에이터와 텔링 참여자는 현재적인 용어, 개념, 이미지, 음악, 이모티콘 등을 통해 과거를 현재와 동질적으로 만든다. 간혹 크리에이터나 텔링 참여자가 과거의 행위를 현재의 가치 판단 기준으로 평가하는 것을 텔링 참여자가 비판하기도 한다. 그러나 현재주의는 역사 콘텐츠 스토리텔링에 전반적으로 나타난다.

넷째, 크리에이터와 텔링 참여자는 모두, 스토리에서 기록과 다른, '틀린' 연도나 용어 등에 대해서는 철저하게 고증해야 한다고 인식한다. 그러나 텔링 방식에서 현재주의적 상상력이나 창의성은 존중한다. 크리에이터가 스토리텔링에 사용한 현재 드라마 이미지나 연예인의 이미지는 물론, 애니메이션에서 사용하는 시각적 언어도 장르적 특징으로 이해한다.

요컨대 유튜브 역사 콘텐츠의 스토리텔링 방식은 학교에서 학습하는 역사 이야기와 매우 다르다. 유튜브 역사 콘텐츠는 역사적 사실을 저본으로 하지만 허구가 가미된 창작이다. 그러나 역사 콘텐츠를 보고 역사를 알게 되었다든가 역사를 공부하고 있다는 댓글이 많다. 많은 고등학생이 유튜브 역사 콘텐츠를 신뢰한다는 설문조사 결과도 있고(김형목, 2021) 초등학생은 역사 동화의 장르적 특징을 아는 것처럼 보이지만 그 텍스트를 실제 있었던 사건의 기록으로 이해하는 경향이 있다는 연구도 있다(김태호, 2014). 유튜브 역사 콘텐츠에 대해 초등학생이 역사 동화와 다른 반응을 할 것으로 보이지는 않는다. 즉 콘텐츠의 내용을 실제 있었던 역사적 사실로 받아들이고 경합하는 다른 해석의 가능성이나 허구적 측면에 대해 질문을 하지 않을 가능성이 있다. 그러므로 역사 수업에서 유튜브 콘텐츠를 활용할 때는 교사가 유튜브 역사 콘텐츠의 스토리텔링 방식의 특징을 이해하고, 학생이 역사 콘텐츠의 스토리텔링을 분석적으로 읽고 또 스토리텔링에 참여할 수 있게 안내하는 것이 중요하다.

지니스쿨 역사의 콘텐츠는 초등학생 학습용으로 제작되어 상대적으로 과장이나 비약이 상대적으로 많지 않다. 그럼에도 최근에 제작한 콘텐츠에는 영상을 시작하기 전에 과장이 있음을 알린다. 그런데 초등학생이 지니스쿨 역사 채널과 같은 초등학생 학습용 채널에서만 역사 콘텐츠를 시청하는 것은 아니다. 유튜브의 알고리즘이 학습용 콘텐츠에서 벗어나 과장, 생략, 비약이 많고, 허구적 요소가 큰 콘텐츠로 안내하기도 한다. 학생 주체적으로 콘텐츠를 선택하여 시청하지만 알고리즘의 영향력에서 완전히 벗어나기는 어렵다. 그렇다고 초등학생의 유튜브 역사 콘텐츠 시청을 막을 수도 없고, 막는 것이 교육적으로 꼭 바람직하다고 할 수는 없다. 오히려 필요한 것은 유튜브 역사 콘텐츠 스토리텔링의 특징을 이해할 수 있도록, 또 그 특징을 이해하고 스토리텔링에 참여할 수 있는 디지털 리터러시와 역사 리터러시를 키워 주는 것이다. 이를 위해서는 유튜브 역사 콘텐츠만이 아니라 댓글을 함께 읽고 비판적으로 분석하며 증거에 기초하여 스토리텔링에 참여할 수 있는 기회를 주는 것이 중요하다.

교사가 유튜브 역사 콘텐츠 스토리텔링의 특징을 이해하고 장점은 극대화하고 한계는 보완하면서 역사 수업을 계획하고 설계한다면, 유튜브 세대인 초등학생이 디지털 리터러시와 역사 리터러시를 키워 가면서 '역사하기'에 참여할 수 있다. 여기서 '역사하기'는 단순히 사료를 역사가처럼 읽는 것이나 역사적 문제를 탐구하는 것만이 아니라, 역사를 읽고 탐구하고 표현하며 역사적인 쟁점과 관련하여 사회적으로 참여하는 것까지 포함한다(강선주, 2022). 스토리텔링하는 것 자체가 역사 표현이며 역사적인 쟁점에 대한 사회적 참여를 의미하기 때문이다.

앞서 설명한 유튜브 역사 콘텐츠 스토리텔링의 특징을 고려하면서 학생의 역사 리터러시를 키울 수 있는 몇 가지를 학습 활동을 제안하면 다음과 같다.

"조선시대에서 …있었을까?"와 같이 역사 콘텐츠에 반복적으로 나오는 질문 패턴을 찾고 그러한 패턴을 활용하여 역사적 질문을 해 보도록 할 수 있다. 또한 콘텐츠의 제목에서부터 등장하는 '애민정신', '기근', '폐비', '속환인' 등과 같은 어려운 역사적 용어에 대해 찾아보면서 친숙해지도록 할 수도 있다. 질문하는 방법이나 역사적 용어를 학습하게 하는 것이다.

만약 역사 수업에서 유튜브 역사 콘텐츠를 활용하면서 사건별 에피소드 이상으로 사건 사이의 상관성을 생각해 보게 하려면 하나의 콘텐츠를 시청한 후 그 콘텐츠의 스토리가 시간적으로 어떤 위치에 있는지, 그 스토리에서 나오는 사건 이전에 어떤 사건이 있었을지, 그리고 그 스토리의 사건 다음에는 어떤 스토리가 이어질지 찾아보거나 상상해 보는 활동을 할 수 있다. 이러한 활동을 통해 연대기적 사고와 인과적 사고를 경험하게 하는 것이다.

콘텐츠의 크리에이터가 사건의 원인과 결과 혹은 인물의 행위 이유와 결과를 어떻게 설명하는지, 인물의 행위에 대해 어떻게 평가하는지, 크리에이터와 다른 시각에서 설명하거나 평가하는 댓글은 없는지 찾아보고 댓글의 의견이나 해석이 어떻게 다른지 토론하는 활동을 할 수 있다. 또 과거 인물의 행위의 이유를 현재 우리는 어떻게 생각하는지, 과거 당대의 사람들은 어떻게 생각했을지 두 종류의 스토리텔링을 해 보게 할 수도 있다. 역사의 해석적 성격을 이해하게 하면서 동시에 다중시각에서 역사를 해석해 볼 기회를 주는 것이다.

댓글을 읽으면서 '기록', '고증', '원인', '해석', '과거 당시의 시각' 등과 같은 역사 탐구의 방법적으로 도구가 될 수 있는 개념인 메타 역사적 개념을 찾아 읽고 활용하여 스토리텔링에 참여하도록 독려할 수도 있다. 나아가 증거들에 기초하여 자신의 주장을 세우고 역사 콘텐츠의 스토리텔링을 이어 보게 할 수도 있다. 역사 탐구와 서술에서 증거의 중요성에 대해 생각해 보게 하는 것이다.

또 역사 콘텐츠에서 역사적 사실로 보이는 부분과 크리에이터의 상상이나 창작으로 보이는 부분에 대해 토론하게 할 수 있다. 학생에게 창작적 요소를 콘텐츠에서만이 아니라 크리에이터와 텔링 참여자의 스토리텔링 방식에서도 찾아보게 하여 콘텐츠와 스토리텔링의 성격에 대해 생각해 보게 하는 것이다. 나아가 유튜브 역사 콘텐츠의 현재주의 특징을 분석해 볼 기회를 줄 수도 있다.

이러한 활동은 학생의 역사 선지식이나 역사하기의 선경험을 고려하면서 변형하여 적용할 필요가 있다.

참고문헌

강선주 (2022). 디지털 공공역사와 역사교육. 디지털 시대 역사·박물관교육. 한울엠플러스, 193-220.

경상남도교육청 (2020.03. 30). 개학전 초등학생 학습에 도움이 될만한 교육 유튜브 채널 7, https://m.blog.naver.com/gne_education/221880813541 2022.05.30.검색.

김대호 (2014). 창조경제정책의 이해. 커뮤니케이션북스. 네이버 지식 백과, https://terms.naver.com/entry.naver?docId=2275654&cid=42219&categoryId=51195 2022.05.20.검색.

김아미 (2020). 초등학생 유튜브 경험 및 인식에 대한 탐색적 연구. 경인교육대학교 교육연구원 교육논총, 40(3), 341-358.

김정희 (2014). 스토리텔링이란 무엇인가. 커뮤니케이션북스. 네이버 지식백과, 2022.05.30.검색. https://terms.naver.com/entry.naver?docId=2275155&cid=42251&categoryId=51159

김재원 (2018). 소셜 미디어에서의 한국사 콘첸츠 생산과 판매-팟캐스트와 유튜브를 중심으로. 한국사연구, 1-35.

김태호 (2014). 역사동화에 대한 초등 학습 독자의 인식. 국어교육학연구, 49(1), 305-328.

김형목 (2021). 역사 유튜브 콘텐츠에 대한 학생들의 인식과 콘텐츠의 특성 및 유의점 고찰. 사회과교육, 60(3), 13-24.

박노현 (2013). 텔레비전 드라마와 역사적 상상력: 역사-드라마의 상호텍스트성과 아나크로니즘을 중심으로. 한국문학연구, 44, 387-414.

이서윤 (2020.09.28.). 이서윤의 초등생활처방전, https://www.youtube.com/watch?v=1pWTRQ5dlFU&t=2s 2022.05.30.검색.

최예실 (2020). 문화 콘텐츠, 스토리텔링을 만나다. 삼성경제연구소.

최예정, 김성룡 (2005). 스토리텔링과 내러티브. 글누림.

태지호. '히스토리텔링' 개념을 통한 역사문화콘텐츠의 사회문화적 의미. 글로벌문화콘텐츠, 40(1), 2019, 125-143.

한국문학평론가협회 (2006). 문학비평용어사전. 네이버 지식백과2022.05.30.검색. https://terms.naver.com/entry.naver?docId=1530259&cid=60657&categoryId=60657.

Marcus Collins and Peter N. Stearns. (2020). Why Study History, London Publishing Partnership.

〈유튜브 역사 콘텐츠 사이트〉

교양만두
https://www.youtube.com/c/smartmandoo

지니스쿨 역사
https://www.youtube.com/channel/UCvkLnjWQIntS0pnreTEfP_g

꿀잼 한국사
https://www.youtube.com/channel/UCZp5OHLPieYrelyZ4kjPuXA

퍄퍄킴 역사
https://www.youtube.com/channel/UCdjuQV-tsX4eJsQp2qT-NKg

EBS 초등 스토리 한국사
http://primary.ebs.co.kr/course/view?courseId=10016271

학교 과학에 대한 담론

신명경

I. 학교에서의 과학

1. 과학을 학교에서 배우는 이유는?

　과학을 왜 배우는가? 이 질문에 대한 응답을 간단명료하게 제시하기란 쉽지 않다. 특히 학생들이 '과학을 왜 배워야 하지요?'라고 한다면 더욱 그렇다. 학생들에게는 구체적으로 설명을 제시해야 그들이 납득하기 쉬울 것이기 때문이다. 이때 어른들이 주로 하는 대답은 '사는 데 도움이 된다'는 것이다. 그러나 '난 수능에서 과학점수가 필요 없는데 재미도 없는 과학을 왜 배워야 되지요?'라고 학생이 질문을 하면 더욱 난감하다. 대학 진학에도 쓸모가 없으므로 굳이 할 필요가 없다는 논리에 대해 '사는 데 도움이 될 거야'라는 막연한 대답으로는 학생을 충분히 설득하지 못한다. 다른 답을 찾아도 충분치 않은 것은 마찬가지다. 답이 충분치 않은 것은 그 질문에 문제가 있기 때문이 아닐까?

　쓸모 있는 지식이라, 잠시 숨을 고르고 다시 생각해야 한다. 그 질문에 답을 찾으려 하지 말고, 질문 자체를 검토해 보자. 그 질문에는 '교육활동이 당장 체감할 수 있는 구체적인 도움을 주어야 하며, 노력에 대한 대가가 가시적으로 드러나야 한다'는 전제가 암묵적으로 내포되어 있다. 질문에 내포되어 있는 전제가 타당한가? 그 전제가 교육의 본질과 맞닿아 있는가? 교육이 당장의 필요와 욕구를 충족하기 위해서 이루어지는 것인가? 등의 의문을 품어 보자. 조금이라도 깊이 생각해 보면, 단기간의 목표를 갖는 교육활동도 있겠지만 전부 그런 것은 아니다. 특히 학교교육은 더욱 그렇지 않다. 결론적으로, 학생의 질문은 매우 합리적으로 보이지만 그 질문이 내포하고 있는 전제는 교육활동의 본질을 망각하고 있는 셈이다.

이 글은 신명경, 이선경(2017). 학교과학교육담론 내용(신명경,이선경, 『학교과학교육담론』, 북스힐, 2017, 1장 과학교육의 본질과 가치, 4장 과학과 교육과정의 성격과 핵심 역량)과 신명경 외 3인(2021) 비형식과학교육기관과 학교 과학의 협업에 대한 쟁점들(과학교육논총 27권1호)를 수정 보완한 것이다.

교육은 본질적으로 비합리성을 전제로 하는 행위이다. 여기서 비합리성이라는 말은 교육활동이 '노력 투입-결과 산출'과 같은 명시적이고 자명한 인과 관계로 엮인 것만을 구성하지 않는다는 의미이다. 교육활동의 비합리성이 의미하는 것은, 지금은 의미를 알 수 없지만 일단은 '뭔지 잘 모르는' 채로 받아들이고, 언젠가는 그 의미를 이해할 수 있는 성숙의 단계로 도달하게 되는 생성 과정이기 때문이다(우치다 타츠루, 2007). 교육활동은 그 결과가 즉각적으로 나타나지 않는다. 당장은 노력의 어떤 대가가 뚜렷하게 나타나지 않지만 교육받은 성숙한 인간은 배우는 과정을 경험하였기 때문에 교육의 결과는 특정한 지식과 기술을 얻는 데 있기보다는 생성 과정의 경험을 토대로 배움을 창출할 수 있게 되는 것이다.

교육은 타성이 강한 제도이다. 타성이 강하다는 것은 작은 입력에 의해서는 변화하지 않는다는 것이고, 또 다른 의미로는 단시간에 변화하지 않는다는 것이다. 앨빈 토플러(2006)는 기업이나 사업체가 시속 100마일을 달리는 자동차라고 할 때, 학교에서 변화의 속도는 10마일을 달리는 자동차에 비유했다. 사회를 구성하는 다양한 기관 중에서 선두를 달리는 기업이나 산업체가 사회 다른 부문의 변혁을 주도하는 반면, 교육 시스템은 속도 경쟁에 참여하지 않고 보호받으며 변화에 크게 저항하고 있다.

교육적인 실험들이 늘어나고 있음에도 교육활동에 변화가 적다는 것은 교육활동의 본질이 사람을 중심에 두기 때문에 그러하다. 학생들을 교육한다는 것은 자판을 누르고 나서 문자가 표시되기까지 긴 시간이 걸리는 시스템이다. 그뿐만이 아니다. 교육은 공들인 것과는 다른 모양새로 다른 시간, 다른 곳에서 되돌아오는 시스템이다. 즉, 입력 후 출력의 변화가 결과로 드러나기까지 오랜 시간이 걸린다. 주고받는 것이 상품이나 서비스가 아닌 '사람'이기 때문이다. 빨라도 수년, 경우에 따라서는 십 년, 이십 년이 걸릴 때도 있다(우치다 타츠루, 2012). 그 과정은 자신도 모르게 눈에 보이지 않는 작은 변화가 켜켜이 쌓이는 것이라 할 수 있다. 현대를 살아가는 우리는 교육의 목적을 기능적으로 간주하여 성취도, 입시 혹은 취업 등에 성공하는 인재를 양성하는 데 과도하게 초점을 두어 교육의 본질을 잃어버리고 있지 않은지 깊이 성찰해야 한다. 과학교육의 목적은 무엇인가? 사람의 변화에 있다면 구체적으로 어떤 변화를 추구하는가?

2. 과학 문화와 과학적 세계관

과학이 자연 현상을 설명하는 활동이라면, 기술은 인간의 필요와 욕구를 위하여 자연을 변경시키는 수단이다. 때로 과학과 기술의 경계는 분명하지만, 또 때로 그 경계는 모호할 뿐 아니라 서로 그 경계를 투과한다. 기술을 쉽게 인공물들(예, 컴퓨터, 비행기, 로켓, 의약품, 발전소)이라고 생각할 수 있지만, 이러한 인공물들을 설계하고, 자작하고, 작동하고, 유지하기 위해 필요한 이론을 포함한다는 것을 이해하는 것이 더 중요하다. 과학과 기술은 목적이나 문제해결의 절차와 평가 기준 등의 차이가 분명히 있지만, 그럼에도 불구하고 과학과 기술은 그 영역을 구분하기 어려울 정도로 복잡하게 얽혀 있다. 자연에 대한 과학적 이해가 현대의 기술 발전의 근간이 되었다는 것은 분명하다. 예를 들어 컴퓨터 칩의 설계는 규소와 다른 물질들의 전기적 성질을 상세히 이해하지 않고서는 불가능하다. 특별한 질병을 치료하기 위한 의약품의 개발은 단백질과 다른 생물적 분자들의 구조가 서로 어떻게 반응하는가를 이해함으로써만 가능하다. 역으로 기술은 현대과학 연구에 필수적이다. 작금의 과학적 진보는 현미경, 망원경, 적외선 스펙트로미터, 입자가속기, 질량분석기 등이 없다면 불가능하다. 현대의 기술적 진보는 막대한 데이터를 단 몇 분 만에 수집하여 분석할 수 있을 만큼 발전하였다. 전 지구적 기후 변화를 연구하기 위하여 기상학자가 구성하는 복잡한 모델을 탐구하기 위해 시뮬레이션을 설계하는 것은 현대 과학이 세련된 컴퓨터 기술에 의존하고 있다는 것이 그 예이다(Hodson, 2009). 이처럼 과학의 원리를 확인하기 위해 기술이 발달하기도 하고 기술의 발달로 인해 과학의 성장을 촉진하기도 하며, 이 둘은 구분하기 어려울 정도로 얽혀 있다.

가끔 사회에서 발생하는 문제의 핵심이 과학기술(과학 관련 사회적 논제, Social Science Issues)과 관련된 것일 때, 사람들은 그 문제를 외면하기 어렵다. 사람들을 만나면 그 문제가 회자되고, 그 문제에 대한 각자의 의견이 더해지고, 다른 사람의 의견은 어떤지를 알고 싶어 하기 때문에 하나의 입장을 갖도록, 그 입장에 대한 이유 혹은 논리를 갖도록 종종 강요당하기 때문이다. 이때 사람들은 과학 문명의 시대에 살고 있는 것을 깨닫는 동시에 인간이 개입하고 통제해야 하는 선택과 의사결정에 따라 과학기술의 비전과 방향이 달라진다는 것을 깨닫는다. 여러 과학관련 사회적 논제에 대한 의사결정의 민주적 과정을 실천할 시민이 된다는 것을 과학적으로 소양 있는 성인이 되는 것이다. 다시 말해, 일상에서 발생하는 다양한 과학기술 관련 문제 상황에 대한 의견을 갖고 입장을 갖고 의사결정을 할 수 있는 능력을 갖춘 것을 의미한다.

과학이란 무엇인가? 과학은 과학자 공동체가 중심이 되어 이루어온 역사적이고 사회적인 맥락을 갖는 독특한 문화이다. '과학 문화'라는 용어는 우리 사회에서 널리 사용되고 있지만, 과학이라는 용어와 문화라는 용어는 각기 다른 의미를 갖는 것처럼 여겨진다. 과학의 사전적 의미는 "사물의 현상에 대한 보편적 원리 및 법칙을 알아내고 해명하는 것을 목적으로 하는 지식 체계나 학문"이다. 문화의 사전적 의미는 "자연 상태에서 벗어나 삶을 풍요롭고 편리하고 아름답게 만들어 가고자 사회 구성원에 의해 습득, 공유, 전달이 되는 행동 양식, 또는 생활 양식의 과정 및 그 과정에서 이룩해 낸 물질적, 정신적 소산을 통틀어 이르는 말로서, 의식주를 비롯하여 언어, 풍습, 도덕, 종교, 학문, 예술 및 각종 제도 따위를 모두 포함"한다. 사전적 정의에서 볼 수 있듯이, 과학이 자연세계에 대한 '객관적' 탐구를 대변한다면, 문화란 인간의 '주관적' 정서를 비롯한 여러 인위적, 관습적 영역을 지칭한다는 것처럼 보인다.

과학은 본질적으로 문화와 다른 성격을 지닌 것처럼 이해되기 쉬우나, 과학 또한 문화와 마찬가지로 인간이 이루어 낸 공동의 산물이다. 하지만 과학이 전문가 영역이 되어 버리면서 인간적 요소는 드러나지 않고 보편적이고 객관적 지식의 특징만이 부각되었다. 이와 관련하여, 스노우는 '두 문화(Two cultures)'를 통해 과학과 인문학은 별개의 두 문화로 생각될 만큼 간극이 벌어졌다고 보았다. 실제의 세계를 다루는(보이는 것을 중시하는) 과학과 실제의 배후를 다루는(보이지 않는 것을 중시하는) 인문학의 단절이 야기되었다고 지적한다.

두 문화의 간극에는 과학은 정신적 가치와는 무관하며 일반 문화와 유리된 것이라는 인식이 자리하고 있다. 하지만 과학의 본질에 대한 이해를 확장한다면, 과학 자체가 문화의 일부라는 점에 주목할 수 있다. 과학은 언어, 설명체계, 방법론, 정당화의 기준, 가치, 태도 등의 총체로서, 산물로서의 지식체계뿐 아니라 지식 생성의 과정을 포함한다. 과학을 산물로 보면 인간적 요소가 빠진 객관적이고 보편적 지식이라고 이해하기 쉽지만, 과학의 과정은 인간의 시행착오와 끈질긴 노력을 포함한다. 과학은 인문학이나 예술과 마찬가지로 그 자체가 인간적 요소를 내포한 인류공동의 문화유산이다.

외국인이 한국문화를 완전히 알기 위해서는 한국 언어를 배우지 않고서는 가능하지 않을 것이다. 많은 문화적 가정들, 가치들, 태도들이 언어가 사용되는 방식에 함축되어 있기 때문에 그 언어를 모르고서는 한국 문화를 깊이 안다고 할 수 없으며, 그 이해는 피상적 수준에 머물 것이다. 과학 문화도 마찬가지이다. 과학의 언어는 일상의 언어와 다르다. 과학에서 힘은 질량과 가속도로 정의되며 물체의 모양이나 운동 상태의 변화를 일으키는 원인으로 이해된다. 하지만 일상에서의 힘은 배고픔, 기운, 음식, 근육 등의 단어와 연관되어, '배고파서 힘이 없다' 혹은 '힘이 빠져서 기운이 없다' 등의 표현을 한다. '힘'이라는 단어는 동일하지만, 일상에서 쓰는 의미와 과학에서 쓰는 의미는 완전히 다르다. 과학의 언어가 갖는 의미는 과학의 언어로 읽고, 말하고, 쓰는 방식을 제공하는 것이다. 즉, 일상의 맥락에서 '힘이 없다'는 표현은 일상적 의사소통에 문제가 없지만, 과학의 맥락에서는 힘이라는 언어는 더 이상 일상의 힘이 갖는 의미는 소통될 수 없으며 힘과 관련된 다른 언어들의 의미도 달라지며 언어들을 체계화한다. 과학의 언어에는 여러 가정들이 내포되어 있으며, 언어의 의미가 생성된 과정과 가치들이 함축되어 있다.

일반적으로 세계관이란 단순한 학문적 사고의 체계와는 다르다. 이는 인식의 틀(perceptual framework)이며, 사물을 인지하는 방식이다(황영철 역,

1987). 즉 사람들이 실재를 바라보는 방식이고, 세계에 관한 일관성 있는 사고방식을 제공하는 기본적 가정 및 이미지이며, 개인이 새로운 정보를 적절하게 짜 맞추는 인지구조이다. 나아가 사람들의 사고의 기초가 되는 기준과 함께, 주장의 그럴 듯함을 판단하는 인식론적 구조를 제공한다. 또 세계관은 사람들이 그들 자신, 주위 환경, 진실, 아름다움 인과관계, 시간과 공간과 같은 추상적인 관념에 대해 생각하는 나름대로의 방식으로 정의되기도 한다(Allen et al., 1998). 세계관은 문화와 밀접하게 엮여 있으며, "문화 개념의 변용(a variant of the concept of culture)"(Kearneym 1984)이라고도 한다. 개인의 세계관의 기원은 사회문화적이다(Cobern, 1991).

사람들은 자신이 교육받은 방식대로 세상을 이해하고자 노력해 왔다. 이것은 화가, 시인, 철학자, 그리고 과학자들이 각각 그들 자신의 방식으로 하고 있는 노력이다. 그 결과 그들에게 평화와 안정을 주면서 그들의 정서적 삶 한가운데에 정착한 그것이 바로 그들이 세운 세계관이다(Einstein, 1954). 그들이 배운 새로운 방식을 그들의 언어로 이야기하고, 그대로 살고, 다시 이야기하는 중에 그들의 세계관이 정착되기 때문이다. 물리학자 Feynman은 과학 및 과학교육의 궁극적 목적은 과학적 세계관의 형성에 있다고 주장한다. 그래야 진정한 과학의 가치를 알고, 삶을 과학적 안목으로 바라볼 수 있기 때문이다.

II. 학교 과학교육의 온전함에 대해

학교 과학은 온전한가? 이 질문은 학교 밖 과학교육에 대한 논의가 활발하게 되면서 함께 부상하게 된 주제이다. 학교 과학은 그 스펙트럼을 넓혀서 학교 밖 과학교육 자원과의 연계와 활용으로 그 외연을 확장하는 것으로 보이기도 한다. 물론, 1980년대 이후 과학교육은 교과교육으로서의 황금기를 구가했다고 해도 과언이 아니다. 그러나 별반 변한 것을 찾기란 어렵다. 우리가 과학교육을 틀이 잡힌 교과로 자리 잡게 하는 데 성공하지 못했다는 것과 나아가 우리가 '모르는 것'이 무엇인지도 모르며, '안다는 것'에 대한 이해도 하지 못하고 있음을 받아들이는 것으로 논의가 펼쳐져야 할 것이다.

우리의 많은 노력, 엄청난 연구, 국가 지원을 통한 프로젝트들과 수차례에 걸친 교육과정 개정은 모두 어떤 변화와 개혁이 필요할지에 대한 것이다. 그러나 이들이 성공적이었다는 증거는 찾기 어렵다. 수많은 변화를 촉진하는 논의에서 '근본적인 질문들이 포함되었을까'라는 의구심이 든다. 학교 과학의 좌표를 찾아가는 것부터 해 볼 필요가 있다는 제안을 해 본다. 과학교육은 여타 교과교육이 그러하듯 해당 교과의 본질을 잘 그려 내야 한다. 결국 그 교과의 특성이 그대로 반영되기 마련이다. 그것이 올바른 논의의 시작일 것이다. 즉, 과학교육이 과학의 지식적 본질이 드러나야 한다는 것이다. 이런 관점에서 볼 때, 과학의 발전과 성장에는 매우 다양한 논의가 공존하는 것처럼 과학교육도 그러한 과정을 거치는 것이 당연할 것이다. 결국 과학 교사와 학습에 대해 더 많이 의문을 가져야 하고 더 많은 시간을 할애하여 그 답을 찾아야 한다고 본다. 과학이 발전의 기저에는 개개의 연구 결과에 대한 다차원적인 논쟁을 거듭하며 발전하기 마련이고, 지식의 생성과 정당화 과정에서 다수의 구성원의 협업이 필수적이다. 과학을 협동적 노력의 산물이라고 할 때, 과학교육에서도 이러한 과정이 과학교육의 발전과 변화의 수순에 필수 요소일 것이다.

다양한 과학의 고유한 특성이 과학철학 등의 연구에서 제시되었다. 과학적 방법이라는 하나의 방식으로 합의되어 있지는 않다. 그럼에도 불구하고 기본적으로 과학을 구성하는 요소들로 대표되는 과학적 방식이 있다. 그 방식 그대로 과학수업에 접목되는 것은 자연스러울 것이다. 그 요소들에는 우선 질문하기, 그에 대한 자신의 잠재적 대답 제안하기, 개개의 설명에 대한 타당성을 알아보는 증거를 찾기, 설명을 지지하는 실험, 논리, 관찰을 수행하고 나누기, 과학에서 이미 쌓아 놓은 지식을 기반으로 자신의 결과와 생각을 나누어 보기가 포함될 것이다.

이러한 요소가 과학수업에 반영되는 것을 보는 것이 가능할까라는 의구심을 갖는 이들이 많을 것이다. 만일 그 의구심의 기저에 교사의 전문성에 대한 신뢰의 부재가 없는지 확인해 볼 일이다. 많은 교사들이 스스로를 힘없는 교육과정의 전달자쯤으로 생각할 여지는 많다. 그러나 명백히 과학 교사 전문성은 확보되고 있다. 교사들의 모임이 과학 요소가 과학수업에 반영되도록 하는 일련의 변화의 축이 되어야 한다. 즉 그 변화는 문제의 파악, 문제의 해결안을 제시하려는 시도, 제안된 연구의 타당성 확보를 위한 증거의 수집, 학회 등을 통한 결과의 보고와 나눔에 기초해야 한다. 과학 교사의 변화에 대한 거부감의 기저에는 아마도 교사라는 직업에 대해 의문을 가지지 않고, 실험하지 않고, 더욱 발전시키려 하지 않고, 현재 사용해 볼 수 있는 연구를 사용하지 않고, 새로운 연구에 참여하지 않은 채로 너무 오랫동안 지내 왔던 것에 기인할 수도 있다. 교수활동이 진정한 전문직이 되고 더 과학과 유사하게 될 수 있는 데 초점을 맞춘 더 많은 연구와 실질적 지원이 필요하다.

  수업을 준비하고, 준비된 수업안과 교육과정을 따르려 한다. 동시에 내 수업에 들어오는 모두에게 적절할 것이라는 가정을 한다. 학생들이 수업에서 잘 따르고, 교사의 지시에 잘 따르면 그것을 수업의 내용과 결과가 중요하고 유용할 것이라는 것을 암묵적으로 인정하는 것으로 기대한다. 어느새 과학교육계는 교육시스템이 지시한 바를 받아들인다. 마치 학교 과학이 일어나는 전 과정에 대해 어떤 의구심도 없는 것처럼 보인다. 적어도 교수활동을 과학처럼 다루고 있지 않다.

  이 점의 또 다른 측면은 학생을 집단으로 보고 가르치는 데 있다. 즉 학생 개개의 서로 다른 점을 제대로 이용하지 못하고 있다. 만일 눈에 띠는 차이가 드러날 때, 일반적으로 비슷한 기호와 능력을 지닌 사람끼리 묶기도 한다. 한 번 더 모둠에 대해 고려해야 한다. 자료를 분석하고 개인적 결정을 내릴 수 있는 과학적 소양인을 양성하는 과학교육의 목적을 달성하기 위해 과학수업은 교과적 초점을 세울 필요가 있다. 과학이 더 발전함에 따라, 물리, 화학, 생물, 지구과학 혹은 그 이상으로 세분화되어 왔다. 그러나 과학 교과는 이러한 과학의 발전 방향을 크게 반영하고 있지 않다. 물론, 일부 학자들은 모든 것을 교과의 구분이 없는 '과학개념'으로 통합해야 한다고 주장하고 있다. 이 논의가 기본적이고 쉬운 개념만을 과학수업에서 다루어야 한다는 것을 의미하는 것은 아니다. 첨단과학기술 국가의 자부심은 과학교육 및 대중의 과학 인프라 양성에 대한 기대감을 높인다. 과학의 학문적 분화의 방향 고려하는 과학교과 전문성 지향은 통합적 과학개념의 도입과 같이 동시에 제시될 필요가 있다. 과학탐구는 Chiappetta(2007)가 제시한 것처럼 과학지식의 근접하게 가기 위한 과학교육적 행위이다. 과학탐구가 인지적 활동을 배제한 과학 활동으로 이해되어, 과학적 지식과 개념들을 배제하는 것으로 보여지는 것은 매우 안타깝다. 과학교육이 나름의 모양새를 갖춘 학문으로 거듭나기 위한 노력은 어느 때보다 절실하고 그 변화의 핵심은 과학이다. 이러한 맥락에서 비형식 과학교육기관의 다수가 과학적 탐구과정과 과학적 지식의 총체적인 모습을 그려 내는 경우가 많다는 것이 학교 과학과 비형식 과학교육기관의 협업에 대한 논의로 이어진다.

교사와 교육과정 개발자가 자신의 평가와 성공여부를 결정하는 잣대는 학문적 준비이다. 물론, 개개 학생의 일상에 영향을 줄 수 있거나 주게 될 뭔가가 이 교과안에 포함되어 있는가? 이 교과에서 학교, 지역사회, 국가에서 학생이 보다 나은 결정자가 될 수 있도록 하는 고려가 어떻게 구현되는가? 이 교과의 교육 자료나 교재는 직업과 경제적 생산성에 어떤 도움이 되는가? 그리고 이 교과에 모든 학생이 과학의 본질을 나타내는 일련의 총체적 경험(각 학년에서)을 하는 기회를 보장하는가? 이 질문들은 결국 학생들이 질문을 할 기회를 갖고, 가능한 답을 제안하고, 자신의 생각이나 답을 지지하는 증거를 수집하고 자신의 결과와 증거를 다른 이들과 나누는 기회를 제공하는가로 귀결된다. 우리는 현상유지를 할 여유가 없다. 교육이란 직업군의 가장 안타까운 점 중의 하나가 변화를 하는데 어려움이 많다는 것이다. 그러나 변화 없는 직업이란 없다. 우리는 과학과 기술의 시대에 살고 있다. 즉 우리는 모든 우리 학생들이 이를 대비할 수 있도록 준비하는 데 더 노력을 증진할 필요가 있다. 이런 관점이 학교 과학의 외연 확장으로 이어지는 것은 당연한 수순일 수 있다.

과학은 세계를 보는 하나의 시선으로서 과학적 세계관을 생성한다. 과학적 세계관은 자연을 이해하는 인간의 지적 산물이며 현재진행형이다. 과학으로 세계를 본다는 것은 자연과 인간의 의사소통 방식이며 의미의 생성이다. 인간이 이루어 온 과학의 문화라고 할 수 있다. 세계관이란 실세계의 본질과 그것에 대한 지식의 생성에 대해 의식적으로 그리고 무의식적으로 견지되고 있는 믿음 및 가치를 통칭하여 말한다. 서로 다른 사회문화적 환경은 서로 다른 세계관을 생성한다(Hodson, 2009).

과학교육의 본질은 인간이 자연과 의사소통할 수 있도록 하는 것이며, 학교 과학교육에서는 학습자로 하여금 과학의 시선으로 세계를 이해하고 의미 생성할 수 있도록 도와주는 것이다. 과학은 철학으로부터 출발하여 고유의 영역을 만들어 왔으며 과학자 공동체의 오랜 수고와 노력을 공들여 만들어 가고 있는 하나의 문화로 자리 잡았다. 과학의 문화는 고유한 언어 체계가 있으며 추구하는 방법에 대한 시도와 논의로 거듭나고 있는 것이다. 학교 과학은 과학자들의 지적 체계와 방법론적 노력의 일부를 가공하여 만든 것으로, 학습자는 학교교육을 통해 과학의 문화 속에 편입되는 과정인 것이다. 학교 과학에서 학습자는 과학의 언어와 다양한 방법을 전승받아 가며 과학 문화의 주변인으로 참여하여 점차 과학 문화인이 되어 가는 과정에 있다고 정리해 볼 수 있다.

III. 학교 밖 과학교육

1. 학교 밖 과학 교육을 어떻게 볼 것인가?

우리나라뿐 아니라 다수의 국가에서 자국의 미래시민들에게 초등부터 고등학교까지의 학교교육을 실시하게 된지 대체로 70년에서 100년 안팎이다. 인류가 이 지구상에 등장한 지 200만 년에서 300만 년이라고 어림잡는다면, 학교는 인류에게 실험과도 같은 제도이다. 현재의 우리는 마치 학교가 인류가 생기자마자 있었던 것처럼 당연하게 받아들이고 있다. 지난 100년 동안 학교교육에 대한 이러저러한 연구가 '효과'라는 키워드를 가지고 진행되어 왔으나 그 결과는 여전히 긍정과 부정의 그 사이를 지나간다. 각 나라가 미래 세대를 성장시키고 발전시키는 학교의 역할에 대해 기대와 동시에 효과에 대한 고민을 하고 있을 것이다. 가장 최근에 회자되는 문제 중의 하나는 학교교육을 실시한 이후 시간이 지날수록 경쟁지향의 학습 목적을 학생들이 가지게 되더라는 것이다. 그렇다면 경쟁은 나쁜가? 결론부터 말해서 인류의 장기적이고 긍정적인 성장에 도움이 크게 되지 않는다. 무한수의 잠재력을 키우고 자신의 성장을 도모하는 일과는 거리가 멀다. 그 반대말이 학습지향 학습 목표이다. 흔히 소양교육(liberal education)으로 불린다(Barker, 2002). 단기에 인재를 양성하고 발굴해서 사회의 일꾼으로 소비하기에는 경쟁지향의 교육은 매우 효과적이다. 그러나 장기적인 미래시민의 성장과 발전, 일부 인재로 선발되지 않은 '아직 드러나지 않은 인재'가 될 수 있는 다수의 학생들이 좌절하고 자신의 잠재력을 제대로 꽃피우지도 못하고 스스로를 포기하게 되는 일은 국가의 치명적 손해이다.

학교가 교육과정에 제시된 내용과 지식을 잘 전달하여 미래 시민의 교육을 완성하고 이것이 미래시민의 발달과 성장으로 이어지는 것이 얼마나 어려운 일인지를 다수의 연구가 확인시켜 주었을 뿐이다. 규준화를 지향하고 평균인을 양성하는 교육은 모든 사람의 발전과 성장을 담보하기 어려울 수 있다. 학교교육에서 가장 무의미한 말이 다양성과 창의성이다. 정규분포의 가장 가운데를 중심으로 평균인 혹은 보편인을 양성하는 것이 학교의 목적인데 양 날개를 차지하는 다양하고 매우 창의적인 학생들까지 다 품어 안으라고 하는 것은 상당히 어려운 일처럼 보인다.

2003년 무렵 세계 과학교육학계는 비형식교육을 공식적으로 선언하였다. 이때가 아마 '학교교육'의 한계에 대해 공공연하게 인정했던 때라고 해도 무방하다. 인간의 성장과 발달은 너무나 포괄적이고 헤아리기 어려울 만큼 복잡하다. 아직 우리는 세세하고 복잡한 과정을 그 일부도 온전히 이해하고 있지 못하다. 형식교육(formal education)은 학교교육과정에서 설명되어지는 부분을 의미한다. 그보다 훨씬 큰 부분인 학교교육과정 너머의 인간의 성장과 발달의 부분을 비형식교육(informal education)으로 칭하게 되었다(Rennie, Feher, Dierking & Falk, 2003). 인간의 배움과 성장이 학교 안에서만 일어난다고 말하는 것은 누구에게도 받아들이기 어려운 말이지 않은가.

2. 학교 밖 과학교육의 사회문화적 관점의 이해

비형식학습과 형식학습 사이의 구분은 때로 애매모호하다. 사실상 비형식학습을 정의하는 모든 규칙에는 또한 예외도 있는 법이다. 박물관이나 동물원에서 수업이 일어나기도 한다. 때로 이런 수업은 강제적이며 구조화되어 있고 교육과정을 잘 따를 수도 있고 수업 후에 점수가 부과될 수도 있다. 비형식학습 기관의 프로그램이 학교 프로그램과 연계시키려는 노력이 점차로 증가하고 있다(Hofstein & Rosenfeld, 1996).

비형식 과학학습(informal science learning)은 전통적이고, 형식적인 학교 영역(대학이전, 대학, 그 이후 전공 심화과정) 밖에서 일어나는 과학학습에 가장 흔하게 적용되는 용어이다. 이 용어는 흔하게 사용되기는 하지만 비형식과학학습은 일상에서 접하게 되는 인간의 활동과 관련된 실제 세계의 학습의 유형을 묘사하는 노력으로 임의로 정한다는 나름의 유의미한 제한된 영역을 지칭하게 된다. 즉 학교 밖이든 안이든 간에 공간적 시간적 맥락을 포괄적으로 망라한 학습이라고 볼 수 있다. 점점 많은 수의 연구자들이 사람들이 과학에 대해서 어떻게 학습하게 되는가를 이해하려고 노력하면서 이러한 이해가 학교교육으로부터의 경험 그 이상을 포함해야 할 필요가 명백하게 생겼기 때문이다.

비형식 과학교육만이 아니라 형식교육과 비형식교육의 협업에 대한 당위성 즉 가치와 중요성에 대한 다양한 형태의 이해와 논의가 있으나 여전히 하나로 합의되어 있지는 않다. 다만 연구들에서 합의하고 있는 주요 당위성을 규정하는 내용을 살펴보면 다음과 같다(Bevan, et al., 2010).

과학적 소양은 비형식 과학교육 및 학교 과학이 표방하는 대표적인 목적이다. 과학적 소양은 단순히 과학 관련 지식과 사실을 많이 아는 수준 이상을 의미한다. 개념적인 이해, 사고방식, 개인이나 사회적 목적을 위해 과학지식을 활용하는 능력, 그리고 일상생활에서의 과학의 의미와 적절성을 이해하는 것으로 볼 수 있다(American Association for the Advancement of Science, 1993; National Academies of Sciences Committee on Science Learning K-8, 2007). 또한 학습과 학문에 대한 지속적인 관심과 진로의 성장은 다양한 상황 및 시간 맥락에서 발달하게 된다(Bransford et al., 2006; National Research Council, 2000, 2009). 마지막으로 전통적인 방식의 과학교육은 사회의 중요한 일부분으로 참여하거나 포함되는 데 성공적이지 못하였다. 이런 점들이 형식-비형식의 협업의 당위성의 기저에 있다고 해도 과언이 아니다.

과학적 소양에 대한 수요는 매우 복합적이고 다각적으로 등장한다. 학교, 방과후 프로그램, 청소년 단체 및 과학문화기관들이 과학적 소양의 배양을 목표로 하고 있다. 다양한 기관들로부터의 자원들과 전문가, 그리고 학습이 적절하게 조화를 이루게 된다면 과학적 소양의 학습이 심화되고 확장될 것이다. 학교와 그 외 다양한 비형식 과학교육기관의 협업은 과학을 경험하는 폭을 넓게 하고 다양한 상황에서의 과학적 지식의 정합성과 의미를 더욱 공고하게 세워 줄 수 있을 것이다. 학교에는 다양한 사회경제적 그리고 문화적 배경을 가진 학생들이 함께 하고 있다. 연구에 따르면 사회적으로 배려가 필요한 계층의 학생들은 적절한 교육적 자원 및 학업에 대한 지원이 부족한 경우가 많이 나타난다고 한다(Nasir et al., 2006). 즉, 충분히 교수 활동이 수업 시간에 이루어진다고 해도 학교를 통해서 과학적 소양을 개발시키는 충분한 지원을 하기는 제한적이라는 것을 의미한다. 이런 맥락에서도 형식-비형식교육의 협업은 다양한 계층에 고루 충분한 과학적 소양 개발의 기회를 제공하게 할 가능성이 높아진다.

비형식 학습은 가족이나 또래 집단 상황에서 일어나는 심도 있는 사회적 경험을 제공하기도 한다. 이는 사회적 촉진(social facilitation)으로 특징지어지는 것으로 사람들이 무의식중에 영향을 받아 타인을 따라가거나 모방하게 되면서 새로운 학습경험으로 이어지는 것을 말한다. 사회적 촉진이라는 과정을 통해 보면, 박물관에서 성인은 동반한 아동이 전시물을 좀 더 찬찬히 오랫동안 머물며 살펴보게끔 하는 등의 영향을 주게 되는데 결국 이것이 아동에게 좀 더 깊이 있는 경험을 하는 기회를 주는 셈이 된다(Diamond et al., 1988). 또한 비형식학습은 타인의 행동을 관찰함으로써 학습을 하게 되는 관찰학습과 연계된다. 박물관에서 관찰학습은 관람객이 상호작용적 전시물을 조작하는 방법을 배우는 데 있어서 1차적 방식으로 이해된다(Hilke, 1989). 비형식학습은 또한 집단의 구성원들이 서로의 관심과 행동을 지시하고 강화하는 교수의 활동과 잇닿아 있다(Hilke, 1989). Diamond(1980)과 Dierking(1987)은 박물관을 방문하는 가족들 중에서 교수활동은 상호 호혜적으로 일어나기 쉬워서 성인이 아동을 그리고 아동이 성인을 가르치게 되는 경우를 발견했다고 밝히고 있다.

학생들에게 궁금증을 유발하는 문제 상황, 질문들에 초점을 맞추고 있는 과학교육은 의도적 참여, 과학의 문화적 도구와 학습 사이의 관계를 강조하는 사회문화적 학습이론에 기반한 것이다. 앞서의 사회적 촉진은 바로 이러한 사회문화적 관점과 맞닿아 있다. 사회문화적 관점이란 사회적 구성주의, 생태계이론, 문화-역사적 행동주의 이론, 상징적 상호작용주의 등의 사상을 담고 있다. 학습에 대한 이러한 관점은 학교의 교재개발과 연구 고안에 점차 많이 활용되고 있다. 미국 국가연구위원회(National Research Council, 2009)는 비형식학습을 강조한 책자를 개발했는데 이 책에서 비형식 학습 환경에서의 학습과 연구 고안에서 사회문화적 그리고 생태학적 관점을 주요 가치로 강조하고 있다. 사회문화적 관점은 학습자가 스스로 학습 목적을 창출하고 찾아내도록 돕는 성인의 역할을 강조한다. 학습자의 참여와 지속적 학습활동을 유지하기 위해 격려하고 지원하는 조력의 역할을 통해 목적과 방법과 활동이 더 복잡성 있고 깊이 있는 단계로 점진적으로 나아갈 수 있게 하는 것이 중요함을 강조한다(Lave & Wenger, 1991). 사람들은 진정한 문제 상황을 통해, 접근가능하며, 개념적으로 풍부한 활동에 참여함으로써 발달해 나갈 수 있다. 다만 이때, 스스로 이러한 활동에 꾸준히 참여하여 발달을 지속해 나기기 위해 비슷한 목적을 가지고 참여하는 사람들의 집단에 기반해야 한다(Holland, Lachicotte Jr., Skinner & Cain, 1998; Lemke, 2001). 사회문화적 관점에서는 활동과 그 활동의 근간에 있는 지식과 기능을 분리해 내지 않는다. 학생들이 접근가능하고 진정한 그리고 개념적으로 풍부한 정합적 과학 활동에 참여하는 것은 과학학습자로서의 자신들에게 발현되는 자아를 찾아가는 데 기여할 것으로 볼 수 있다. 사람들이 어떻게 배우게 되는가에 대한 본성에 대한 이러한 관점을 적용하며 학생들에게 개념적으로 풍부한 학습에 효과적으로 참여시키는 방법은 어떻게 학습자를 둘러싼 풍부한 커뮤니티 자원들에 참여하게 해서 과학을 더욱 접근가능하고, 정합적이고 진정한 과학이 되도록 하는 것이다.

한편 학교는 과학학습을 가능하게 하는 특수한 구조적 특성을 가진다고 볼 수 있다(NRC, 2009). 예를 들어 학교는 순차적으로 직선형 혹은 나선형의 과정에 따라 경험과 자료를 일련의 정해진 순서에 따라 구조화하여 제공하고 있다. 학생들은 학교 수업에 참여하면서 하루하루 그리고 수년에 걸쳐서 서로 다른 교과나 다양한 학문적 접근방법을 경험하도록 독려되는 것으로 이해된다. 학교에서 이루어지는 시험과 평가는 학생의 학습이 향상되는 것을 확인하기 위한 학교와 사회의 암묵적 계약인 셈이다. 대부분의 학교 교과는 교실 공간에서 진행되기 때문에, 교사와 학생들은 일정 기간에 걸쳐 프로젝트를 진행하게 되므로 다양한 교재나 자료들이 자유롭게 활용되고 사용되기보다 일정 기간에 일정 자료만 활용되고 나머지 자료들은 방치된다. 학교는 또한 내부적으로 해당 학교 교사들이 규준화된 수업을 진행할 수 있는 교사연수나 교사 프로그램을 진행한다. 이렇듯 구조적 특성들은 대체로 안정적이고 정합적인 환경을 만들어 내게 되고 어쩌면 지속적 학습을 위해 필요할 수도 있다.

최근 생태적 관점에서의 학습에 대한 이해인 어포던스가 관심을 끌고 있다. 특히 박물관 등의 비형식 기관에서의 관심은 다소 빨랐다. 어포던스는 주어진 환경이 제공하는 행동, 사고, 감정에 대한 기회를 말한다(Gibson, 1977). 학습과 참여의 어포던스는 환경적 특징에 따라 달라진다. 예를 들어 교실, 박물관, 웹브라우저, 지역의 공원들은 극명히 환경에 따른 상황의 차이라고 이해될 만큼 다르다. 또한 개개인의 특징 그리고 시간에 따라서도 달라진다. James Gibson과 Eleanor Gibson, Roger Barker, Herbert Wright를 포함한 연구자들이 학습에 대한 생태학적 관점에서 어포던스에 대한 생각을 제안하였다. 이 어포던스는 초기에는 다양한 환경의 물리적 특성이 학습을 어떻게 가능하게 하는가에 초점이 맞추어져 있었다(Barker and Wright, 1971; Gibson, 1977). 예를 들어 뛰기, 오르기, 개인 혹은 모둠 활동을 어떻게 지지하고 가능하게 하는가에 따라 운동장의 기구와 조경을 분석해 보는 것 등이다(Heft, 1988). 일부 학자들은 각기 다른 환경의 사회적 혹은 관계적 특징이 동료상호작용, 서로 다른 연령대를 대상으로 하는 활동 등의 다양한 활동과 정서적 상태를 지지 혹은 지원하는지를 가지고 고찰하기도 하였다(Kytta, 2002; Loveland, 1991). 비형식 환경의 물리적 특징은 도서관, 식물원에서 과학관까지 다양함의 폭이 매우 넓다. 많은 비형식 상황에 따른 구조적 특징을 고려해 보면 각 상황들 내의 관계를 특징짓는 사회적 특성에 따라 다양한 방식으로 나타남을 알 수 있다. 이들 환경적 특징과 어포던스에 대한 이해와 고안 및 평가가 다양한 학습 환경이나 상황에 걸쳐서 정합성을 구축하는 노력을 효율적으로 만들 수 있을 것이다.

그러나 학교가 가진 구조적 특성이나 어포던스는 풍부한 과학 학습을 위한 잠재력을 키우는 것과 거리가 멀어 보인다. 학교는 교과서에 기반한 교육경험과 교사 중심의 구조를 갖는다. 때로 시험 또한 중요한 학습의 유인가가 된다. 과학적 사실들을 전달하는 것을 중요하게 생각한다. 즉, 과학적 이해를 앎의 방식 즉 인식적 관점에서 키워 나가는 것은 상대적으로 덜 고려되고 있다. 인식론적 이해는 단순히 그 과학내용을 읽어 내는 것이 아니라 과학적 과정을 밟아 갈 때 더 기대할 수 있다. 이러한 학교 기반의 접근 방법은 과학을 정적인 불변의 진리쯤으로 이해되도록 만들 것이다. 잠정적이고 증거기반의 과학수행 즉 지식과 탐구 과정의 정교한 결합의 형태로 보이는 것은 학교 과학에서 나타나기 어렵다는 뜻이기도 하다. 이에 대해 과학문화기관 즉 비형식 과학교육기관은 과학 지식의 생성과정에 대한 총체적 단면을 다양하게 나타낸다. 때로 과학이 왜 또는 어떻게 발달하고, 활용되며 미래에 어떻게 발전하게 될지에 대한 이해를 위한 역사적 문화적 맥락을 제공한다. 즉, 사실 전달보다 과학의 더 문화적으로 풍부한 이해를 위한 어포던스를 가진다고 볼 수 있다(Bevan, et al., 2010). 어포던스 관점에서의 형식과 비형식 교육의 협업은 그 잠재성과 수요를 창출하고 있다. 결국 학교와 학교 밖 교육을 통해 일체화(seamless)된 인간의 성장과 발달이 향후 학교 과학 담론을 더욱 풍성하게 할 것이다.

참고문헌

김찬종, 신명경, 이선경 (2010). 비형식 과학학습의 이해, 북스힐 출판사.

앨빈 토플러, 하이디 토플러 (2006). 부의 미래(김중웅 역), 파주: 청림출판.

우치다 타추르 (2012). 교사를 춤추게 하라(박동섭 역), 서울: 도서출판 민들레.

이선경, 신명경 (2017). 학교과학교육담론, 북스힐.

American Association for the Advancement of Science. (1993). Benchmarks for science literacy. New York: Oxford University Press.

Barker C. M. (2002) Liberal Arts Education for a Global Society. New York: Carnegie.

Barker, R., & Wright, H. (1971). Midwest and its children: The psychological ecology of an American town. North Haven, CT: Shoe String Press.

Bevan, B. with Dillon, J., Hein, G.E., Macdonald, M., Michalchik, V., Miller, D., Root, D., Rudder, L., Xanthoudaki, M., & Yoon, S. (2010). Making Science Matter:Collaborations Between Informal Science Education Organizations and Schools. A CAISE Inquiry Group Report. Washington, D.C.: Center for Advancement of Informal Science Education (CAISE).

Bransford, J. D., Barron, B., Pea, R. D., Meltzoff, A., Kuhl, P., Bell, P., et al. (2006). Foundations and opportunities for an interdisciplinary science of learning. In R. K. Sawyer (Ed.), The Cambridge handbook of the learning sciences (pp. 19-34). New York: Cambridge University Press.

Chiappetta, E. (2007). Historical development of teaching science as inquiry. In the book of Science as inquiry in the secondary setting, J. Luft and J.Gess-Newsome eds. NSTA press.

Cobern, W. W. (1991). World view theory and science education research. NARST, Manhattan.

Diamond, Judy. (1980). The ethology of teaching:ㅁ perspective from the observations of families in science centers. Ph.D. diss., University of California, Berkeley.

Diamond, Judy, Smith, A. & Bond, A. (1988). California Academy of Sciences Discovery Room. Curator, 31(3), 157-166.

Dierking, Lynn D. (1987). Parent-child interactions in a free choice learning setting: an examination of attention-directing behaviors.

Ph.D.diss.,University of Florida. Falk, J.H. & Dierking, L.D.(2002). Lessons without limit: how free-choice learning is transforming education. Walnut Creek, CA: AltMira.

Einstein, A. (1954). Ideas and Opinions. Crown, New York.

Gibson, J. J. (1977). The theory of affordances. In R. Shaw & J. D. Bransford (Eds.), Perceiving, acting, and knowing: Towards an ecological perspective. Mahwah, NJ: Lawrence Erlbaum Associates.

Heft, H. (1988). Affordances of children's environments: A functional approach to environmental description. Children's environmental quarterly, 5(3), 29-37.

Hilke, D. D. (1989). The family as a learning system : an observational study of families in museums. In Museum visits and activities for family life enrichment, edited by Barbara H. Butler and Marvin B. Sussman. New York: Haworth Press.

Hodson, D. (2009). Teaching and learning about science: Language, theories, mehotds, history, traditions and values. Rotterdam(송호장 역, 미간행). 쏜 Netherland: Sence Publisher.

Hofstein, Avi, & Rosenfeld, Sherman. (1996). Bridging the gap between formal and informal science learning. Studies in Science Education, 28, 87-112.

Holland, D., Lachicotte Jr., W., Skinner, D., & Cain, C. (1998). Identity and agency in cultural worlds. Cambridge: Harvard University Press.

Kytta, M. (2002). Affordances of children's environments in the context of cities, small towns, suburbs and rural villages in Finland and Belarus. Journal of environmental psychology, 22, 109-123.

Lave, J., & Wenger, E. (1991). Situated learning: Legitimate peripheral participation. Cambridge: Cambridge University Press.

Lemke, J. L. (2001). Articulating communities: Sociocultural perspectives on science education. Journal of research in science teaching, 38(3), 296-316.

Loveland, K. (1991). Social affordances and interaction II: Autism and the affordances of the human environment. Ecological Psychology, 3(2), 99-

119.

Nasir, N. S., Rosebery, A. S., Warren, B., & Lee, C. D. (2006). Learning as a cultural process: Achieving equity through diversity. In R. K. Sawyer (Ed.), The Cambridge handbook of the learning sciences (pp. 567-580). New York: Cambridge University Press.

National Research Council. (2009). Learning science in informal environments: People, places, and pursuits. Washington, DC: The National Academy Press.

Rennie, L. J., Feher, E., Dierking, L. D., & Falk, J. H. (2003). Toward an agenda for advancing research on science learning in out-of-school settings. Journal of Research in Science Teaching, 40(2), 112-120.

초등학생의 식생활 교육을 위한 푸드 가이드의 국제 비교

이영민

I. 서론

아동기는 성장 발달이 이루어지는 시기로, 이때의 좋은 영양상태는 신체의 성장 발달에 바람직한 영향을 미친다. 또한 올바른 식생활은 만성질병의 예방과 건강증진의 초석이 되는데, 아동기에 형성된 식습관은 성인기로 이어지므로 이 시기에 올바른 식습관을 형성하는 것이 중요하다.

2020년 국민 식생활 실태조사에 의하면, 초등학생의 국민 공통 식생활 지침 실천 수준은 약 60%로 나타났다. '우유·유제품을 매일 섭취한다'가 실천율 78.2%로 가장 높았고, '육류, 생선류, 달걀류, 콩류 음식을 매일 섭취한다', '아침밥을 챙겨 먹는다', '쌀 또는 잡곡을 포함하는 음식을 매일 섭취한다', '채소나 채소로 된 음식을 매일 섭취한다'의 항목에 대해서 2/3 이상이 실천하는 것으로 조사되었다. 반면에 '단 음식을 피하는 편이다', '기름진 음식을 피하는 편이다', '단 음료 대신 물을 충분히 섭취하는 편이다', '짠 음식을 피하는 편이다' 등 당과 지방, 소금, 음료 관련한 항목에서는 거의 절반 이하의 아동만이 실천하고 있었다(표 1).

아동 비만의 증가는 전 세계적으로 증가 추세에 있는 중요한 건강 문제이다(표 2). 아동 비만은 대사증후군, 당뇨병, 고혈압 등 여러 가지 건강문제를 동반할 뿐만 아니라 성인기 비만으로 지속되는 경향이 있어 아동 비만을 적극적으로 관리하는 것이 필요하다.

아동기의 건강 문제를 개선하기 위해서는 학교 기반의 식생활(영양) 교육을 시행하는 것이 매우 중요하다. 초등학교에서 건강한 식생활의 기초가 되는 '균형 잡힌 식사' 관련 교육 과정과 교육에 활용되는 푸드 가이드를 국가별로 비교해 보고 제안점을 도출하고자 한다.

[표 1] 초등학생의 국민 공통 식생활 지침 관련 항목 실천율

(4~6학년, 165명)

구분	실천율 (그렇다, %)
쌀 또는 잡곡을 포함하는 음식을 매일 섭취한다	73.3
채소나 채소로 된 음식을 매일 섭취한다	67.3
육류, 생선류, 달걀류, 콩류 음식을 매일 섭취한다	74.5
우유·유제품을 매일 섭취한다	78.2
과일을 매일 섭취한다	57.6
아침밥을 챙겨 먹는다	73.3
과식을 피하는 편이다	52.1
충분한 신체활동을 하는 편이다	61.8
짠 음식을 피하는 편이다	50.9
단 음식을 피하는 편이다	42.4
기름진 음식을 피하는 편이다	44.8
단 음료 대신 물을 충분히 섭취하는 편이다	44.8

출처: 2020년 국민 식생활 실태조사(농림축산식품부, 식생활교육국민네트워크)

[표 2] 우리나라 아동의 비만율

구분	'10~'12	'13~'15	'16~'18	'19~'20
전체(6~11)	10.3%	8.7%	10.5%	13.1%
남자	12.5%	9.3%	11.8%	13.6%
여자	8.0%	8.1%	9.2%	12.7%

출처: 2020 국민건강통계(보건복지부, 질병관리청)

II. 본론

미국(뉴욕주)

건강, 체육, 가족과 소비자학(Health, Physical Education, and Family and Consumer Sciences)의 학습 기준을 묶어서 3가지로 제시하고 있는데 이중 첫 번째가 '개인의 건강과 체력(Personal Health and Fitness)'으로 식품의 선택, 운동, 휴식과 같은 행동이 성장과 발달에 어떻게 영향을 미치는지를 이해하고, 영양학적으로 균형 잡힌 식사와 간식이 어떻게 건강을 증진시킬 수 있는지 설명함을 목표로 하고 있다. 특히, 이 기준과 관련하여 가족과 소비자학에서 푸드 가이드에 제시된 식품군을 알고 영양학적으로 균형 잡힌 식사와 간식을 계획할 수 있도록 하고 있다.

미국의 'MyPlate'는 접시에 과일군과 채소군, 곡류군과 단백질군, 우유군의 5식품군을 포함시켰고, 다음과 같은 텍스트도 함께 제시하고 있다. 특히 웹사이트(myplate.gov)에서 생애주기별로 콘텐츠를 제공하고 있었으며, 아동기의 경우 다양한 게임과 활동을 통해 건강한 식습관을 실천할 수 있도록 하였다.

- 접시의 절반을 과일과 채소로 채울 것, 통과일과 다양한 채소를 섭취
- 곡류의 절반을 통곡물로 할 것
- 단백질의 급원을 다양하게 할 것
- 저지방 또는 무지방 우유 및 유제품을 섭취할 것(또는 유당이 없는 제품, 강화된 대두 제품)
- 당, 포화 지방, 나트륨이 적은 식품과 음료를 섭취할 것

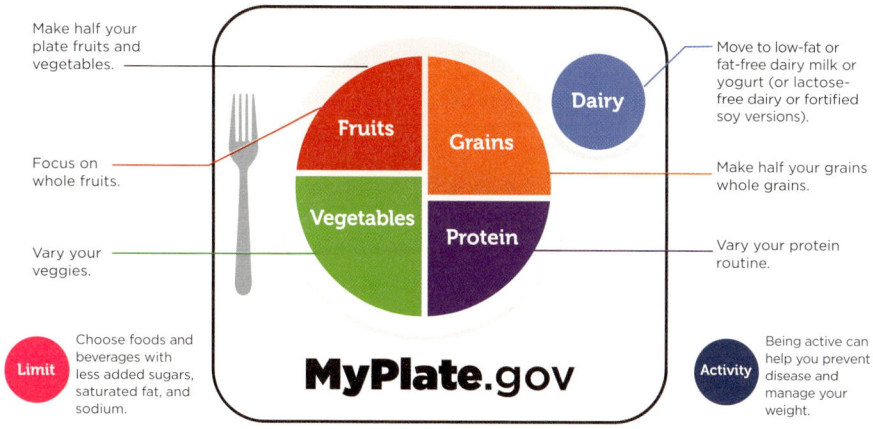

[그림 1] 미국의 'MyPlate'
출처: myplate.gov (United States Department of Agriculture (USDA) Center for Nutrition Policy and Promotion (CNPP))

캐나다(온타리오주)

건강과 체육(Health and Physical Education) 교과목 중 건강한 삶(Healthy living)에서 건강한 식생활(Healthy eating)을 다루고 있다. 건강한 식생활의 학년별 학습 내용은 [표 3]과 같다. 1학년(6세)에 푸드 가이드에 대해 학습하고 2학년에 푸드 가이드를 활용한 건강한 식이 패턴을 학습하며, 4학년에는 푸드 가이드를 이용해서 자신의 식습관을 평가하도록 하며, 8학년에 푸드 가이드를 바탕으로 자신의 식행동을 다시 평가할 수 있도록 하고 있다. 이 외에도, 공복 신호(1학년, 6학년), 식품의 기원을 통한 가공식품의 학습(3학년), 영양소의 종류와 기능(4학년), 미디어와 식품 선택(5학년), 지역사회와 학교에서의 건강증진 실천 방안 등의 내용을 포함하고 있다.

[표 3] 캐나다 '건강과 체육' 중 '건강한 식생활'의 학습 내용

구분	Understanding Health Concepts	Making Healthy Choices	Making Connections for Healthy Living
Grade 1	· 건강한 몸과 마음을 위한 식품	· 캐나다 푸드 가이드 · 공복과 갈증 신호	
Grade 2		· 건강한 식이 패턴 · 식품 선택(간식, 식사)	
Grade 3	· 식품의 기원, 영양가, 환경적 영향	· 구강 건강, 식품 선택	· 지역 및 전통 식품, 식품 선택
Grade 4	· 영양소	· 개인의 식습관	· 다양한 장소에서의 건강한 식생활
Grade 5		· 영양성분 표시, 식품 표시	· 미디어 영향-식품 선택
Grade 6		· 건강한 식생활에 영향을 미치는 요인 · Eating cues and guidelines	· 건강한 식생활/활동적인 삶의 이점
Grade 7		· 식이 패턴과 건강 문제	· 식품 선택과 개인 및 외부 요인
Grade 8		· 개인의 식행동	· 건강한 식생활의 증진

출처: www.dcp.edu.gov.on.ca

[그림 2] 캐나다의 'Food Guide'
출처: food-guide.canada.ca

　캐나다의 'Food Guide'는 미국의 'My Plate'와 유사하여 접시의 절반을 채소와 과일이 차지하고 있어 접시(또는 식사)의 절반을 채소·과일로 채우도록 하는 것을 주요 메시지로 하고 있으며, 단백질군과 전곡류군을 남은 절반의 반씩에 제시하였다. 또한, 음료로 물을 선택할 것과, 전곡류 식품을 선택할 것을 명확히 제시함으로 첨가당 섭취의 제한과 식이섬유의 섭취를 강조하고 있었다. 캐나다 식품 가이드는 또한 건강한 식생활을 위해 식품의 섭취에 관한 사항 이외에도 더 자주 요리하는 것, 다른 사람들과 함께 식사하는 것, 식품 라벨을 사용하고 고도로 가공된 음식을 제한하는 것 등을 권장하고 있다. 캐나다 식품 가이드 캐나다의 푸드 가이드 웹사이트에서 실생활에서 활용할 수 있는 아이디어도 제공하고 있어 식생활 분야에서 상당히 실제적인 교육이 전달되고 있음을 알 수 있다. 캐나다의 푸드 가이드 스냅샷은 영어, 한국어를 포함한 총 31개국의 언어로 이용가능하다(그림 2).

영국

초등학교 교과 중 디자인과 기술(Design and technology)은 영양의 원리를 이해하여 적용하고 요리하는 법을 배우는 것을 하나의 목표로 제시하고 있다. 특히, 2014년부터 요리와 영양(Cooking and nutrition)을 의무적으로 배우도록 하고 있으며 건강하고 다양한 식사에 대해 초등학교 저학년에서는 기본적인 원칙을 이해하고, 중·고학년에서는 좀 더 심화된 내용으로 반복 학습할 수 있도록 학습 목표를 제시하였다(표 4).

[표 4] 영국 '디자인과 기술' 교과목 내 '요리와 영양'의 목표

구분	목표
Key stage 1 (초등 1~2학년)	• 식사를 준비하기 위해 건강하고 다양한 식사의 기본 원칙을 사용할 수 있다. • 식재료가 어디에서 생산되어 오는지 이해할 수 있다.
Key stage 2 (초등 3~6학년)	• 건강하고 다양한 식사의 원칙을 이해하고 적용할 수 있다 • 다양한 조리 기술을 활용하여 맛있는 식사를 준비하고 요리할 수 있다. • 제철식품을 이해하고 다양한 식재료가 어디서, 어떻게 자라고, 수확되며 가공되는지 이해할 수 있다.

출처: www.gov.uk

영국의 'The Eatwell Guide'는 기존의 'The Eatwell Plate'에서 수정 보완된 것으로 식품과 영양에 관심이 적은 사람들이 더 선호하는 그림 이미지로 식품 사진을 대체하였고, 지속가능성을 고려하여 단백질군의 이름을 '콩, 생선, 달걀, 고기 및 기타 단백질군'으로 수정하였으며, 지방·소금·당 함량이 높은 식품은 중심 원 밖에 위치시킴으로써 이러한 식품과 음료는 덜 자주 그리고 소량으로 섭취해야 함을 강조하였다. 영국의 'The Eatwell Guide'는 다음과 같은 영양 메시지를 전달한다(그림 3).

- 채소 및 과일류 5회(총 식사량의 1/3 이상) 섭취, 단, 과일 주스와 스무디는 하루 총 150mL 미만으로 제한
- 전분류는 총 식사량의 1/3 이상을 차지하도록 하되, 통밀 파스타, 현미, 껍질째 먹는 감자 등의 통곡물을 선택

- 우유와 유제품은 지방과 당이 낮은 제품을 선택
- 콩, 생선, 달걀, 고기 등 단백질 식품을 섭취
- 불포화지방산이 풍부한 기름과 스프레드를 선택하고 소량 섭취
- 지방과 나트륨, 당 함량이 높은 식품은 가끔씩 소량 섭취
- 물, 저지방우유, 차와 커피를 포함한 무당 음료를 하루에 6-8회 섭취

[그림 3] 영국의 'The Eatwell Guide'

출처: www.nhs.uk (Public Health England in association with the Welsh government, Food Standards Scotland and the Food Standards Agency in Northern Ireland)

호주

건강과 체육(Health and Physical Education) 내 개인, 사회 및 지역사회 건강(Personal, social and community health) - 건강하고 안전한 선택하기(Making healthy and safe choices)에서 식생활 관련 내용을 다루고 있다. 연령별 식생활 관련 학습 내용은 [표 5]와 같다. 호주의 건강한 식생활 가이드를 초등 1~2학년부터 학습하고 있었고, 3~4학년과 5~6학년에 반복적으로 심화 학습할 수 있도록 하였다. 그리고 광고 등 다양한 매체를 통한 정보 습득과 관련한 내용을 주요하게 다루고 있다.

[표 5] 호주 '건강과 체육' 내 '건강하고 안전한 선택하기'의 식생활 관련 내용

구분	목표
Foundation (7세)	• 더 건강한 선택을 나타내는 식품 포장 표시를 식별한다. • 식품 선택에 영향을 미치는 다양한 유형의 광고를 식별한다.
Years 1-2 (초등 1~2학년)	• 호주의 건강한 식생활 가이드를 사용하여 다양한 신선한 식품의 섭취가 어떻게 건강과 웰빙에 영향을 미칠 수 있는지를 논의한다. • 식품이 온라인 광고, 슈퍼마켓 판촉, 라벨링과 포장을 통해 어떻게 아동에게 광고되고 판촉되는지를 조사한다. • 음식물 쓰레기 퇴비화, 텃밭 조성, 일회용 플라스틱 줄이기와 같이 학생들이 교실에서 건강과 웰빙을 개선하기 위해 교실에서 수행할 수 있는 지속가능한 실천을 탐색한다.
Years 3-4 (초등 3~4학년)	• 브로셔, 웹사이트, TV 쇼 및 광고, 온라인 판촉 및 식품 라벨을 포함하여 다양한 건강 정보를 찾아 정확성을 조사한다. • 다양한 출처의 식품 및 영양 관련 건강 메시지를 검토하고 이들 메시지에서 전달되는 선택, 행동 및 결과를 탐색한다. • 호주의 건강한 식생활 가이드를 반영하는 식사 패턴을 따르는 것의 이점을 탐색하고 식품에 대한 영양 정보를 조사한다.
Years 5-6 (초등 5~6학년)	• 다양한 식품의 영양 정보를 분석하고 가족에게 더 건강한 선택에 대해 알리기 위한 전략 개발한다. • 호주의 건강한 식생활 가이드를 반영한 식단 섭취, 일일 신체 활동 권장 사항 충족, 사회적 건강 증진을 위한 다른 사람들과의 관계 형성 등 건강과 웰빙을 증진하고 유지하는 데 도움이 되는 실천을 조사한다. • 학교 매점이나 지역사회에서 제공되는 식품의 질을 평가하기 위해 실천할 수 있는 지속가능한 습관을 조사한다.

출처: v9.australiancurriculum.edu.au

호주의 건강한 식생활 가이드는 [그림 4]와 같으며, 왼쪽 상단에 '5가지 식품군에서 제공하는 다양한 영양식품을 매일 드시고 물을 충분히 섭취하십시오'의 메시지를 제시하고 있다. 식품군은 전곡과 식이섬유의 섭취를 강조한 곡류군과 채소 및 콩류군, 고기, 생선, 달걀, 콩류군, 과일군, 우유 및 유제품(저지방)군의 총 5가지로 구성되어 있다. 수분의 섭취는 오른쪽 상단에 물컵으로 강조하고 있고, 하단 양쪽에 포화 지방, 소금, 첨가 당 및 알코올이 함유된 식품 등의 섭취는 제한할 것을 메시지로 표현하였다.

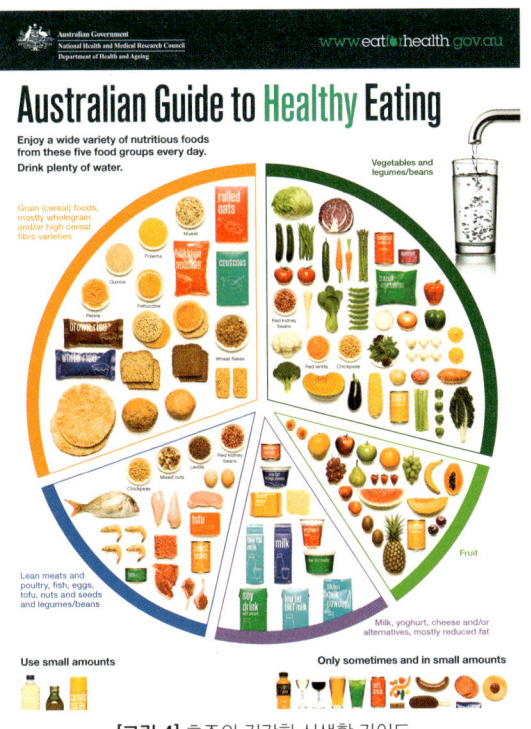

[그림 4] 호주의 건강한 식생활 가이드

출처: www.nhmrc.gov.au/adg

일본

일본의 초등학교 식생활교육은 5, 6학년에서 배우는 '가정' 교과 중 'B. 의식주 생활' 단원에 포함되어 있다(이은주, 2018). '의식주 생활' 단원은 (1) 식사의 역할, (2) 조리의 기초, (3) 영양을 생각한 식사를 주요 내용으로 구성되어 있으며, '영양을 생각한 식사'에서 영양소, 식품군, 영양 균형을 고려한 식사 구성 등을 다루고 있다.

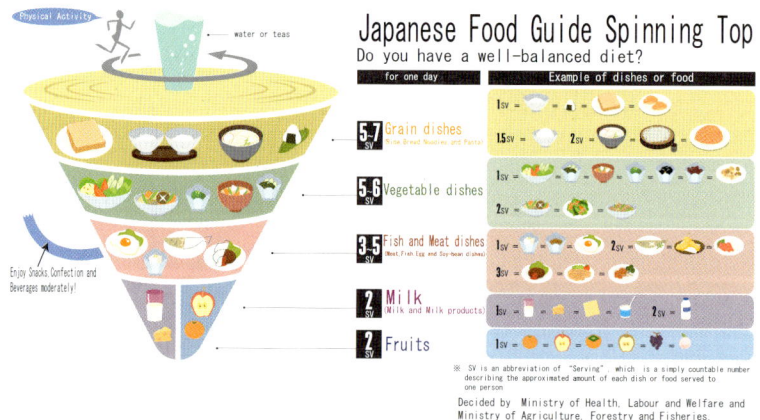

[그림 5] 일본의 푸드 가이드
출처: www.mhlw.go.jp

일본의 푸드 가이드는 일본 전통장난감인 팽이 모형이다(그림 5). 위에서 아래로 일일 권장량에 따라 곡류군, 채소군, 생선 및 고기군, 우유군과 과일군의 식품군으로 구분하였고 주로 조리된 형태의 음식을 제시하고 있다. 회전하는 팽이 위를 달리는 사람을 통해 신체 활동의 중요성을 표현하였다. 또한 음료로는 물이나 차를 많이 마시고 고도로 가공된 스낵, 과자 및 설탕이 첨가된 음료를 적당히 섭취할 것을 권장하고 있다. 식품 가이드에 각 식품군에 대한 일일 권장량(for one day)임을 나타낸 것이 특징적이다.

싱가포르

초등학교 체육(Physical Education) 교과의 목표 중 하나가 '활동적이고 건강한 삶의 이점을 즐기고 가치 있게 여긴다'이다. 체육은 총 7가지의 영역으로 구성되는데 그 중 하나가 '건강과 체력(physical health and fitness)'으로 '건강과 체력'의 학년별 교육과정은 다음과 같다(표 6). 1학년과 3학년에 'My Healthy Plate'를 활용한 식생활 교육이 이루어지고 있고 4학년에 식중독, 5학년에 식이와 운동을 통한 건강한 성장, 6학년에 섭식 장애를 학습할 수 있도록 한다.

[표 6] 싱가포르 초등 '체육' 교과 중 '건강과 체력'의 내용

구분	내용
1학년	건강한 식습관 - 건강한 식생활이 무엇이고 왜 중요한지를 이해한다. - My Healthy Plate를 활용하여 건강한 식습관을 실천한다.
2학년	식품과 성장 - 좋은 식습관과 운동이 건강한 성장을 위해 필요함을 이해한다. - 다양한 신체 활동에 적극적으로 참여하고 건강한 성장을 위한 좋은 식습관을 실천한다.
3학년	건강한 식생활 - My Healthy Plate에서 다른 식품군을 알고 성장과 건강을 위한 기능을 이해한다. - 건강하다는 것은 건강한 식생활뿐만 아니라 매일 활동하는 것도 포함한다는 것을 이해한다. - My Healthy Plate를 사용하여 건강한 식생활 실천한다.
4학년	식중독 - 비위생적인 관행을 통해 박테리아가 식중독을 전파하고 식중독을 일으킬 수 있는 식인성질병을 이해합니다. - 식인성질병을 예방하기 위한 좋은 개인, 가정, 사회 및 환경 위생 습관을 보여줍니다.
5학년	식이와 운동 - 건강한 성장을 보장하기 위해 신체 활동 수준과 식단의 균형을 맞출 필요성을 이해한다. - 칼로리 균형을 위해 노력할 때 신체 구성, 성별, 연령 및 적절한 영양 섭취(예: 단백질, 탄수화물, 지방, 비타민 및 미네랄)와 같은 요소도 고려해야 한다는 점을 이해한다.
6학년	식이와 운동 - 부적절한 식단과 불충분한 신체 활동이 건강 문제를 일으킬 수 있음을 이해한다. - 섭식 장애의 일반적인 징후를 식별한다.

싱가포르의 'My Healthy Plate'는 접시 모형에 현미와 통밀빵군, 고기군, 과일과 채소군을 제시하였고, 접시 아래에 물의 선택과 건강한 기름의 선택, 운동에 대한 내용도 강조하였다.

[그림 6] 싱가포르의 My Healthy Plate
출처: Image used with permission from the Health Promotion Board, Singapore.
Website: www.healthhub.sg

한국

2015개정 교육과정에 따라, 실과 교과목에 5~6학년을 대상으로 한 식생활 관련 내용이 포함되어 있다. 가정생활과 안전 영역 내에 '균형 잡힌 식생활', '식재료의 특성과 음식의 맛', '안전한 식품 선택과 조리'의 내용 요소로 구성되어 있으며 각각의 성취기준과 학습요소는 [표 7]과 같다.

[표 7] 한국의 '실과' 내 식생활 관련 내용요소(초등 5~6학년)

내용요소	성취기준	학습요소
균형 잡힌 식생활	• 건강을 위한 균형 잡힌 식사의 중요성과 조건을 알고 자신의 식사를 평가한다.	• 균형 잡힌 식사
식재료의 특성과 음식의 맛	• 성장기에 필요한 간식의 중요성을 이해하고 간식을 선택하거나 만들어 먹을 수 있으며 이때 식생활 예절을 적용한다.	• 간식의 중요성 • 간식의 선택과 조리 • 식생활 예절
	• 다양한 식재료의 맛을 비교·분석하여 올바른 식습관 형성에 적용한다.	• 다양한 식재료의 맛 • 올바른 식습관
안전한 식품 선택과 조리	• 안전과 위생을 고려하여 식사를 선택하는 방법을 탐색하고 실생활에 적용한다.	• 안전과 위생을 고려한 식사 선택
	• 밥을 이용한 한 그릇 음식을 위생적이고 안전하게 준비·조리하여 평가한다.	• 밥을 이용한 한 그릇 음식 • 위생적이고 안전한 조리

출처: 실과(기술·가정)/정보과 교육과정(교육부)

우리나라의 식품구성 자전거는 뒷바퀴를 총 5개의 식품군으로 구성함으로써 다양한 식품을 매일 필요한 만큼 섭취하여, 균형 잡힌 식사를 실천할 수 있도록 하였다. 또한, 앞바퀴에는 수분의 섭취를 제시하였고, 자전거 모형을 통한 규칙적인 운동의 중요성을 강조하고 있다.

[그림 7] 한국의 식품구성자전거
출처: 2020 한국인 영양소 섭취기준(보건복지부·한국영양학회, 2021)

III. 결론

초등학생 시기부터 건강한 식습관을 형성하고 실천할 수 있도록 각국의 푸드 가이드를 활용하여 초등교육과정에서 균형 잡힌 식사의 중요성을 교육하고 있다. 건강한 식생활에 대한 교육은 국가별로 다양한 연령에서 이뤄지고 있었으며, 이때 활용되는 푸드 가이드 또한 국가별로 공통적인 영양학적 기본 원칙을 토대로 하되, 차이점을 찾아볼 수 있었다. 앞서 살펴본 7개국의 식생활 관련 교육과정과 푸드 가이드를 통해 다음과 같은 제안점을 도출하였다.

첫째, 대부분 국가의 초등교육과정에서 저학년에 푸드 가이드를 활용한 식생활 교육이 시작되고 있었다. 우리나라의 경우 5학년부터 실과 교과목에서 식생활 교육이 이루어지고 있어 올바른 식습관이 효과적으로 형성될 수 있도록 초등 전 학년에 걸쳐 교육되어져야 할 필요성이 제기된다(김정원, 2006).

둘째, 푸드 가이드는 텍스트 없이 모형 중심의 이미지이기보다는 대상자들이 식품 영양 정보 메시지를 정확하게 이해하고 습득 및 실천할 수 있도록 구체적인 텍스트로 전달되는 것이 바람직하다.

셋째, 푸드 가이드 모형의 배분을 통해 식품군의 균형적인 섭취뿐만 아니라 각 식품군 내에서 다양한 식품을 섭취해야 하는 다양성 측면에서도 강조될 필요가 있다.

넷째, 각 식품군의 균형 잡힌 섭취와 식품군 내 다양한 식품의 섭취 이외에도 더 건강하고 현명한 선택이 무엇인지에 대한 정보를 전달할 수 있어야 한다. 예를 들면, 곡류군에서 식이섬유아 미량영양소의 급원인 통곡물을 선택하고, 유지류군에서 불포화지방산 함량이 높은 건강한 기름을 선택하고, 우유군에서 저(또는 무)지방 제품을 선택하고, 수분의 섭취를 위해 물을 선택해야 한다는 메시지가 명확하게 제시되어야 할 것이다.

다섯째, 1회 분량에 대한 추가 정보 없이 각 식품군별 1일 섭취 횟수를 제공하는 것은 대상자가 건강한 식생활을 실천하도록 하는 데 크게 도움이 되지 못한다. 대신에 미국, 캐나다, 싱가포르 등에서와 같이 접시 모형을 활용하여 실생활에서 적절한 섭취량을 실천할 수 있도록 하는 것이 효과적일 수 있다.

  초등교육과정에서 식생활 교육의 기초 자료로 활용되는 푸드 가이드가 더욱 더 효과적인 도구가 될 수 있도록 대상자 수요 중심의 연구를 통해 개발될 필요가 있겠다. 또한, 생애주기별로 특화된 모형이나 콘텐츠에 관한 연구 개발도 이루어져야 할 것이다.

참고문헌

교육부, 실과(기술·가정)/정보과 교육과정(교육부). 2015.

김정원 (2006). 실과 교육과정 개선을 위한선진국 초등 생활과학 커리큘럼 비교 분석. 한국실과교육학회지, 19(1), 1-22.

농림축산식품부·식생활교육국민네트워크, 2020년 국민 식생활 실태조사.

보건복지부·질병관리청, 2020 국민건강통계.

보건복지부·한국영양학회 (2015), 한국인 영양소 섭취기준 (2015).

이은주 (2018). 한국·미국·영국·일본 초등 식생활 교육과정비교·분석. 한국초등교육, 29(2), 1-16.

〈그림 출처 사이트〉

www.nysed.gov

www.myplate.gov

www.dcp.edu.gov.on.ca

www.food-guide.canada.ca

www.gov.uk

www.nhs.uk

v9.australiancurriculum.edu.au

www.nhmrc.gov.au

www.mhlw.go.jp

www.healthhub.sg

체육교과 지도의 사명감 증진을 위한 예비초등교사교육의 방향

이희수

I. 들어가는 말

1. 현대사회의 특징에 따른 체육교과의 중요성

우리는 다변화하는 사회 속에서 살아가고 있다. 본 장에서는 다변화하는 현대사회의 특징들과 체육교과 교육 간의 관련성을 제시하며 체육교과의 중요성 및 필요성에 대하여 살펴보고자 한다. 첫째, 건강에 대한 관심 증대와 의료기술의 발전 등으로 이른바 100세 시대를 맞이하고 있다는 점이다. 이것은 신체적, 정신적으로 건강한 삶을 오랫동안 지속하고자 하는 인간의 요구를 다양한 체육활동을 통해 이루고자 하는 것으로 연결 지어 이해할 수 있다. 현대사회를 살아가는 구성원들에게 체육활동에 참여하기 위한 환경을 제공하고 나아가 체육활동에 참여하고자 하는 동기를 부여함을 통해 이른바 평생체육의 실현을 도모하는 것에 체육교과가 그 역할을 해야 할 것이다. 둘째, 최근 근로시간 단축을 위한 주 4.5일제 근무가 확대되고 나아가 주 4일제 근무를 제도적으로 도입하고자 하는 움직임이 나타나고 있다. 이것은 자연스럽게 사람들의 여가시간 증대를 가져다줄 것이다. 이러한 여가시간을 보내는 다양한 방법 중 체육활동은 우리의 삶의 질을 윤택하게 하고 나아가 신체적, 정신적 건강 발달에 긍정적인 영향을 미친다는 점에서 그 중요성이 부각될 것이다. 이것을 위해 신체적, 지적, 정서적 발달기에 있는 학령기의 아이들에게 체육활동에 대한 흥미를 고취시키고 체육활동을 통해 사회성 발달을 도모시키는 것은 중요한 요소가 될 것이다. 이것이 가능하기 위한 다양한 방법들 중 학교 체육교과가 중요한 매개체의 역할을 해야 한다는 점을 강조하고자 한다.

2. 체육교과의 교육적 가치

초등학교 체육은 신체활동에 관한 기초교육으로서 체육교과 역량을 갖추기 위한 기본 기능 습득과 태도 형성의 역할을 담당한다. 여기서 이야기하는 체육교과의 역량은 다양한 신체활동의 체험을 통해 습득되는 지식, 기능, 태도를 포괄하는 총체적인 능력을 말한다(교육부, 2015). 타 교과와 구별 지을 수 있는 가장 핵심적인 요소라고 할 수 있는 체육과의 특징은 신체활동을 주된 학습도구로 활용한다는 점이다. 이러한 체육교과는 비단 운동기능 및 체력발달을 위한 학습으로 지나지 않고 운동원리, 전술, 규칙 등의 지식 발달과 바람직한 품성과 사회성을 함양하고 자기관리 능력 및 대인관계 능력과 같은 태도의 발달을 도모하고자 한다. 다시 말해, 체육과는 신체활동의 가치를 기반으로 신체의 교육(education of the physical)을 넘어 신체활동을 통한 교육(education through the physical)을 실현한다는 것이다. 신체활동에 대한 욕구와 흥미가 왕성한 시기에 있는 초등학생(김대석, 조호제, 2014)들의 체육수업은 그들의 인지적, 정서적, 신체적 발달에 영향을 줘야 할 것이며, 이는 중, 고등학교의 체육활동을 통한 생활체육 및 평생체육으로 이어져 그들의 삶 전반에 긍정적인 영향을 미칠 수 있어야 할 것이다.

이처럼, 다양한 교육적 성과를 중시하는 체육교과는 건강 관리 능력, 신체 수련 능력, 경기 수행 능력, 신체 표현 능력과 같은 교과역량을 추구한다(교육부, 2015). [그림 1]은 체육교과역량과 총론에서 제시하고 있는 핵심역량 간의 관련성을 보여 주고 있다. 첫째, 건강 관리 능력은 신체 건강과 체력 증진, 여가 선용 등의 건강한 생활 습관 형성을 도모하고 건전한 사회와 안전한 환경을 구성, 유지할 수 있는 합리적 사고와 태도를 배양할 수 있는 능력을 의미한다. 둘째, 신체 수련 능력은 자신의 신체적 수준을 이해하고 지속적이고 적극적인 신체 수련 노력을 통해 새로운 목표를 달성할 수 있는 능력을 의미한다. 셋째, 경기 수행 능력은 게임, 스포츠 등 유희적 본능을 바탕으로 하는 경쟁 상황에서 적합한 전략과 기능을 발휘하여 개인 혹은 공동의 목표 달성을 위해 상호 작용할 수 있는 능력을 의미한다. 넷째, 신체 표현 능력은 신체와 움직임을 매개로 하여 생각과 느낌을 표현하고 수용하는 능력을 의미한다. 이처럼, 체육교과는 학생들의 개인적 성장뿐만 아니라 타인과 더불어 온전한 삶을 살아가는 데 일조하고, 체육 문화를 창조적으로 계승·발전시키는 것에 중점을 둔다.

[그림 1] 총론의 핵심역량과 교과 역량의 관계
출처: 교육부, 체육과 교육과정의 이해, 2015

II. 문제의식

앞서 살펴본 것과 같이 체육교과는 우리 사회에 긍정적인 영향을 미칠 수 있는 교과목으로서 그 교육적 가치를 실현하여 스스로 미래의 삶을 개척하고 전인으로 발달하기 위해 필요한 기능, 지식, 태도를 함양하는 데 그 역할을 해야 할 것이다. 이러한 교육적 성과를 이끌어 내기 위해서는 무엇보다 학생들과 상호작용하며 교육의 기회를 제공하고 지도를 하며 교육현장 일선에 있는 교사의 역할이 중요할 것이다. 본 장에서는 체육교과의 교육적 가치실현을 위한 문제점들을 초등학교현장과 예비교사교육현장 관점에서 제시하고자 한다.

1. 초등학교 스포츠 강사 제도

2008년부터 시작된 초등학교의 스포츠 강사제도는 체육교과 전담제가 실시된 이후로도 쉽사리 해결되지 않는 체육교과 지도에 대한 초등교사의 전문성 부족으로 나타난 문제점을 해결하기 위해 도입되었다. 스포츠 강사제도는 초등학생의 체육수업에 대한 흥미 유발 및 체육 우수 인재 조기 발견 등 체육교육의 활성화를 기대하며 체육교육의 본래의 취지를 이루기 위한 하나의 대안으로 시작된 것이다(김길래, 2011). 초등학교의 스포츠 강사는 체육교육 전공자 중 중등 정교사 자격증이나 스포츠 지도사 자격증 등을 소지한 사람을 중심으로 선발된다. 다시 말해, 초등교육에 대한 이해나 전문성을 함양하기 위한 교사교육을 받지 않은 교원이 자리하게 된다는 것이다.

스포츠 강사는 담임교사와 학생들의 체육 수업을 보조하는 역할을 하게 된다. 하지만 실상을 들여다보면 담임교사가 아닌 스포츠 강사들이 주도적으로 체육수업을 지도하는 상황이 벌어지고 있다. 여기서 이러한 현상에 대한 문제 제기를 한다면 '주객이 전도되어도 좋은가?'라는 질문을 던져 볼 수 있을 것이다. 구체적으로 살펴보면, 초등교사의 체육수업에 대한 참여 유형은 3가지 부류로 나뉜다. 첫째, '활동 참여형 교사'는 체육수업은 스포츠 강사가 주도적으로 담당하고, 교사는 들러리에 지나지 않는 것을 의미한다. 수업 교구의 준비를 도와주고 수업 중에 일탈행동을 하는 학생들을 관리하고 수업 중에 학생들과 함께 스포츠 강사의 수업에 참여하는 교사를 일컫는다. 그나마 이러한 활동 참여형 교사는 아래 이야기 할 '관망형 교사'와 '회피형 교사'(무관심형)보다는 낫다고 볼 수 있다. 둘째, '관망형 교사'는 체육수업현장에 자리는 함께 하지만 스포츠 강사의 수업을 바라만 보는 교사를 일컫는다. 셋째, '회피형 교사'는 스포츠 강사를 체육전담교사로 인식하고 체육수업의 준비, 실행 등의 모든 것을 스포츠 강사에게 맡기고 교사는 수업현장이 아닌 별도의 공간에서 개인 업무를 보는 등의 시간을 보내는 교사를 일컫는다. 이러한 현상은 스포츠 강사를 체육수업의 보조자로서의 역할을 부여하는 본래 취지에서 벗어난다는 점에서 문제점으로 지적할 수 있다. 아래는 김종원, 김민성, 구무진 (2021)의 연구에서 도출한 스포츠 강사들을 대상으로 진행한 면담내용의 일부이다.

"그냥 모든 수업을 제가 준비해서 진행하는데 교과서에 나와 있는 내용을 진행하기도 하지만, 보통은 아이들과 상의해서 아이들이 하고 싶은 종목을 합니다."

"평상시에는 나오시지도 않는데 어쩔 때 한 번씩 나오셔서 수업 지켜보시고 이런저런 이야기를 해 주시는데 그냥 안 나오셨으면 하는 게 솔직한 마음이긴 해요."

면담내용을 봐서 알 수 있듯이 스포츠 강사들의 수업 준비 및 진행에 있어서 체육수업의 본질과 가치구현을 위해 그 적절성과 효율성에 의문이 생긴다. 이와 동시에 체육수업에 무책임한 태도로 일관하는 교사의 방관적인 모습에 대한 문제점을 확인할 수 있다.

2. 예비초등교사 및 현직초등교사들의 체육교과에 대한 인식

앞서 살펴본 것처럼 체육교과는 다양한 교육적 가치를 가지고 있다. 이러한 체육교과의 가치를 실현하기 위해서는 다양한 요인들이 존재하겠지만 그중 교사들의 역할은 가장 중요하다고 할 수 있다. 아무리 뛰어난 교수역량을 가진 교사라고 할지라도 그러한 역량을 발휘하기 위해서는 해당 교과의 지도에 대한 사명감을 지니는 것은 가장 중요하다고 할 수 있다. 가르치고자 하는 실천의지와 의욕이 없다면 교사가 함양하고 있는 교수역량은 필요 없는 무용지물이 될 것이기 때문이다. 여기서는 예비초등교사 및 현직초등교사들이 체육교과 지도에 대한 인식을 살펴보고자 한다.

(1) 예비초등교사

비(非)체육과에 재학 중인 예비초등교사들은 체육과에 재학 중인 예비초등교사들과는 다르게 대체로 체육교과에 대한 교수 자신감이 결여되어 있는 경향이 있다(이희수, 2018). 흥미로운 것은 대부분의 예비초등교사들은 체육교과에 대한 중요성 및 필요성은 상당히 높게 인식하고 있다는 것이다. 학생들에게 다양한 교육적 성과를 이끌어 낼 수 있는 중요한 교과목으로서 학생들에게 꼭 필요하다고 인식하고 있었으나 그러한 체육교과를 지도하기 위한 자신감은 결여되어 있어 서로 상충하는 현상이 나타나고 있다.

또한, 예비초등교사들은 교육대학교에서 경험하게 되는 다양한 체육과 관련 강의에 참여하는 데 있어 부담감을 갖고 있는 것으로 나타난다(정병근, 2020). 특히 실기강의는 어렵고 자신이 없어 실기기능발달에 대한 학습증진의 기대가 낮으며, 'F학점만 아니면 된다'는 식의 학점 이수가 강의를 참여하는 데 있어 주된 목적으로 인식하고 있는 것으로 나타났다.

이처럼, 체육교과에 대한 지도 및 예비교사교육과정에서 경험하게 되는 체육과 강의에 대한 부담감을 갖고 있는 예비초등교사들은 체육교과는 학교현장에 배치되는 스포츠 강사 및 체육전담교사들의 전유물이라는 인식을 함께 갖고 있었다(정병근, 2020). 다시 말해, 예비초등교사들은 체육수업은 교사가 되어도 가르치지 않을 수도 있는 교과라고 인식한다는 것이다(백준형, 이희수, 2022). 이러한 체육교과 지도에 대한 결여된 사명감은 높은 교육적 가치를 갖고 있는 체육교과가 학교교과로서의 위상과 입지가 좁아지는 문제로 이어질 수 있다(정성우, 2014). 본 저자는 이러한 현상에 대한 심각한 문제의식을 갖고 이에 대한 개선을 위해 높은 책임감과 함께 연구 및 교육활동을 하고 있다. 본고에서도 교육대학교 체육교육과에서 제공되는 강의들 중 체육실기에 대한 강의운영 방식을 중점적으로 탐색하여 예비교사교육자로서 앞으로 나아가야 할 방향 및 우리들의 역할을 제시하고자 한다.

(2) 현직초등교사

체육교과는 초등학교 학생들이 가장 선호하는 교과목으로 널리 알려져 있다. 하지만 체육에 대한 초등학생들의 욕구와는 달리 초등학교 체육수업은 교사들의 과도한 업무 부담과 주지 교과목에 치중된 학습문화, 체육수업에 대한 부담감을 갖고 있는 여교사들의 비율 증가, 교사들의 체육수업에 대한 전문지식 부족 등으로 인하여 교사들의 체육 기피현상으로 이어지고 있다(한상모, 2020). 앞서 예비초등교사들의 경우와 마찬가지로 현직초등교사들도 체육교과에 대한 중요성 및 필요성에 대한 긍정적 인식을 갖고 있는 것과는 상반되게 체육교과 지도에 대한 자신감 및 사명감은 낮다는 문제점이 지적된다(이용국, 조건상, 2016). 이것은 교사들의 체육전담에 대한 기피 현상으로 이어지고 일부 남자교사들의 전유물이 되는 경향도 나타나고 다수의 경우 체육교과전담을 원하지 않는 상황에서 강제적으로 체육전담을 하게 되는 경우가 나타나게 된다. 또한, 체육수업을 진행하는 과정에서도 심동적, 인지적, 정의적 영역의 다양한 교수학습의 목표 성취를 위한 노력보다는 아이들이 좋아하는 놀이 및 게임 위주의 단편적인 수업에 지나지 않는다는 문제점 역시 지적된다(김종원 외, 2021).

또 다른 모순점은 체육교과를 전담하는 것은 물론 담임교사로서 체육교과를 지도하는 것에 대한 기피를 보이는 초등교사들의 대부분은 스포츠 강사의 학교 배치 의무화에 대한 반대의 입장을 표출한다는 점이다. 2021년 발의된 학교체육진흥법 일부개정 법률안에는 기존 '초등학교에 스포츠 강사를 배치할 수 있다'에서 '배치하여야 한다'로의 개정안을 발의하였다. 교사노동조합연맹이 전국 초등교사 2415명을 대상으로 스포츠 강사 의무배치 법안에 대한 의견을 묻는 설문조사에서 65%의 초등교사는 반대, 32.9%는 현행과 같이 선택적 배치, 찬성의 의견은 1.9%에 지나지 않는 결과가 나왔다(교사노동조합연맹, 2022). 초등학교에 체육활동의 활성화 및 정상화는 스포츠 강사가 아닌 초등교육의 이해와 전문성을 가진 정규교원증원으로 해결해야 한다고 주장하는 것이다. 이러한 주장은 현재 초등학교는 개별교과교육 중심이 아닌 교과연계 통합교육과정으로 나아가고 있는 실정을 강조하며 나타나고 있다. 즉, 체육활동의 활성화 방안으로 스포츠 강사의 의무배치를 시행하는 것이 아닌 충분한 정규수업시간의 확보와 교원확충을 통해서 이루어져야 한다는 것을 강조하고 있다. 또한, 초등교사의 체육교과에 대한 전문성 부족에 대한 문제는 체육교과 전담 교사의 확대를 통해 이루어져야 한다고 인식하고 있다(김지현, 이근모, 2018).

3. 교육대학교 체육과 교육과정 돌이켜 보기: 체육실기 강의를 중점으로

위에서 살펴본 문제의 근원을 본 연구자는 예비교사교육과정으로부터 찾아보고자 한다. 다양한 원인들이 존재하겠지만 초등교사가 되기 전 예비교사로서 어떤 경험과 함께 양성과정을 거쳤는지를 살펴보는 것이 의미 있다고 생각된다. 그중 신체활동을 매개로 다양한 체육활동을 경험하게 되는 체육실기 강의를 면밀히 살펴보고자 한다. 체육실기 강의는 다양한 종목의 기능 발달과 규칙 및 전략 등과 같은 교과내용지식(content knowledge)의 발달을 도모하기 위한 실습위주의 학습기회가 중점적으로 제공되고 있다. 다시 말해, 체육실기 강의의 주된 강의목적인 예비교사들의 운동기능발달적인 측면에 국한되어 강의가 진행되는 경향이 있다.

백준형, 이희수(2022)의 연구에서는 비체육과에 재학 중인 예비초등교사들이 체육실기 강의를 통해 강의의 주된 목표라고 할 수 있는 실기능력을 발달하는 데 있어 몇 가지 한계점을 발견하였다.

첫째, 예비초등교사들은 운동기능발달에 대한 의욕 및 동기가 결여되어 있었다. 이러한 기대감의 상실은 초등교사로서 체육교과를 지도하는 것에 대한 사명감 부족으로부터 나타났으며, 단순히 학점이수를 위한 것이 강의참여의 주된 목적이었다. 아래는 체육실기 강의에 참여하는 예비초등교사의 면담내용이다.

> "체육활동을 원래 좋아하는 편이 아니기도 하고 잘 하지도 못하거든요. 그리고 체육수업은 전담교사들이 주로 한다고 하니 솔직히 체육과 강의는 학점을 이수하는 데 목적이 많았던 것 같아요."

둘째, 예비초등교사들은 그들의 기본적인 운동능력의 부족을 이야기하며 운동기능발달에 있어 한계가 있을 것이라 인식하는 경향이 있었다. 교내 체육활동관련 동아리 활동에 참여하는 소수의 예비초등교사들의 경우에는 체육활동에 관심과 함께 운동기능발달에 대한 기대감을 갖고 있었지만 대다수의 경우 체육 활동에 대한 낮은 관심을 갖고 있었다. 아래는 체육실기 강의에 참여하는 예비 초등교사의 면담내용이다.

> "저는 운동신경도 부족한 편이여서 몸이 잘 안 따라 주는 것 같아요. 교수님이 알려 주시는 내용이 이해는 되는데 머리로는 알겠는데 몸이 말을 듣지 않는 것 같아요."

셋째, 체육실기 강의의 수업환경이 예비초등교사들의 운동기능발달을 도모하는 데 있어 한계가 있다. 체육실기 강의는 주당 2시간의 시수로 15차시에 걸쳐 3종목 이상을 다루게 되어 종목별로 운동기능발달을 강구하는 데 있어 시간적으로 한계가 있었다. 또한 수강생 수도 30명이 넘는 경우가 대부분으로 한 명의 교수자가 제한적인 강의시수 안에 종목별로 수강생들의 운동기능발달을 도모하는 데 있어 한계가 있었다. 여기서 우리는 정해진 강의시수 동안 단일 종목을 심도 있게 가르칠 것이냐 다양한 종목을 폭 넓게 가르칠 것이냐에 대한 고민이 남게 된다.

> "저는 다양한 종목을 배울 수 있어서 좋았던 것 같아요. 특히, 필드형, 네트형, 영역형 스포츠를 고르게 경험할 수 있어서 좋았는데 그래도 조금 아쉬운 점은 감도 좀 생기고 할 즘이면 다음 종목으로 넘어가게 되고 했던 점이 생각이 나기도 하지만 그래도 다양한 경험을 할 수 있어서 너무 좋았어요."

끝으로, 대부분의 예비초등교사들은 타 교과와 비교적으로 체육교과에 대한 교수 자신감이 결여되어 있는 경향이 있다(이희수, 2018). 이러한 낮은 교수 자신감을 갖고 있는 예비초등교사들은 그들이 경험한 직전교사교육과정 중 체육실기 강의에 대한 부정적 경험을 갖고 있었다. 그들이 경험한 체육실기 강의는 예비교사들의 운동능력수준, 흥미, 성별 등을 고려하지 않는 수업, 교수방법 지식 및 내용교수지식(pedagogical content knowledge)의 발달은 고려하지 않고 교과내용지식(content knowledge)의 발달만을 강구하며 운동기능발달만이 강조되는 수업이었다. 아래는 예비초등교사가 개방형 질문에 대한 응답을 서술한 내용이다.

> "체육실기 수업은 매주 관련된 체육활동에 대한 기능적인 측면을 배우고 게임하고 보통 그렇게 수업이 진행되었다. 나는 운동능력이 없어서 게임을 할 때도 우리 편에 피해를 줄까 봐 잘 어울리지 못하였고 적극적으로 참여할 수 없었다."

이러한 제한적인 요인들은 결국 예비초등교사들에게 체육교과 지도에 대한 사명감의 부족으로 이어질 수 있는 문제로서 예비초등교사들을 양성하는 예비교사교육자들이 고민하고 이에 대한 개선방안들을 마련하여 현실에 맞는 교사양성 방안들을 마련하고 실행에 옮길 수 있어야 할 것이다.

III. 예비교사교육자로서 우리의 역할

본 장에서는 예비교사교육과정을 통해 예비초등교사들에게 체육교과 지도에 대한 사명감 증진을 도모하기 위해서 나아가야 할 방향에 대해서 논의해 보고자 한다.

첫째, 예비초등교사들의 체육교과 지도에 대한 사명감을 증진하기 위해서는 체육교과가 가지고 있는 교육적 가치에 대한 인식 개선을 도모해야 할 것이다. 그것을 위해 직전교사교육과정을 통해 신체활동을 통한 학습의 가치를 몸소 경험하며 신체활동이 예비초등교사들의 삶의 일부분이 될 수 있는 기회를 제공하도록 노력해야 한다. 그들이 강의를 통해 경험하게 되는 체육활동은 그들이 교사로서 아이들에게 가르쳐야 하는 체육활동으로 인식될 수 있다. 예를 들어, 체육실기 강의를 통해 운동기능발달을 위한 학습기회도 중요하겠지만 그것으로 지나게 되는 학습기회는 상대적으로 운동에 소질이 없거나 관심이 없는 예비초등교사들에게는 체육활동에 대한 긍정적 인식의 제고는 기대하기 어려울 것이다. 따라서 체육실기와 같은 강의를 운영할 시 초등학교 체육수업에서 적용할 수 있는 내용과 수준으로 강의를 진행하는 것을 고려해 볼 수 있다. 이를 위한 다양한 수업용 기구의 활용과 규칙의 변형을 고려한 학습과제를 활용하여 모든 수강생들이 성공을 경험하며 즐길 수 있는 강의를 제공한다면 체육활동에 대한 흥미를 고취할 수 있을 것이다. 티볼의 규칙 및 전략과 티볼에 대한 운동기능의 필요성을 학습할 수 있도록 [표 1]과 같은 변형게임이 예가 될 수 있을 것이다. 높은 운동기능수준이 필요하지 않은 이와 같은 방식의 변형게임을 통해 모든 학생들은 즐겁게 활동에 참여할 수 있음은 물론 다음과 같은 학습의 효과도 도모할 수 있다. 첫째, 타자는 득점을 하기 위해서 수비의 상황을 보고 한 바퀴를 더 돌지, 그만 돌지에 대한 상황 판단력을 기를 수 있을 것이다. 둘째, 빈 공간으로 공을 쳐서 보내야 한다는 필드형 스포츠의 공격전략과 필드 안으로 3번 안에 공을 쳐서 보내야 하는 규칙과 같은 학습도 가능하다. 셋째, 티볼에서 공격을 잘하기 위해서는 필드 안에 빈 공간으로 배팅을 정확하게 할 수 있는 운동기능에 대한 학습의 필요성을 인식하고 운동기능발달 학습활동에 흥미와 열정이 부족한 학생들에게 배팅과 같은 운동기능발달 학습활동에 동기부여를 갖고 적극적으로 참여할 수 있는 긍정적인 영향을 미칠 수 있을 것이다.

[표 1] 티볼 변형 게임의 예

	티볼 원형 게임		티볼 변형 게임
공격	배트로 배팅티 위에 공을 치기	공격	폼볼을 잡고 주먹으로 치기
	수비수가 루로 던진 공보다 먼저 1, 2, 3루를 돌아 홈베이스를 밟고 득점하기		수비수의 수비성공 전에 한 줄로 서 있는 같은 팀원을 돌아온 바퀴 수만큼 득점하기(이때 3바퀴째를 도는 도중 수비성공을 하면 0점이 됨)
수비	글러브로 타격한 볼을 잡아 주자보다 먼저 루에 있는 수비수에게 던지고 받아 주자 아웃시키기	수비	공격팀이 친 공을 잡고 나머지 수비팀원은 공을 잡을 수비수 뒤로 한 줄로 서서 공을 앞사람에서 제일 뒷사람까지 다시 앞사람까지 머리 위로 전달하기

둘째, 지금까지 체육실기 강의는 대체로 실습위주로 강의가 운영되어 왔다. 비대면으로 강의가 진행되는 상황에서도 운동기능수행방법 및 규칙 등에 대한 강의내용으로 구성되어 진행되는 경향이 있다. 포스트 코로나 시대에 직면하고 있는 현 시점에서 비대면 강의는 코로나 팬데믹과 상관없이 향후 교육현장에서 지속적으로 활용될 것을 요구받고 있다(서장원, 2020). 따라서 본 저자는 체육실기 강의에서 대면실습 강의와 더불어 활용할 수 있는 비대면 강의를 활용할 때 다음과 같은 강의내용과 방식을 제안하고자 한다.

1. 운동기능별 학습단서의 설립과 교수학습 시 학습단서의 활용방법
2. 운동기능별 게임활동을 구성하는 방법
3. 필드형, 네트형, 영역형 스포츠에 대한 변형게임 구성

첫 번째로 제안한 학습단서에 대한 강의는 운동기능수준이 낮은 예비초등교사들이 향후 학교현장에서 관련된 운동기능을 가르칠 때 시각적 시범설명은 영상이나 학생시범으로 대체하면서 학습단서를 활용한 구두적 설명을 가능하게 할 수 있다는 측면에서 의미가 있다. 직접 시각적 시범은 수행하지 못할지라도 아이들을 지도할 수 있다는 것을 느낄 수 있기 때문이다. 두 번째로 제안한 운동기능별 게임활동을 구성하는 것에 대한 강의는 운동기능발달을 위한 학습 시 운동기능별로 간단하고 쉽게 즐길 수 있는 게임활동을 구성하는 방법을 배우고 조별로 게임활동을 직접 구성해 볼 수 있는 시간이다. 조별로 구성한 게임활동을 대면실습 강의 시 직접 학습환경을 조성해 보고 이를 다른 조 수강생들에게 알려 주고 함께 게임활동을 즐겨 보는 강의방식이다. 이는 기능발달학습의 즐거움을 느끼게 할 수 있을 뿐만 아니라 초등학교 현장에서 아이들을 가르칠 수 있는 학습활동에 대한 정보를 습득할 수 있어 체육수업을 지도하는 데 있어 기대감을 증진시킬 수 있다는 측면에서 그 의미가 있다. 세 번째로 제안한 필드형, 네트형, 영역형 스포츠에 대한 변형게임을 구성하는 방법에 대한 강의는 예비초등교사들에게 간단하고 쉬운 게임활동을 통해 게임전략 및 규칙, 운동기능 학습의 필요성을 학습할 수 있게 하여 체육수업의 소재를 제공하고 이는 체육

수업에 대한 교육적 가치를 인식하여 체육수업 지도에 대한 사명감을 증진하는 데 도움이 될 것이다.

셋째, 체육교과의 교수학습 영역 중 하나인 정의적 영역에 대한 교수학습을 위한 강의운영에 대한 필요성을 강조하고자 한다. 체육활동을 통해 협동하는 방법으로 배우고 서로 격려, 배려, 존중하는 방법으로 배우는 것과 같은 정의적 영역의 교수학습을 예비초등교사들이 체육실기 강의를 통해 몸소 경험하도록 하여 체육활동의 교육적 가치를 인식하고 체육활동을 통해 서로 간의 화합과 친밀감을 형성할 수 있다는 점을 경험한다면 체육활동에 대한 긍정적 인식 제고를 도모할 수 있을 것이다. 누구나 쉽고 간단하게 즐길 수 있는 다양한 게임활동에 참여하는 동안에 교수자가 지속적으로 수강생들에게 같은 모둠원들 간에 격려와 칭찬의 말(예. 괜찮아, 할 수 있어, 멋지다 등)과 행동(예. 엄지척, 하이파이브, 악수 등)을 주고받도록 하면서 협동을 강조하고 모둠 간에 서로를 존중하고 배려하는 것을 지도하는 교수행동이 필요하다. 이와 같은 학습경험은 학교현장에서 아이들에게도 그와 같은 학습경험을 제공하고자 하는 신념을 형성시키고 체육교과 지도에 대한 사명감을 제고하는 데 도움이 될 것이다. 다음은 백준형, 이희수(2022)의 연구에서 체육실기 강의에 참여한 예비초등교사들을 대상으로 실시한 면담내용이다.

"강의 때 했었던 대부분의 활동들이 팀원들 간에 협동과 소통을 강조하는 것들이기도 하고 교수님께서 이런 부분을 계속 강조해 주셔서 활동하면서 계속해서 친구들에게 칭찬도 해 주고 격려도 하면서 활동하니 서로 더욱 친해지기도 하고 … (중략) … 이런 경험을 아이들에게도 경험시켜 주면 좋겠다는 생각이 들어요."

"티볼 때 했었던 게임이 기억나요. 운동을 잘하고 못하고 상관없이 팀원들끼리 함께 재미있게 즐길 수 있어서 좋았어요. '체육교과가 단순히 즐겁게 노는 교과에 지나지 않는구나'라는 생각도 해 볼 수 있었던 시간이었어요."

위의 면담내용에서도 알 수 있듯이 체육활동을 통한 긍정적인 경험을 제공해 줄 수 있다면 예비초등교사들에게 체육교과에 대한 관심과 교사로서 아이들에게 다양한 교육적 가치를 실현하고자 하는 사명감을 증진할 수 있을 것이라 기대한다.

VI. 맺으며

Blumes(1971)은 "교사들은 교사교육자로부터 배운 방식대로 학생들을 가르친다"라고 하였다. 따라서 직전교사교육과정에서 나타나게 되는 다양한 학습경험을 예비초등교사에게 제공할 때 그들이 향후 학교체육현장에서 활용할 수 있는 수업 내용과 방식을 적용하며 예비교사들을 교육시키는 것이 중요하다고 생각한다. 체육교육과에 재학 중인 예비초등교사들의 효율적인 교육도 필수적이겠지만 본고에서는 상대적으로 체육에 관심이 낮거나 운동기능수준이 낮은 비체육과 예비초등교사들의 체육교과 지도에 대한 기피와 반감에 대한 문제점을 지적하면서 이에 대한 개선방안을 제시하였다.

체육교과는 다양한 교육적 가치를 실현하여 초등교육의 교육목표라고 할 수 있는 전인교육의 실현을 위한 절대적인 역할을 할 수 있는 교과이다. 이러한 체육교과의 교육적 가치를 실현하기 위해서 교사들의 역할에 대한 중요성을 다시금 강조하며 직전교사교육과정에서 교사교육자로서의 우리의 역할과 나아갈 방향에 대해서 지속적인 고민과 논의의 시간이 필요할 것이다.

참고문헌

교육부 (2015). 2015 개정 체육과 교육과정.

교사노동조합연맹 (2022). 스포츠강사 의무배치 법안에 대한 성명서.

김길래 (2011). 초등학교에서의 스포츠 강사 운영 실태 및 체육수업 만족도 분석. 미간행 석사학위논문, 한국교원대학교 교육대학원.

김대석, 조호제 (2014). 초등학교 1, 2학년에서 예술, 체육 활동의 확대에 관한 연구. 교원교육, 30(1), 32-50.

김지현, 이근모 (2018). 초등스포츠강사 정규직 전환 심의과정 분석 및 정책적 제언. 한국체육정책학회지, 44, 193-207.

김종원, 김민성, 구무진 (2021). 초등학교 체육수업을 위한 스포츠 강사의 현실적 문제에 대한 네러티브 연구, 16(2), 43-51.

백준형, 이희수 (2022). 블랜디드 러닝을 적용한 교육대학교의 체육실기 강의에 대한 효과적인 운영 방안 탐색. 한국사회체육학회지, 90, 1-13.

서장원 (2020). 코로나 19시대, 전국 교육대학교 체육교육과 강의 모습과 온라인 강의 시 나타난 현상 및 개선 방향. 한국초등체육학회지, 26(3), 93-112.

이용국, 조건상 (2018). 초등교사의 체육교수불안 요인 및 해결전략 분석. 한국체육학회지, 5594, 263-271.

이희수 (2018). 예비초등교사가 인식하는 체육교과의 교수 자신감에 대한 연구. 한국사회체육학회지, 73, 9-22.

정성우 (2014). 초등학교 동작도전활동 수업 부담 및 개선방안. 한국초등체육학회지, 20(1), 1-13.

정병근 (2020). 교육대학교 체육 실기강의 교수자의 교수 경험 탐색. 한국초등체육학회지, 26(3), 169-182.

한상모 (2020). 체육수업을 하는 초등교사들의 어려움과 교육적 요구 탐색. 한국스포츠교육학회지, 27(3), 59-80.

Blume, R. (1971). Humanizing teacher education. PHI Delta Kappan, 53, 411-415.

다문화 시대의 초등영어교육:
외국인 학생은 제3언어 영어를 어떻게 습득할까?

조규희

I. 맥락 파악하기

1. 외국인 학생에게 영어는 몇 번째 언어일까?

한국교육개발원(KEDI)이 제공하는 교육통계서비스에 따르면 우리나라 전체 초·중·고등학생 중 다문화 학생 수는 지난 10년간 계속 증가하는 추세이며, 그 비율은 2021년 기준 3.0%에 이른다. 다문화 학생은 그 출생 배경에 따라 국내출생, 중도입국, 그리고 외국인 학생으로 구분할 수 있다. 그리고 최근 전체 다문화 학생 가운데 외국인 학생의 비율은 [그림 1]과 같이 국내출생이나 중도입국 다문화 학생과 비교하여 그 증가 정도가 매우 두드러진다(한국교육개발원, 2021).

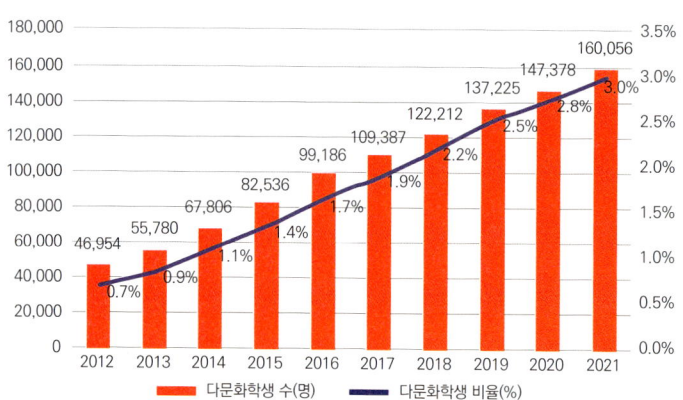

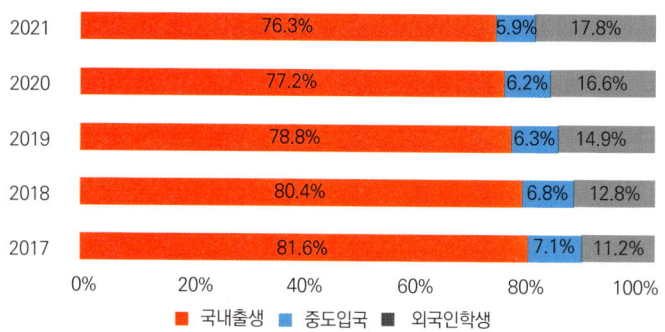

[그림 1] 다문화 학생 현황 및 유형별 다문화 학생 비율(한국교육개발원, 2021)

이처럼 다문화 학생 가운데서도 그 수와 비율이 계속해 증가하고 있는 외국인 학생의 언어적 배경을 살펴보면, 그들이 부모의 언어인 계승어(heritage language)를 모국어(first language: L1)로 능숙하게 사용하고, 학교 및 사회에서 주로 사용되는 언어인 공동체 언어(community language)를 제2언어(second language: L2)로 사용하는 이중언어 사용자(bilingual)임을 알 수 있다(박재익, 2017). 그리고 외국인 가정은 대개 가정에서 모국어 사용 비율이 매우 높고, 모국어 전수 의지가 강하기 때문에 능숙한 모국어를 기본으로 한 외국인 학생의 이중언어적 특성은 다른 다문화 가정 유형의 학생보다 더 확연하다고 알려져 있다(김이선, 2010).

한편, 외국인 가정 학생의 이중언어적 특성을 초등영어교육 현장에서 주목해 보면 그들이 한국 이주 이후 초등학교 3학년부터 교실 수업 상황에서 영어를 제3언어(third language: L3)로 처음 습득한다는 사실을 알 수 있다(안성호, 2008)[1]. 그리고 현재 영어를 L3로 학습하는 외국인 학생은 영어 학습에 대한 높은 부담감, 다중언어적 특성에 기인한 언어 전이현상(linguistic transfer 또는 cross-linguistic influence)[2] 등을 이유로 영어 학습에 어려움을 겪고 있음이 보고된 바 있다(천행남, 박선호, 2016). 즉, 해당 다문화 학생들을 대상으로 하는 초등영어교육은 영어를 L2로 학습하는 우리나라 일반 학생들과는 달리 현재 다문화 학생들이 영어 학습에서 갖는 어려움을 고려하여 '제3언어 습득(L3 acquisition)'의 관점에서 새롭게 접근할 필요가 있다. 이는 학습

---

[1] 외국인 학생이 한국으로 이주 전, 즉, 한국어에 최초 노출되기 전 모국에서 영어에 먼저 노출된 사례 또한 있을 것이다. 그러나 현재 필리핀을 제외하고 우리나라 다문화 가정 국적 가운데 높은 비율을 차지하는 중국, 베트남, 러시아 및 중앙아시아 출신 학생은 그 국가 언어적 환경에 따라 영어 노출이 매우 제한적인 경우가 많다. 그리고 이들은 한국 이주 이후 몰입환경에서 한국어를 습득하게 되므로, 언어 능숙도, 언어 학습 환경, 언어 노출의 상대적 양 등 모든 조건에서 한국어가 L2, 학습환경에서 배우게 되는 영어와 같은 외국어가 L3로 정의될 수 있다.

[2] L3 습득 연구의 맥락에서 Rothman 외(2019)는 언어 지식이 다루어지는 양상(예: 언어 처리와 관련된 언어 능력 활용과의 관계성 여부 등)에 따라 언어 간 영향(cross-linguistic influence)과 언어 전이현상(linguistic transfer)의 구분이 필요하다고 보았다. 그러나 Hopp(2019)과 같이 L3 습득 연구에서 '언어 전이현상'과 '언어 간 영향' 두 용어를 혼재해서 사용한 예도 있다. 실제로, 국내·외 L2 습득 연구 또한 해당 두 용어를 교차적으로(interchangeable) 사용하는 경향이 있으므로, 본고에서는 '언어 전이현상(linguistic transfer)'으로 관련 언어 습득 현상을 총칭하고자 한다.

자가 모국어 습득 이후에 배우는 모든 언어를 L2 습득으로 다루었던 기존 외국어 습득 연구 흐름이 최근 다중언어(multilingualism) 현상의 보편화에 따라 더 세부적으로 다루어지고 있음에 기인한다. 특히 전 세계적으로 다중언어 환경에서의 L3 학습자 또는 사용자 증가로 L3 습득 현상은 2000년대 중반부터 지금에 이르기까지 점차 독립적인 연구 영역으로 확장되었고, 심리언어학(psycholinguistics) 연구 방법론을 활용해 다양한 맥락의 학습자 L3 습득 현상을 세부적으로 조망할 수 있게 되었다. 이를 바탕으로 우리나라에서도 영어를 L3로 습득하는 외국인 학생 증가 추세 가운데 선행 경험적 연구의 맥락에서 해당 외국인 학생의 L3 습득 양상을 구체적으로 살펴볼 수 있게 된 바, 앞으로 우리나라의 외국인 학생을 중심으로 L3 습득 현상에 대한 이해 심화 및 그들을 대상으로 하는 L3 영어 교수·학습 방법 탐색 등이 가능할 것으로 보인다. 특히 외국인 학생의 수와 비율이 점차 증가하는 학교 현장의 상황을 고려해 보면 이러한 주제의 탐구와 관련 교육적 함의 도출은 꼭 필요한 것으로도 볼 수 있다.

2. 제3언어 습득은 어떤 양상을 보일까?

과거 L3 습득은 L2 습득과 관련된 추가적 사례로 인식되었으나(Klein, 1995), 다중언어가 일반적인 유럽 지역을 중심으로 2000년 중반 이후 점차 독립적 연구 영역으로 인식되기 시작했다(Leung, 2005). 그 이후 다양한 언어 조합을 가진 여러 L3 학습자를 대상으로 한 연구가 계속되고 있다(Rothman et al., 2019). 특히, 최근에는 심리언어학 연구 방법론을 활용하여 L3 화자 초기 언어 상태(initial state)의 형태통사영역(morphosyntax)에 미치는 기존 언어 지식 전이 현상에 관해 많은 연구자가 주목하고 있다. 이는 L2 습득과는 달리 학습자의 L3 지식에 영향을 줄 수 있는 기존 언어 자원(linguistic source)이 L1과 L2, 두 가지임에 기인한 바가 크다.

과거 L2 습득 연구 또한 L2 화자의 최초상태에 보편문법(Universal Grammar) 접근 가능성과 더불어 모국어 전이에 관한 연구가 많이 이루어졌으며, L2 습득에서 보편문법의 역할과는 별도로 모국어 전이의 정도에 따라 다양한 가설이 제안된 바 있다(예: Schwartz와 Sprouse(1996)의 완전 전이 가설(The Full Transfer Hypothesis)). 그러나 L3 습득에서의 언어 전이 현상 연구는 L1 전이현상 정도를 분석한 L2 습득 연구와는 달리 L3 문법 지식의 초기 상태에 대한 L1과 L2 사이의 영향력 차이와 그 원인을 규명하는 데 집중하고 있다. 그리고 이를 경험적으로 알아보고자 하는 여러 시도에 따라 다음과 같은 7가지 가설이 제안되었다: Flynn 외(2004)의 축적적 증진 모델(The Cumulative Enhancement Model: CEM), Bardel과 Falk(2007)의 제2언어 지위 요인 모델(The L2 Status Factor Model: L2SFM), Rothman(2010)의 언어유형 우선 모델(The Typological Primacy Model: TPM), Hermas(2010)의 모국어 요인(L1 Factor: L1F), Fallah와 Jabbari(2016)의 우세 언어 요인(Dominant Language Factor: DLF), Westergaard(2017)의 언어요소 근접 모델(The Linguistic Proximity Model: LPM)과 Slabakova(2017)의 스캘플 모델(The Scalpel Model: SM)[3]

이와 같은 L3 습득 모델은 먼저 학습자의 L3 지식 형성에 L1과 L2 가운데 특정 요인에 따라 1개 언어만이 전체적으로 선택된다고 보는 전체 전이(wholesale transfer) 가설과 형태소 또는 문장 구조와 같이 세부 문법 요소의 L1-L2-L3간 유형적 유사성에 따라 학습자 L3 지식 형성에 L1과 L2가 동시적으로 영향을 미치는 개별 전이(piecemeal transfer 또는 property-by-property transfer) 가설로 구분될 수 있다. 그리고 이는 L1과 L2로 구성되는 기존 언어 지식 전이 양상의 차이에 따라 개별 모델로 [그림 2]와 같이 더 세부적으로 분류될 수 있다.

---

[3] L3 습득 관련 각 모델에 관한 자세한 설명은 조규희(2020)의 '초등 다문화 아동 L3 영어 습득에서의 언어 전이현상: 부정어와 양화사 작용역 해석 양상을 중심으로'의 제2장을 참고할 수 있다.

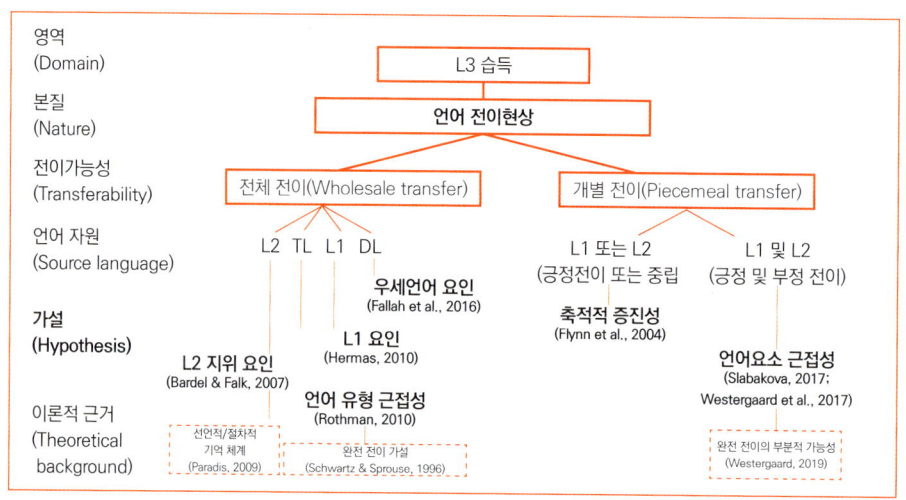

[그림 2] 제3언어 습득 모델 개관(조규희, 2020).

위 내용을 바탕으로 제기할 수 있는 중요한 문제는 과연 우리나라에 거주하며 교실 상황에서 영어를 L3로 습득하는 외국인 학생들의 L3 습득 양상은 기존 L3 습득 모델 가운데 어떤 것으로 가장 적확히 설명될 수 있느냐는 것이다. 그리고 이는 앞서 제시한 L3 습득 연구 맥락 확장의 가능성과 L3 영어 교수·학습 방법 탐색의 필요성과 관련된 문제와도 직결된다. 이와 같은 문제 인식을 바탕으로, 본고에서는 이제까지 우리나라의 외국인 초등학생을 대상으로 L3 습득 관점에서 다루어진 연구를 종합하고, 관련 이론적·교육적 함의를 논의하고자 한다.

II. 경험적 연구 살펴보기

심리언어학적 연구 방법을 적용한 언어 습득 연구는 연구대상 집단의 여러 변인(모국어, 나이, 언어 최초 노출 시기, 국가 이주 시기 등)을 충분히 반영 및 통제하고, 이것이 연구대상 언어의 특정 세부 문법 영역에서 어떤 영향을 미치느지를 양적으로 주로 분석한다. 본고에서 종합하고자 하는 우리나라 거주 외국인 초등학생의 L3 습득 양상 연구 또한 그러한 맥락에서 L1 중국어 및 L1 러시아어 2개의 언어 집단을 대상으로 이루어진 것이다.

1. 외국인 학생의 L3 영어 be 동사 발화 양상

먼저, Jo 외(2020)의 해당 연구는 L1 중국어 및 L1 러시아어 초등영어 학습자가 L3 영어 be 동사를 어떻게 발화하는지를 분석한 것이다. 영어 be 동사는 영어의 다른 형태소와 달리 어휘적(lexical), 문법적(grammatical) 성격을 모두 갖고 있다. 그리고 이러한 학습자의 영어 be 동사 지식은 영어 문법 지식 발달 정도와 L1-L2 유형 차이에 따른 언어 전이현상이 빈번히 관찰되는 영역으로서 많은 연구자의 관심을 받아 왔다(신정선, 2004; 심창용, 2006; Nam, 2019).

이러한 맥락에서 Jo 외(2020)는 현재 시제(present tense)에서 영어 be 동사 문법적 속성의 발현 여부를 조사하였다. 해당 연구대상 외국인 학생의 L1인 중국어는 영어 be와 유사한 표지(marking) 'shi(是)'가 존재한다. 그러나 또 다른 연구대상 집단의 L1인 러시아어에는 be 동사와 같은 표지가 해당 문법 요소가 과거 또는 미래시제에서만 나타난다. 연구대상의 L2 한국어는 '-(이)다'와 같이 영어 be 동사와 의미적으로 비슷한 계사(copula)가 있으나 한국어와 영어의 어순 차이로 '-(이)다'가 영어 be 동사와 같은 기능을 한다고 보기는 어려운 특징이 있다. 이러한 L1-L2-L3 유형 차이를 바탕으로 Jo 외(2020)에서는 외국인 학생 5-6학년 68명의 be 동사 사용 양상을 조사하기 위해 Crain과 Thornton(1998)이 제안한 발화 유도 과업(elicited production task)을 [그림 3]과 같이 적용하였다.

[그림 3] 영어 be 동사 발화 유도 과업(Jo et al., 2020)

발화 유도 과업 결과는 L1 중국어 및 L1 러시아어 집단을 L3 영어 능숙도 기준 상-중-하 집단으로 분류하여 분석되었다. 그리고 해당 연구의 결과는 L1 중국어 및 L1 러시아어 집단 모두 L1 지식이 전이된 형태의 발화가 두드러짐이 [그림 4]와 같이 나타났다. 구체적으로, L1 중국어 외국인 학생의 be 동사 발화 정도가 L1 러시아어 외국인 학생보다 더 높았고, 그 양상은 정확한 be 동사 발화 또는 주제 중심 언어(topic prominence language)인 L1 중국어 전이에 의한 be 동사 과잉 발화와 같이 나타났다. 반대로, L1 러시아어 외국인 학생은 현재 시제에서 be 동사 생략 오류를 상대적으로 많이 보였다.

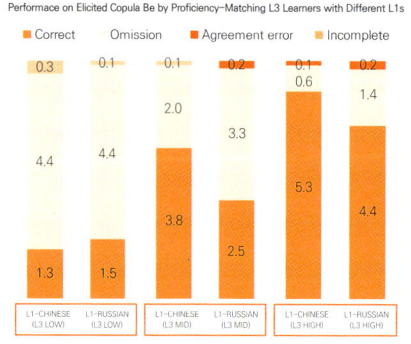
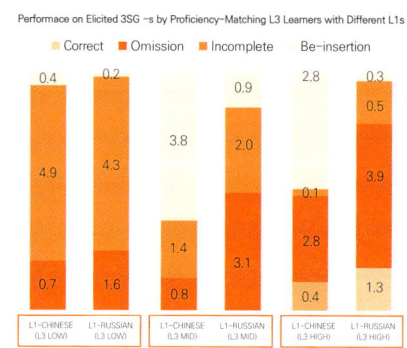

[그림 4] 영어 be 동사 발화 유도 과업 결과(Jo et al., 2020)

위 결과는 먼저 L3 영어 be 동사 사용에 대한 L1 지식의 전이로 설명될 수 있다. 또한 Rothman(2015)이 제시한 언어유형 유사성 판단 원칙인 어휘(lexical)-음소(phonological or phonetic cues)-형태(morphological)-통사적 단서(syntactic cue)에 따라 형태적으로 더 가까운 언어 지식의 전이로도 설명될 수 있다. 이와 같은 이론적 함의와 더불어 중요한 점은, L1 중국어 및 L1 러시아어 집단이 모두 L1 지식의 전이에 따라 L3 영어 be 동사 발화 오류를 보였다는 점이고, 이에 대한 적절한 교수 처치가 필요하다는 점이다.

2. 외국인 학생의 L3 영어 복수 형태소 문법성 판단 양상

앞서 Jo 외(2022)와 같은 외국인 학생 집단을 대상으로 Kim 외(2022)는 L3 영어 복수 형태소(plural morpheme) -s 문법성 판단 양상을 살펴보았다. L2 영어 형태소 습득 양상 전반에 대한 여러 연구자의 관심 가운데 복수 형태소 -s 습득 또한 L1-L2의 유형 차이에 따른 언어 전이현상 중심의 논의가 계속되어 왔다(Jiang et al., 2011; Murakami & Alexopoulou, 2016).

현재시제 be 동사와 달리, L1 러시아어에는 L3 영어와 같은 복수 표시 형태소가 존재하나 L1 중국어에는 불특정 사물(indefinite non-human object)에만 복수를 표시한다. 그리고 L2 한국어에는 복수 형태소 '-들'이 수의적으로 사용된다. 이러한 L1-L2-L3의 유형적 교차를 바탕으로 Kim 외(2022)에서는 문법성 판단 과업(grammaticality judgment task)을 적용하여 L1 중국어 및 L1 러시아어 집단의 L3 영어 복수형태소 습득 양상을 살펴보았다. 해당 연구에서 사용된 문법성 판단 과업 장면은 [그림 5]와 같다.

[그림 5] 영어 복수형태소 문법성 판단 과업(Kim et al., 2022)

영어 복수형태소에 관한 문법성 판단 과업은 주어진 영어 문장에 대한 올바른 정문 판정(초록색 웃는 그림 선택)과 올바른 비문 판정(빨간색 찡그린 그림 선택)으로 구분된다. 해당 과업 결과에 대해 Kim 외(2022)는 L1 중국어 및 L1 러시아어 집단의 L3 영어 문법성 판단 과업 결과뿐만 아니라 L1 한국어 집단 학습자의 L2 영어 문법성 판단 과업 결과를 비교하여 [그림 6]과 같이 제시하였다.

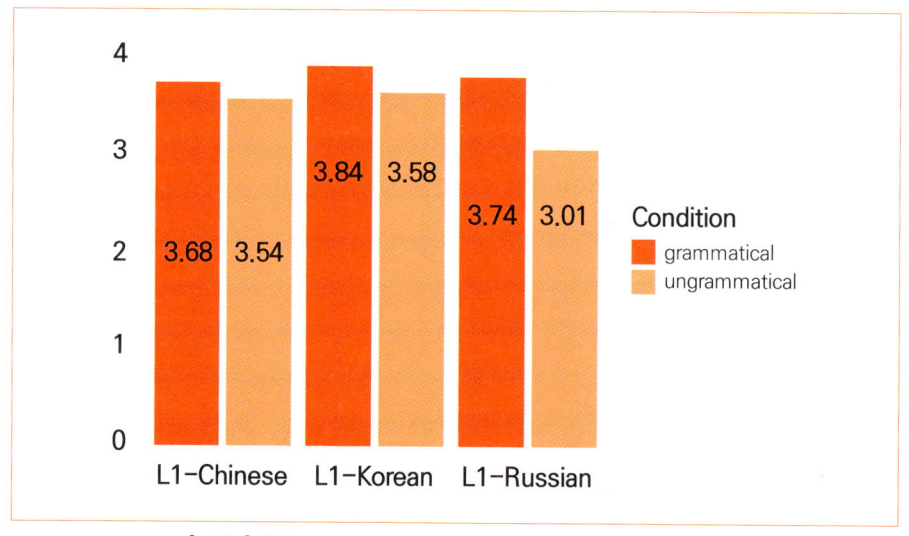

[그림 6] 영어 복수형태소 문법성 판단 과업 결과(Kim et al., 2022)

[그림 6]의 결과는 L1 중국어 및 L1 러시아어 집단의 L3 영어, 그리고 L1 한국어 집단의 L2 영어 복수형태소 관련 정문에 대해 모두 옳다고 판단한 경향성을 보여 준다. 그러나 이 결과에서 더욱 눈여겨볼 것은, L1 러시아어 집단만이 통계적으로 유의미한 수준에서 L3 영어 복수형태소 관련 비문(예: *pick up four bag)에 대해 해당 문장이 비문임을 올바르게 판단한 것이다.

흥미롭게도, 이 결과는 앞서 be 동사 발화에서 나타난 L1 전이현상 또는 유형적으로 유사한 언어 지식의 전이현상과 같은 것이다. 즉, L1 러시아어 집단은 L1에 복수 형태소 표시가 존재하므로 L3 영어 문장의 복수형태소 비문에 대해 올바르게 판단한 것으로 위 결과를 해석할 수 있다. 이는 복수형태소 사용이 매우 제한적이거나 수의적인 L1 중국어, L1 한국어 집단이 복수형태소 정문과 비문을 모두 문법적으로 바르게 판단한 것에 비추어 그 해석의 타당성을 제고할 수 있다.

3. 외국인 학생의 L3 영어 부정어-양화사 문장 이해 양상

'not'과 같은 부정어(negation)와 'all'과 같은 양화사(quantifier)가 단일 문장에 함께 존재(예: Tom did **not** cut **all** the trees.)함에 따라 발생하는 의미 해석의 모호성(ambiguity)은 L1 또는 L2 습득에서 널리 알려진 현상이다. 이는 부정어와 양화사가 그 해석에 있어 각 요소의 작용이 동시에 일어나기 때문이며, 문장 통사구조, 의미, 활용 기능의 상호작용에 따른 것이기도 하다(Musolino & Lidz, 2006). 그리고 부정어-양화사 문장 이해 양상에 대해서도 L1과 L2 유형 차이에 따른 언어 전이현상이 여러 연구에서 다루어졌다(김소영, 곽혜영, 2018; O'Grady et al., 2009).

L3 영어 부정어-양화사 이해 양상을 살펴봄에 있어 먼저 각 언어에서의 해당 문장 어순을 살펴볼 필요가 있다. 구체적으로, L1 중국어, L1 러시아어, L3 영어는 모두 부정어가 양화사를 선행한다. 그러나 L2 한국어는 양화사가 부정어를 선행한다(예: 톰이 **모든** 나무를 **안** 잘랐다). 이러한 유형 차이를 바탕으로 예시 문장에 따라 [그림 7]과 같이 다른 두 상황에서 단일 문장 해석의 참과 거짓 판단에 관한 조사가 가능하다.

[그림 7] 영어 부정어-양화사 이해 양상 진위판단 과업(Jo et al., 2021)

[그림 7]은 심리언어학적 접근으로 언어 습득 연구에서 많이 사용되는 진위 판단 과업(truth-value judgment task)으로, 학습자는 그림과 같은 상황을 보고, 최종적으로 주어지는 문장이 참인지 거짓인지를 선택하게 된다. 즉, [그림 7] 가운데 왼쪽은 전체 범위 해석(full-set interpretation), 오른쪽은 부분 범위 해석(partitioned-set interpretation)으로서 학습자의 판단과 선행연구에서 제시된 원어민 화자의 판단을 비교하여 그 해석에서 나타나는 언어 전이 현상을 논의할 수 있다.

Jo 외(2021)의 연구는 이와 같은 L3 영어 부정어-양화사 문장 이해 양상을 살펴보았고, 그 결과는 [그림 8]과 같았다. 해당 연구의 대상 또한 앞서 다룬 Jo 외(2020) 및 Kim 외(2021)와 같은 L1 중국어 및 L1 러시아어 학습자 집단이었다.

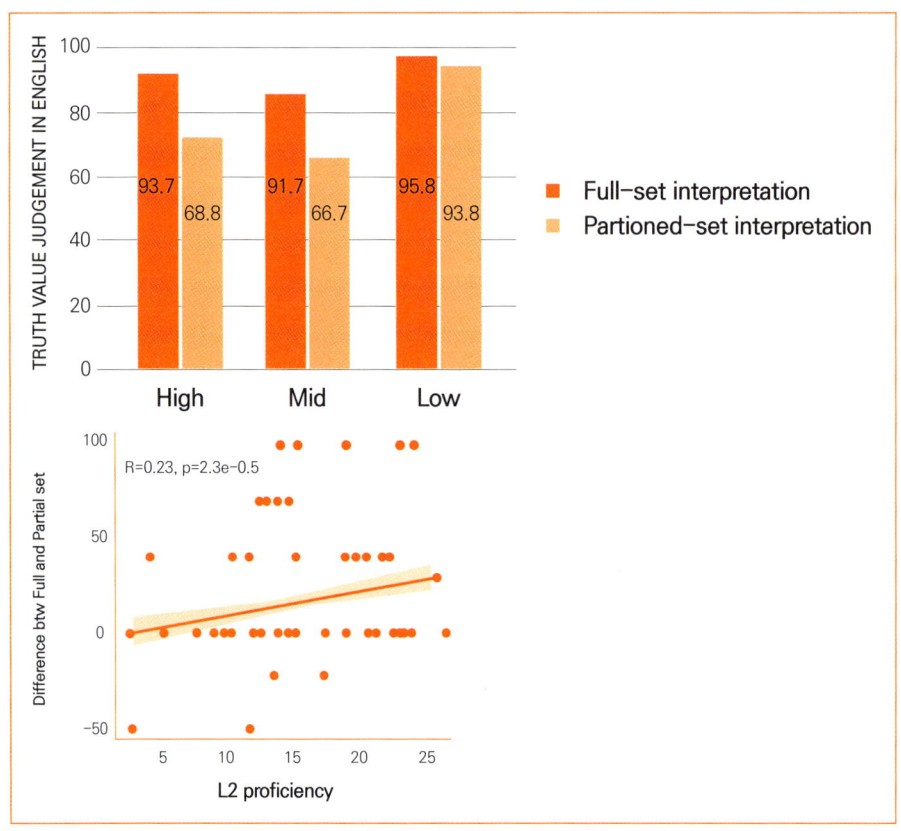

[그림 8] 영어 부정어-양화사 이해 양상 진위판단 과업 결과(Jo et al., 2021)

Jo 외(2021)는 연구의 결과로 L1 중국어 및 L1 러시아어 학습자가 모두 L1 한국어 학습자와 유사한 L3 영어 해석 양상을 보였음을 보고하였다. 이는 L2 한국어 지식의 전이를 의미하는 것으로 앞서 다룬 Jo 외(2020) 및 Kim 외(2021)의 연구 결과와는 다른 것이다. 그러나 매우 흥미로운 점은, L1 중국어 및 L1 러시아어 학습자를 L2 한국어 능숙도를 기준으로 분류하였을 때, L2 한국어 능숙도가 낮은 학습자는 L1 중국어 및 L1 러시아어 문장 해석과 같은 결과를, L2 한국어 능숙도가 높은 학습자는 L1 한국어 학습자와 같은 문장 해석 결과를 보였다는 점이다. 이는 L1 또는 L2와 같은 언어적 변인뿐만 아니라 L2 한국어 능숙도와 같은 언어 습득 연구에서 중요하게 다루어지는 학습자 개인차 변인이 개입되었을 때 그 결과 해석이 달라질 수 있음을 보여 주는 것이다. 즉, L3 습득과 같이 다중언어적 상황의 다면성을 나타내는 본 결과는 향후 L3 습득 현상 탐구 및 L3 영어 학습자를 위한 영어교육 방향 제언에 있어 다양한 변인을 함께 고려할 필요성을 시사한다.

III. 함의 도출하기

1. 외국인 학생의 L3 영어 습득 양상은 어떻게 설명되는가?

앞서 1장 2절을 통해 여러 맥락에서 언어 전이현상을 중심으로 이루어진 L3 습득 연구는 그림 2와 같은 다양한 L3 습득 모델로 정리되었다. 그리고 최근 L3 습득 연구 경향 또한 언어유형 우선 모델(TPM)을 지지하는 연구 결과가 상대적으로 많이 출간되고 있기는 하나 여전히 여러 모델의 타당성이 다양하게 제시되고 있다. 그리고 이러한 연구 경향은 L3 습득과 같은 다중언어 습득 환경의 다양성과 해당 현상 자체의 역동성과 다면성에 따른 것으로 볼 수 있다.

본고에서 정리한 우리나라 거주 외국인 학생을 대상 연구 결과 또한 마찬가지이다. 같은 L1 중국어 및 L1 러시아어 초등 L3 영어 학습자를 대상으로 한 3개의 연구 가운데 Jo 외(2020), Kim 외(2022)는 L1 또는 언어 간 유형적 근접성으로, Jo 외(2021)는 L2 능숙도 변인의 영향으로 설명될 수 있으므로 3개의 연구가 공통으로 특정 L3 습득 모델을 지지한다고는 볼 수 없을 것이다. 다만, 매우 이른 결론이나 언어 요소적 영역이 상대적으로 뚜렷이 구분되는 L3 형태소 습득의 경우 L1이나 언어 간 유형적 근접성이, 통사-의미-화용적 요소의 교차적 작용이 이루어지는 문장 해석의 경우 L2 능숙도와 같은 개인차 변인의 작용 가능성이 커지는 것으로 앞서 다룬 3개의 연구를 L3 습득 이론적 맥락에서 우선 정리해 볼 수 있을 것이다. 중요한 것은, 앞으로도 우리나라에 외국인 학생 수가 증가할 것으로 예상되며, 해당 학생은 영어를 L3로 습득하게 될 것이므로 L3 습득 양상에 관한 연구가 더 다양한 언어 영역에서 새롭게 이루어져야 한다는 점이다. 특히, 앞서 다룬 3개의 연구는 모두 L1 중국어 및 L1 러시아어 학습자를 대상으로 하였다는 한계가 있으므로 우리나라에 많이 거주하고 있는 L1 베트남어 또는 L1 필리핀어 학습자 등을 대상으로도 관련 연구가 확장될 필요가 있을 것이다.

2. L3 영어는 수업에서 어떻게 다루어져야 할까?

우리나라 초등교육 현장에서 L3 영어 습득에 관한 연구는 이제 막 시작되었으므로 L3 영어 교수를 위한 교육적 함의를 일반화하여 제시하기에는 아직 무리가 있다. 그렇지만 현재 이 시간에도 해당 외국인 학생은 우리나라 교실 상황에서 영어를 L3로 습득하고 있다. 즉, 그들의 L3 영어 습득 양상 탐구와 동시 상호작용하며 관련 교육적 함의를 함께 탐색할 필요성은 분명하다고 할 수 있다.

이를 위해 먼저, Jo 외(2020) 등의 연구에서 L3 영어 학습자의 기존 언어 지식에서의 부정적 전이현상이 다수 관찰되었음에 주목할 필요가 있다. 그리고 해당 부정적 전이현상은 특히 L1의 전이현상으로서 L3 영어 형태소 습득 양상에서 두드러졌다. 따라서 L3 영어 형태소 지도에 있어서 부정적 언어 전이 문법 요소에 대한 형태 초점 지도(focus on form)를 고려할 필요가 있다. 형태 초점 지도는 영어 의사소통역량 함양을 위한 의미 중심(focus on meaning) 수업을 기본으로 하되, 학습자 오류가 두드러지는 부분에서는 언어 문법과 관련된 형태 지도를 적극적으로 수행하는 접근이다. 이는 교수·학습 자료 구성에 있어서 입력 강화(input enhancement), 교사의 적극적인 교정 피드백(corrective feedback) 제공 등으로 구현될 수 있는바, L3 영어 수업에서는 이와 같은 형태 초점 지도 방법이 더 적극적으로 고려될 필요가 있다.

이와 더불어, L3 영어 학습자의 다중언어 능력에 대한 개별적 추적이 필요하다. 외국인 학생의 부정어-양화사 문장 해석 경향을 분석한 Jo 외(2021)의 연구에서 흥미로운 점은 L3 영어 학습자의 L2 한국어 능숙도에 따라 L3 영어 문장 해석 양상이 달라진다는 점이었다. 이는 같은 언어 배경을 가진 외국인 학생이어도 L1과 L2 능숙도와 같은 개인차 변인에 따라 L3 영어 습득 양상이 달라질 수 있음을 시사한다. 즉, L3 영어 학습자의 다중언어적 배경에 대한 관찰 및 추적을 바탕으로 L3 영어 교수가 개별화될 필요가 있는 것이다.

끝으로, 다중언어는 현재 전 세계적인 인적·물적 자원 이동 증가와 인터넷 매체 등의 발달에 따라 국가를 막론하고 양적·질적으로 확대되고 있는 현상이다. 따라서 최근 L3 습득 현상 자체에 대한 탐구뿐만 아니라 L3 교수·학습 방법을 위한 여러 국외 연구를 참고하여 처리 교수법(processing instruction), 교차적 언어하기 교수법(translanguaging), 다중언어 학습자에게 활성화되어 있을 것으로 예상되는 메타 언어적 인식(metalinguistic awareness) 자극 교수법, 입력-연습-출력(input-practice-output) 교수법 등의 활용을 고려하고, 실증연구를 통해 우리나라 L3 영어교육 환경에서 각 교수법의 효과를 검증해 보아야 할 것이다(Angelovska & Hahn, 2017).

참고문헌

김소영, 곽혜영 (2018). 한국인 영어 학습자의 중립적 상황에서의 수량 양화사를 포함한 영어 부정문의 선호 의미에 관한 연구. 영어학, 18(4), 535-555.

김이선 (2010). 다문화가족의 언어·문화 자원사용 및 세대간 전수에 관한 연구. 한국여성정책연구원.

박재익 (2017). 다문화가정 자녀의 한국어, 계승어, 영어 학습 상황에서의 계승어 교육의 필요성과 지원 방안. 언어학연구, 42, 337-367.

신정선 (2004). 한국인 아동의 영어 굴절소구 습득 연구. 초등영어교육, 10(1), 67-100.

심창용 (2006). 한국인 아동 영어 학습자의 발달 단계와 영어교육. 사대논총, 70, 97-106.

안성호 (2008). 한국의 다문화적 교실에서의 영어 습득: 전망. 다문화교육연구, 1(1), 81-114.

유호성, 박선호 (2018). 다문화가정 초등학생의 모국어 및 한국어 능력이 제 3언어로서의 영어 학습에 미치는 영향에 관한 사례 연구. 교육논총, 38(1), 47-71.

조규희 (2020). 초등 다문화 아동 L3 영어 습득에서의 언어 전이현상: 부정어와 양화사 작용역 해석 양상을 중심으로. 박사학위논문. 경인교육대학교.

천행남, 박선호 (2016). 초등영어 교수·학습에 대한 다문화가정 및 일반가정 영어 학습자들의 인식 비교. 초등영어교육, 22(4), 187-209.

한국교육개발원 (2021). 다문화교육의 현황 및 실태. https://kess.kedi.re.kr/index (2022.11.25. 인출).

홍진영, 박기화 (2014). 다문화 가정 초등학생을 위한 영어 수업 프로그램 개발. 외국어교육, 21(3), 99-127.

Angelovska, T., & Hahn, A. (2017). L3 syntactic transfer: Models, new developments and implications. John Benjamins Publishing Company.

Bardel, C., & Falk, Y. (2007). The role of the second language in third language acquisition: The case of Germanic syntax. Second Language Research, 23(4), 459-484.

Fallah, N., Jabbari, A. A., & Fazilatfar, A. M. (2016). Source(s) of syntactic cross-linguistic influence (CLI): The case of L3 acquisition of English possessives by Mazandarani-Persian bilinguals. Second Language Research, 32(2), 225-245.

Flynn, S., Foley, C., & Vinnitskaya, I. (2004). The cumulative-enhancement model for language acquisition: Comparing adults' and children's patterns of development in first, second and third language acquisition of relative clauses. *International Journal of Multilingualism, 1*(1), 3-16.

Hermas, A. (2010). Language acquisition as computational resetting: Verb movement in L3 initial state. *International Journal of Multilingualism, 7*(4), 343-362.

Hopp, H. (2019). Cross-linguistic influence in the child third language acquisition of grammar: Sentence comprehension and production among Turkish-German and German learners of English. *International Journal of Bilingualism, 23*(2), 567-583.

Jiang, N., Novokshanova, E., Masuda, K., & Wang, X. (2011). Morphological congruency and the acquisition of L2 morphemes. *Language Learning, 61*(3), 940–967.

Jo, K., Hong, S., & Kim, K. (2020). Cross-Linguistic Influence in the Use of "Be" in L3 English by L1-Chinese and L1-Russian Children in Korea. *English Teaching, 75*(1), 35-53.

Jo, K., Kim, K., & Kim, H. (2021). Children's interpretation of negation and quantifier scope in L3 English. *Bilingualism: Language and Cognition, 24*(3), 427–438.

Kim, H., Kim, K., & Jo, K. (2022). The role of crosslinguistic morphological congruency and L2 proficiency in the L3 acquisition of English plural marking. *International Journal of Multilingualism*, [Online first article].

Klein, E. C. (1995). Second versus third language acquisition: Is there a difference? *Language Learning, 45*(3), 419-466.

Leung, Y. K. I. (2005). L2 vs. L3 initial state: A comparative study of the acquisition of French DPs by Vietnamese monolinguals and Cantonese-English bilinguals. *Bilingualism: Language and Cognition, 8*(1), 39-61.

Murakami, A., & Alexopoulou, T. (2016). L1 influence on the acquisition order of English grammatical morphemes. *Studies in Second Language Acquisition, 38*(3), 365–401.

Musolino, J., & Lidz, J. (2006). Why children aren't universally successful with quantification. *Linguistics, 44*(4), 817-852.

Nam, B. (2019). Be-Insertion in interlanguage: A topic marker, a tense/

agreement morpheme, or both? Language Research, 55(3), 555-577.

O'Grady, W., Kwak, H. Y., Lee, O. S., & Lee, M. (2011). An emergentist perspective on heritage language acquisition. Studies in Second Language Acquisition, 33(2), 223-245.

Paradis, M. (2009). Declarative and procedural determinants of second languages. John Benjamins.

Rothman, J. (2010). On the typological economy of syntactic transfer: Word order and relative clause high/low attachment preference in L3 Brazilian Portuguese. IRAL-International Review of Applied Linguistics in Language Teaching, 48(2-3), 245-273.

Rothman, J., González Alonso, J., & Puig-Mayenco, E. (2019). Third language acquisition and linguistic transfer. Cambridge University Press.

Schwartz, B. D., & Sprouse, R. A. (1996). L2 cognitive states and the Full Transfer/Full Access model. Second Language Research, 12(1), 40-72.

Slabakova, R. (2017). The scalpel model of third language acquisition. International Journal of Bilingualism, 21(6), 651-665.

Westergaard, M. (2021). Microvariation in multilingual situations: The importance of property-by-property acquisition. Second Language Research, 37(3), 379-407.

고대혁

- 現) 경인교육대학교 윤리교육과 교수

〈학력 및 주요경력〉

- 한국학대학원 교육·윤리전공
- 한양대학교 대학원 교육학과(교육사·철학 전공)
- 前) 경인교육대학교 총장(제7대)
- 사단법인 유도회(儒道會) 이사장(2022.08-)

〈주요 저서〉

- 도덕교육, 어떻게 할 것인가(공저)
- 한국유학사상대계 -교육사상-(공저)

온정덕

- 現) 경인교육대학교 교육학과 교수

〈학력 및 주요경력〉

- 이화여자대학교 초등교육과 학사, 석사
- 미국 아이오와 대학 교육과정 전공 박사
- 미국 제임스매디슨 대학 교수
- 한국 초등교육학회, 한국 교육과정학회 이사

〈주요 저서〉

- 성취기준의 이해(공저)
- 역량 함양을 위한 교육과정 설계(공저)

한선관

- 現) 경인교육대학교 컴퓨터교육과 교수

〈학력 및 주요경력〉

- 인하대 컴퓨터공학과 공학박사
- 한국인공지능교육학회 회장
- 경인교육대학교 인공지능융합전공 주임교수
- 前) 한양사이버대학교 교육공학과 겸임교수

〈주요 저서〉

- AI 사고를 위한 인공지능 교육(공저)
- 컴퓨팅 사고력을 위한 소프트웨어 교육(공저)

이혜정

- 現) 경인교육대학교 교육학과 교수

〈학력 및 주요경력〉

- 서울대학교 사범대학 교육학과 박사(교육사회학 전공)
- 前) 경기도교육연구원 연구위원

〈주요 저서〉

- 혐오, 교실에 들어오다(공저)
- 혁신학교 교장의 탄생(공저)

유생열

- 現) 경인교육대학교 체육교육과 명예교수

〈학력 및 주요경력〉

- 미국 스프링필드대 박사

〈주요 저서〉

- 스포츠심리학 핸드북(공저)
- 신체활동영어(공저)

강선주

- 現) 경인교육대학교 사회과교육과 교수

〈학력 및 주요경력〉
- 서울대학교 역사교육과 학사
- 서울대학교 사회과교육과 역사전공 석사
- 미국 인디아나대학교 교육과정과 Ph.D.
- 前) 남서울 중학교, 미성 중학교 교사

〈주요 저서〉
- 디지털 시대, 역사·박물관 교육
- 소통으로 만드는 역사교육

신명경

- 現) 경인교육대학교 과학교육과 교수

〈학력 및 주요경력〉
- 서울대학교 지구과학교육과 학사 및 석사
- University of Iowa 과학교육 박사
- Virginia Tech(Virginia Polytechnic Institute and State University) 교환교수
- East-Asian Association for Science Education(EASE) 회장 역임

〈주요 저서〉
- 비형식 과학학습의 이해(공저)
- 학교과학교육 담론(공저)
- 과학의 인식론과 해석학(공저)

이영민

- 現) 경인교육대학교 생활과학교육과 부교수

〈학력 및 주요경력〉

- 서울대학교 식품영양학과
- 서울대학교 식품영양학과, 생활과학박사
- 한국생활과학회 편집위원장
- 前) 양평군어린이급식관리지원센터장

〈주요 저서〉

- 새로 쓰는 식생활과 건강(공저)

이희수

- 現) 경인교육대학교 체육교육과 교수

〈학력 및 주요경력〉

- University of South Carolina, Ph. D. in Physical Education
- 2016-2021년 고려대학교, 한국교원대학교, 진주교육대학교 강사

〈주요 저서〉

- 체육교과교육론 제2판(공저)

조규희

- 現) 경인교육대학교 영어교육과 교수

〈학력 및 주요경력〉

- 경인교육대학교 영어교육과, 교육학 박사(초등영어교육 전공)
- 한국초등영어교육학회 정보이사
- 한국영어교과교육학회 편집이사
- 前) 경기도교육청 초등교사

〈주요 논문〉

- Children's interpretation of negation and quantifier scope in L3 English(공저)
- The role of crosslinguistic morphological congruency and L2 proficiency in the L3 acquisition of English plural marking(공저)